Joachim Gneist

Wenn Haß und Liebe sich umarmen

Joachim Gneist

Wenn Haß und Liebe sich umarmen

Das Borderline-Syndrom

Ein Psychodrama unserer Zeit

Piper
München Zürich

Redaktion: Ingrid Veblé-Weigel

ISBN 3-492-03670-8
3. Auflage, 5.–6. Tausend 1995

Umschlag: Federico Luci
unter Verwendung des Gemäldes »Die Erwählte des Bösen (L'Élue du mal)«, 1928, von Max Ernst

Gesamtherstellung: Clausen & Bosse, Leck
Printed in Germany

INHALT

Meinen Kindern
Angelika, Rosemarie und Lorenz

Von Anfang an war nichts anderes als Chaos: ein Fluidum, das mich einhüllte, das ich durch die Kiemen einatmete. In den unteren Schichten, wo der Mond ruhig und verschleiert schien, war es mild und fruchtbar, weiter oben Dissonanz und Mißhelligkeit. In allem sah ich rasch den Gegensatz, den Widerspruch – zwischen dem Wirklichen und dem Unwirklichen die Ironie, das Paradox. Ich selbst war mein schlimmster Feind...

...Den Zustand der Dinge ändern zu wollen, schien mir zwecklos; ich war überzeugt, daß nichts wirklich geändert würde, es sei denn durch eine Wandlung des Herzens, und wer vermöchte schon die Herzen der Menschen zu wandeln?

HENRY MILLER
»Wendekreis des Steinbocks« (1939)

DIE GRENZE IST DER EIGENTLICH FRUCHTBARE ORT DER ERKENNTNIS

Einleitung

Haß und Liebe sind zwei feindliche Geschwister. Sie kommen beide aus der Familie der Gefühle und begleiten uns von Geburt an. Die Menschwerdung besteht eigentlich ein Leben lang darin, die Spannung von Haß und Liebe in sich selbst wahrzunehmen, zu verstehen und konsequent danach zu handeln. Alle Menschen haben mehr oder weniger Probleme damit, die gegensätzlichen Kräfte von Liebe und Haß in sich auszuhalten. Ich erzähle in diesem Buch Geschichten von betroffenen Frauen und Männern, die diesen Zustand nicht ertragen. Bei ihnen bekämpfen sich Liebe und Haß wie Wasser und Feuer und schließen sich gegenseitig aus. Ein Mensch allein kann den Widerstreit der Gefühle in sich schon kaum verkraften. Wenn es aber dann um Beziehungen und Auseinandersetzungen in Beziehungen geht, werden Liebe und Haß so weit wie möglich voneinander weggehalten oder jeweils bis ins Extrem gesteigert.

Das Überschießende von Haß oder Liebe kann einen Menschen in einer Situation so gefangennehmen, daß gar keine Energie mehr übrig bleibt, einen äußeren Rahmen mit anderen aufrechtzuerhalten und zu füllen. So kann das jeweilige Gegenüber gezwungen sein, für die Eindämmung überschwappender Gefühle, aber auch für Abgrenzung zu sorgen.

Das Ganze ist weit mehr als ein Krankheitsphänomen einer bestimmten Patientengruppe. Es ist auch ein Zeitphänomen der heute lebenden Generationen. Die Männer und Frauen, von denen ich hier berichte, nenne ich *Borderline-Menschen*, weil sie mit ihrem Beispiel an Grenzen und Abgründe führen, die sich allen Menschen auftun können, aber von denen sich die meisten fernhalten.

Borderline-Menschen tun sich unendlich schwer mit Abgrenzungen nach innen und außen. Damit berühren sie Grundfragen: Wieviel Nähe und Distanz braucht der Mensch, und wieviel kann er ertragen?

Das Chamäleon »Borderline«

Der Ausdruck »Borderline-Persönlichkeit« kam in den 40er Jahren auf und war ursprünglich eine Verlegenheitsdiagnose, die auf eine Grenzstörung bzw. das Niemandsland zwischen Psychose und Neurose hinweisen sollte. Das Lebensthema von Borderline-Menschen sind ihre nicht vorhandenen oder unklaren Grenzen. Es geht mir um einen Daseinsbegriff und grundlegende Beziehungsmuster, nicht um ein Krankheitsetikett. Beängstigende Störung und Quelle lebendiger Erfahrung liegen dicht beisammen. »Die Grenze ist der eigentlich fruchtbare Ort der Erkenntnis« (PAUL TILLICH).

Menschen mit einer Borderline-Persönlichkeit fallen mit ihren vielfältigen, widersprüchlichen Wahrnehmungen von sich und der Umwelt, die ich hier beschreiben möchte, oft aus dem Rahmen üblicher Vorstellungen. Sie können sich nicht mehr verständlich machen und werden oft mißverstanden.

Wenn sie therapeutische Hilfe suchen, können sie auch dort rasch an Grenzen stoßen. Jede Therapeutin, jeder Therapeut hat andere Grenzen. Verschiedene Therapeuten ordnen je nach ihrem Selbst- und Weltverständnis denselben Menschen u. U. diagnostisch unterschiedlich ein und behandeln ihn wahrscheinlich auch verschieden. Therapeuten haben unterschiedliche Rahmenvorstellungen davon, was entgrenzt und was noch normgerecht ist.

Was mit Menschen los ist, die nach meiner Einschätzung in das Borderline-Konzept passen, finde ich nur heraus, indem ich die Reaktion der Patientin oder des Patienten auf mich in meiner Art und natürlich auch meine Reaktion auf sie oder ihn zur Grundlage der therapeutischen Zusammenarbeit mache.

In diesem Buch beziehe ich mich aufgrund meiner Praxis auf die Arbeit mit Menschen, mit denen eine ambulante Behandlung möglich ist. Ein Patient trifft bei einer Therapeutin oder einem Therapeuten immer auf jemanden mit einer speziellen Ausbildungs- und Erfahrungsgeschichte.

In mir ergänzen und reiben sich die verschiedenen Rollen als Arzt und Psychiater, als Psychodramatiker und Psychotherapeut, und das Ganze basierend auf meinen philosophisch-anthropologischen Grundannahmen. Der Psychiater mit seinen Diagnosekriterien hält

Abstand zum Patienten, der Psychotherapeut läßt sich mehr oder weniger nah auf die Geschichten seiner Klienten ein, und der Psychodramatiker bietet an, innere Bilder szenisch darzustellen, die rein verbal gar nicht vermittelbar wären. Außerdem ist es im Rahmen psychodramatischer Arbeit möglich, Realität in kleinen Schritten zu erproben. Die Beispiele im Buch sollen zeigen, wie je nach Situation die verschiedenen Rollen in mir unterschiedlich zum Tragen kommen, mal harmonisch, mal spannungsreich.

Warum nimmt die Öffentlichkeit die Borderline-Menschen so wenig zur Kenntnis? Nach vorsichtigen Schätzungen sind bereits 5% der Gesamtbevölkerung betroffen. Das ist die drittgrößte Gruppe offiziell psychisch Kranker, nach den Süchtigen und den Depressiven. Warum haben sie nicht einmal in der psychiatrisch-psychotherapeutischen Fachwelt eine Lobby? Ich nehme zwei Hauptgründe an:

1. *Im Unterschied zu Süchtigen sind Borderline-Menschen meist körperlich gesund und bilden auch keine sozial auffällige Gruppe. Es handelt sich vielmehr um lauter Einzelindividuen.*
2. *Sie sind zwar auch ängstlich und scheu wie Depressive, aber oft eher unbequem in ihrem Denken, sprunghaft in ihrem Handeln und geradezu herausfordernd in ihren Gefühlsäußerungen.*

Mit den Süchtigen und Depressiven teilen Borderline-Menschen eine mehr oder weniger ausgeprägte Selbstmordtendenz. Borderline-Menschen stellen sich in einem Ausmaß in Frage, daß sie sich nicht nur existentiell bedroht fühlen, sondern auch eigene Überlebensstrategien entwickeln. Ihre Angst treibt sie oft dazu, sich gefühlsmäßig so aufzuspalten, daß sie auf ihr Gegenüber einen abgewehrten Gefühlsanteil von sich ausstrahlen, im Unterschied zu Schizophrenen, die einen eigenen Weltbezug herstellen und ihre Denkansätze ver-rücken. Auch Schizophrene leiden unter Spannungszuständen und strahlen sie aus, und zwar wenn sie sich auf Kontakt mit der Wirklichkeit einlassen und diese nicht verneinen. Das unaufgebbare Ringen um Kontakt mit der Wirklichkeit aber ist typisch für Borderline-Menschen. Diesen Unterschied will ich mit zwei Beispielen deutlich machen.

Eine *Schizophrene* sagte zu mir, während sie äußerlich ganz ruhig dasaß: »Sie können nicht mit mir sprechen, die Löwen haben mich soeben zerrissen, mich gibt es nicht mehr!« Ihre Stimme klang dabei wie von einem andern Stern, feierlich abgehoben. Das Feuer von Angst und Mißtrauen, wie ich das vor Ausbruch ihres Wahnes kannte, war erloschen. In gewisser Weise ließ mir diese Frau mit ihrer Art, mir ihren seelischen Schrecken zu vermitteln, viel räumlichen und zeitlichen Abstand, sie zu verstehen. Alles war gefühlsmäßig gut verpackt und gedanklich so verrückt, daß ich mich darauf einstellen konnte – und sie sich selbst offenbar genauso. Ich antwortete ihr: »Im Moment ist das Ihre Form mir mitzuteilen, daß Sie sich als Nichts fühlen, aber dadurch, daß Sie das aussprechen, merke ich, daß es Sie gibt!«

Ganz anders erging es mir mit einem *Borderline-Menschen*, der zufällig das gleiche Bild benutzte, aber sich und die anderen ganz anders darin einbaute. Er schrie laut: »Ich bin doppelt gefangen in den Klauen eines Löwen in einem Käfig. Mich befreien wollen, heißt, daß die andern zerrissen werden. Kommen Sie mir ja nicht zu nahe!« Dabei holte mich sein Blick sogartig dicht heran. Sein schneidender Tonfall ließ mir den Atem stocken. In diesem Augenblick war ich als Löwe angeklagt und wurde als Dompteur herausgefordert. Ich fühlte mich regelrecht bedroht. Dadurch war ich für einen Moment so auf mich zurückgeworfen, daß ich nur mit Mühe in meiner Rolle als Therapeut bleiben konnte. Als wir unmittelbar danach die Bruchstelle unseres Kontakts besprachen, lösten sich seine und meine Anspannung zusehends.

Am Telefon und in der persönlichen Begegnung mit Borderline-Menschen, fühle ich mich nicht selten überfallen, weil sie oft kein Blatt vor den Mund nehmen. Typisch sind krasse Abwertung oder Überschätzung. Das hört sich dann z. B. folgendermaßen an:

»Haben Sie überhaupt Zeit? Sie haben keine Geduld!«

Oder: »Mehrere Ärzte haben mich schon abgelehnt, man hat mich total fallenlassen. Sind Sie mir gewachsen?«

Oder: »Mein letzter Therapeut hat völlig versagt, aber von Ihnen habe ich nur das Beste gehört...«

Von allen Menschen, die eine Therapie oder Beratung aufsuchen, dürften weit über 30% Borderline-Symptome haben oder ausgeprägte Borderline-Menschen sein. Aber nur mit einem kleinen Teil von diesen gelingt es, ihre Therapie und Beratung sinnvoll oder gar erfolgreich abzuschließen. Was macht es für beide Seiten so schwierig? Der Wirkungsgrad eines Therapeuten hängt von seiner Fähigkeit ab, sich einzulassen und abzugrenzen, also sich einzubeziehen, ohne sich zu verwickeln. Borderline-Menschen ziehen zugleich an und erschrecken in ihrer unbestechlichen und unerbittlichen Art und Weise, immer und überall nach glaubwürdigen Gefühlen, nach wirklichem Halt und Orientierung zu suchen. Wer mit ihnen zusammen ihrer Verzweiflung auf die Spur kommen will, muß mit ihnen durch eine Hölle der Verlassenheit waten, sich auf einen Sturm von Wut einlassen und kann auch nach dem Bestehen abgrundtiefer Angst nicht unbedingt mit festem Boden rechnen. Wenn Haß und Liebe sich in einem Menschen umarmen können, bedeutet das: jemand kann haßerfüllte und liebevolle Regungen gleichzeitig in sich ertragen, gewichten oder ausgleichen, muß nicht schwarz oder weiß denken. Einem Borderline-Menschen gelingt es nicht, diese gegensätzlichen Strebungen in seiner Person und seinen sozialen Beziehungen zu integrieren.

Der Mensch in seiner Tiefenstruktur

Einerseits erschreckt das, was wir bisher über Borderline-Menschen gehört haben, andererseits ist die Begegnung mit ihnen eine ganz große Chance, sich eigenen Grenzsituationen zu stellen. Borderline-Menschen machen wie keine andere Gruppe psychisch Kranker offenbar, wo Bruch- und Nahtstellen in jedem Menschen liegen. Wie die Betroffenen leben, lieben und arbeiten, läßt früher oder später erkennen, wo Ichgrenzen dürftig geflickt, stahlhart geschweißt oder wie ein undichtes Dach sind. Das Rätsel der Borderline-Störung liegt im zutiefst menschlichen Geheimnis der Grenze (borderline) zwischen gesund und krank, vertraut und fremd, unabhängig und abhängig, sinnerfüllt und tödlich langweilig. Diese Spannungsbögen auszuhalten bedarf es geschützter Entwicklungsbedingungen. Wie wir noch sehen werden, fehlte es Borderline-Menschen genau daran.

Jeder Mensch kennt in sich fremdartige, nicht in den normalen

Fluß des Lebens einzuordnende Empfindungen. Da das angst macht, verspürt er den Drang, sich gewaltsam davon zu befreien. Viele Menschen suchen und finden äußere Feinde, auf die sie ihre eigene innere Gewalttendenz und Gefährlichkeit verschieben, also projizieren. »Nicht ich bin ein Fremdenhasser, sondern die anderen!« Oder: »Nicht wir bereiten unseren eigenen Untergang, sondern die habgierigen Flüchtlinge und Asylanten sind daran schuld!«

Borderline-Menschen sind sehr impulsiv und nicht berechenbar. Solchen weniger angepaßten Menschen wird schnell unterstellt, daß sie aggressiv sind oder sogar die öffentliche Sicherheit und Ordnung gefährden, was bei einem geringen Prozentsatz – und zwar aller Menschen – der Fall ist, bei »Gesunden« mehr als bei »Kranken«. Es stimmt, daß Borderline-Menschen zu Durchbrüchen neigen, die für sie selbst am bedrohlichsten, aber auch für andere beängstigend sind. Aufgrund der eingeschränkten Fähigkeit, Spannungen auszuhalten, fallen sie eher aus der Rolle als Menschen mit starker Selbstkontrolle. Borderline-Menschen *zeigen* etwas, was alle Menschen in sich tragen: Mißtrauen und Aggressivität. Diese Menschen, die wenig oder kein Vertrauen und Entgegenkommen zeigen, werden nicht nur von ihren Mitmenschen allgemein als fremdartig und gefährlich abgestempelt, sondern sogar von einer Vielzahl von Therapeuten als unkooperativ oder einfach nicht zu verstehen abgelehnt.

Sich im Kontakt mit Borderline-Menschen ganz nah an deren Abgründe heranholen zu lassen, bietet uns die Chance, die eigenen Untiefen und das, was uns trägt, besser zu erkennen. So kann auch ein nicht Betroffener von innen her Zerrissenheit und Zusammenhalt als Grundströmungen menschlichen Lebens empfinden. Diese Erfahrung ließe sich in viel größerem Umfang nutzen. In meiner täglichen therapeutischen Praxis habe ich es mit einzelnen, mit Paaren, Familien und Gruppen zu tun. Durchschnittlich ein Viertel davon sind Borderline-Menschen. Ich vermute, daß es einen wachsenden Anteil von Menschen mit dieser Problematik gibt. Borderline-Menschen können gleichsam als die Symptomträger in einer Gesellschaft mit Borderline-Zügen angesehen werden.

Auf unserer Zivilisationsstufe sind Risse und Sprünge im Leben weltweit wahrnehmbar. Sie verlaufen quer durch den einzelnen, durch Paare, Familien, Interessens- und Berufsgruppen. Staaten lösen sich auf und bilden sich neu, spalten sich oder verschmelzen, Volksgruppen bekämpfen oder integrieren sich – lauter Vorgänge, die wir vom Einzel-Ich der Borderline-Persönlichkeit auf seiner inneren Lebensbühne kennen. Aber der Borderline-Mensch repräsentiert noch weitere gesamtmenschliche Züge: Die Natur, wie sie ist, beuten wir aus. Den Folgen der manipulierten Natur sind wir ausgeliefert. Hunger und Krankheit auf der einen Seite, Umweltzerstörung und Kriege auf der anderen Seite verfolgen uns. Weltweite Fluchtbewegungen wie nie zuvor in der Geschichte wurzeln auch in Angst, Verlassenheit und Existenzverlust, die der einzelne Borderline-Mensch täglich schmerzhaft erlebt.

Inmitten dieser von mir so betrachteten Borderline-Landschaft gibt es Ballungsräume, in denen Energiepotentiale, die sich in politischer, nationaler, kultureller, sprachlicher, religiöser und künstlerischer Hinsicht aufladen und entladen, zusammenstoßen und sich befruchten. Ich denke z. B. an Städte wie Berlin, Istanbul, Jerusalem und New York. In solchen Städten dauernd oder auch nur vorübergehend zu leben, kann manchmal etwas von den Empfindungen eines Borderline-Menschen wecken. Man könnte heute von einer Borderline-Generation sprechen, wie damals von der 68 er-Generation. Die Herausforderung, unserer und der nächsten Generation das Überleben zu sichern, ist nicht leichter als am Ende des Krieges vor 50 Jahren.

Zum Aufbau des Buches

Das Thema des Buches ist vielgestaltig und vielschichtig, die sprachliche Umsetzung daher eine besondere Herausforderung. Einerseits wollte ich klar und verständlich schreiben, andererseits schien mir wichtig, spürbar und erlebbar zu machen, wovon ich schrieb. Deshalb habe ich drei Ebenen der Darstellung gewählt. Im Zentrum stehen Selbstzeugnisse von Betroffenen, ihre Lebensgeschichten und Therapieverläufe. Darum herum ranken sich Gedichte, Märchen und andere Prosaerzählungen als literarische Formen, die ich aus dem Geist der Betroffenen heraus verfaßt habe. Das wird ergänzt durch theoretische Einführungen und zur Diskussion einladende Kommentare. Mit meiner Vorgabe einer allgemeinverständlichen Darstellungsweise kann ich natürlich nicht vermeiden, manchmal zu verallgemeinern, hier und da zu vereinfachen oder auch nicht einfach genug zu schreiben. Mancher Leserin, manchem Leser werden je nachdem mehr die intuitiven, die erzählerischen oder die reflektierenden Abschnitte liegen.

Ich arbeite mit vielfältigen Psychotherapiemethoden einschließlich Psychodrama und Rollenspiel, Bildarbeit, Autogenem Training, Tonarbeit und natürlich mit dem Gespräch, einzeln, paarweise und in Gruppen. Meine therapeutische Grundausbildung ist psychodramatisch und psychoanalytisch. Mit dem Psychodrama verbinde ich in erster Linie mannigfaltige Begegnungsmöglichkeiten und mit der Psychoanalyse den Kontakt mit unbewußten und bewußten Prozessen. Die Weichen zur Borderline-Störung werden in den ersten zwei Lebensjahren gestellt. Deshalb sind kreative und körperbezogene Methoden sehr sinnvoll, um die Nachreifung aus vorsprachlicher Zeit zu fördern.

Ich möchte mein Engagement für Borderline-Menschen und mein Konzept, gerade durch sie besser zu verstehen, was Menschsein heißt, offenlegen.

Mir liegt fern, Eltern und Erzieher pauschal zu kritisieren oder gar zu verurteilen. Die krank und heil machenden Faktoren unserer Gesellschaft sind vielfältiger. Dank der neueren Säuglings- und Kleinkindforschung wissen wir, daß das Kind bereits im vorsprachlichen, vielleicht sogar schon im vorgeburtlichen Leben über Handlungsmöglichkeiten und Beziehungswünsche verfügt. An diese ureigensten Erfahrungen und Erinnerungen knüpft jede Therapie an. Mein Motiv beim Schreiben ist, durch die jeweils einmaligen Gestalten zu vermitteln, wie störbar, aber auch beziehungsfähig Menschen durch Entwicklungskrisen werden können. Dadurch werden unter Umständen neue, überraschende Impulse freigesetzt.

Dankbar und teilweise überrascht bin ich, wie bereit und überzeugt viele meiner Patientinnen und Patienten, Ausbildungskandidatinnen und -kandidaten zugestimmt haben, daß ich ihre Geschichte hier verwenden darf. Darüber hinaus bin ich tief berührt von ihren Stellungnahmen, mit denen sie an diesem Buch mitgewirkt haben. Borderline-Menschen selber haben den lebendigsten

Anteil daran, daß ich es schreiben konnte. Auch ihr Motiv, sich zur Verfügung zu stellen, finde ich bezeichnend: Über sich berichten heißt, sich seiner selbst zu vergewissern.

Alle Daten aus meiner 20jährigen Behandlungs- und Beratungspraxis, Ausbildungs- und Supervisionstätigkeit habe ich in äußeren Belangen verändert, um die Betreffenden in ihrer Identität zu schützen.

Zahlreiche Kolleginnen und Kollegen, denen ich am Schluß des Buches Dank sage, und vor allem die Betroffenen selber, haben mir die Furcht genommen, einen Gedanken zu verlieren, und die Andacht vor einem guten Gedanken gegeben.

1. Kapitel
DER MENSCH ALS BORDERLINE

Einstimmung und Überblick

D'Moser Babett
Eine Kindheitserinnerung des Autors

Im Zweiten Weltkrieg wurde ich mit meiner Familie ins Alpenvorland in ein altes Bauernhaus evakuiert, an dessen alleinstehende Besitzerin ich mich gut erinnere. Ich erlebte diese höchst eigenwillige, gestandene, damals 65 Jahre alte Bäuerin zwischen meinem sechsten und elften Lebensjahr. Ich liebte sie wie eine gütige Großmutter, und manchmal fürchtete ich sie wie einen bösen Wolf. Sie war klein von Gestalt, sehr aufrecht in ihrer Haltung und behend in ihrem Gang. In ihrem verhärmten Gesicht ließ sie ihre wasserblauen Augen nur einen Spalt offen stehen, es sei denn, sie trafen einen voller Zorn wie Blitze. Ihre Mundwinkel waren oft etwas spöttisch verzogen. Meist trug sie ein eng am Hinterkopf zusammengebundenes Kopftuch. Sie hatte viele davon: ein blaukariertes für die Küche, ein geflecktes bei der Stallarbeit und ein schwarzgeblümtes, wenn sie sonntags zur Kirche ging. Jedesmal roch sie anders, und sie hatte noch viele Tücher und Kleider, die sie nie benutzte, in einem Kasten. Bei der Arbeit trug sie Schürzen über langen schlichten Rökken, und auch sonntags verzichtete sie auf ein Mieder, wie es andere Bäuerinnen stolz trugen. Ihre ausgemergelten Hände betrachtete ich mir gerne, wenn sie sie auf den Tisch legte. Ich wagte sie aber nicht mehr zu berühren, seit sie sie ein paarmal abrupt weggezogen hatte. Ihr Anwesen hielt sie peinlich sauber, Garten und Felder fast zwanghaft in Ordnung. Sie hatte keine Maschinen und ging ganz auf in körperlich schwerer Arbeit, in der Versorgung ihrer Kühe, Hühner, Katzen, eines Hundes namens »Bürschi« und ihrer Blumen. Mit diesen Lebewesen sprach sie, mit Menschen kaum. Ein Huhn konnte sie zärtlich im Arm halten und streicheln und brachte es kaum übers Herz, es zu schlachten. Auch zu uns Kindern blieb sie freundlich, sogar wenn wir übermütig in ihrer Küche spielten. Manchmal bekam ich Angst vor ihr, wenn sie ärgerlich wurde. Einmal pfefferte sie eine Heugabel mit solcher Wucht auf den Boden, daß der Holzstiel zerbrach und mir fast das Herz stehenblieb. Ein andermal erschrak ich furchtbar, als sie in der Küche in meiner unmittelbaren Nähe einen Teller zertrümmerte, ohne Vorankündigung. Wütend wurde sie schon, wenn jemand sie mit »Fräulein Moser« anredete, wie es damals gegenüber älteren unverheirateten Frauen auch üblich war. »I bi koa Freilein, sondern a Frau!« herrschte sie ihr Gegenüber an. Ich durfte und sollte »Babett« zu ihr sagen. Mich liebte sie still von innen, spürte ich. Manchmal brachte sie abends Bratkartoffeln oder ein Spiegelei und erklärte meinen Eltern: »Nur fürn Buam!« Sie redete schnörkellos, unverblümt, knapp und ohne einen dabei anzusehen. Als ich ein paar Wochen in einem entfernteren Krankenhaus liegen mußte, besuchte sie mich mit dem Fahrrad, beschenkte mich aus einem großen Korb, freute sich kindlich an meiner Freude, daß ich mir wie im Märchen vorkam – nur daß sie Rotkäppchen und ich die Großmutter verkörperte.

Dennoch blieb sie mir meist etwas unheimlich und auch unberechenbar. Wiederholte ich z. B. etwas, weil sie nicht reagierte, antwortete sie nur: »I bi it dorat!« (ich bin nicht schwerhörig). Ich wußte nie genau, wie nah sie mich ertragen und was sie im Moment von mir haben wollte. Sie konnte sagen: »Gei, du gibst ma scho amoi an Kuß, bevor i stirb!« Ich wollte das gleich einlösen, doch sie stieß mich weg. Sie fing aber immer wieder damit an: »Und wann heiratst mi nachad?« Vermutlich spürte sie die Verlegenheit des Sechsjährigen, strich mir einmal übers Haar und lächelte einen Augenblick an mir vorbei. Besuche von Verwandten oder Bekannten bekam sie so gut wie nie. Ich wüßte nicht, daß sie Freunde gehabt hätte. Mit den wenigen Nachbarn sprach sie nur das Nötigste. Nur ein ebenfalls älterer Bauer kam alle paar Sonntagnachmittage auf einen Kaffee.

Jeden Sonntagmorgen ging sie eine halbe Stunde zu Fuß zur Messe, nahm mich auf meinen Wunsch hin mit und schien in der Kirche ganz versunken. Aber dort und hinterher nahm sie keinerlei Kontakt mit den anderen auf, die herumstanden und sich zwanglos unterhielten. Vielmehr faßte sie mich rasch an der Hand und zog mich mit weg, wie von einer Unheilstätte. Und doch war es Babett, die nicht unwesentlich mein Interesse an Glaube und Religion geweckt hat. Sie ließ keinen Menschen nah an sich heran, besonders Männer nicht, die sich freundlich und ehrlich um sie bemühten. »Wia ko ma bloß so vui dumm sei!« (wie kann man nur so dumm sein), war eine ihrer zynischen Erwiderungen. Einen, der ihr zum Geburtstag mit den Mitteln der ersten Nachkriegsjahre einen Liegestuhl mit einer eingravierten »70« bastelte, haßte sie von Stund an und probierte das Ruhegerät nicht einmal aus. Sie fluchte: »Da kunnst ja glei narrad wern!« (da könntest du ja gleich verrückt werden). Sie ließ sich niemals zur Ruhe kommen, blieb rastlos bis ins Grab. Etwas ironisch wünschte sie jedem Nieser »Gesundheit und langes Leben!«

Als sich z. B. ein Knecht vom Hof verabschiedete, wollte er ihr etwas Gutes tun und schnitt für Wochen das Heu vor; denn sie selber hatte wegen Armschmerzen größte Mühe damit. Noch kurz vorher hatte sich Babett hochzufrieden über ihn geäußert, jetzt aber warf sie ihm wütend den Heuschneider vor die Füße, schimpfte, er hätte ihr das Heu gestohlen, ihr wie einer, »die am Verrecken ist«, alles aus der Hand genommen. Weinend und ohne eines Abschieds gewürdigt zu werden, zog der Mann davon. Nie wollte sie etwas geschenkt. Sie gab Fremden Eier, Milch, Brot, aber nahm selber nie etwas an. Die ganze Nacht fand sie oft keinen Schlaf, erzählte sie mir. Je früher Babett aufstehen konnte, um tätig zu werden, desto lieber war's ihr. Beängstigend war ihr krasser Stimmungswechsel, vor allem, wenn sie gerade noch freundliche Ruhe ausgestrahlt hatte, aber im nächsten Moment wegen einer Kleinigkeit oder wie aus dem Nichts heraus kreidebleich in Spannung geriet oder hochrot zu einem Wutanfall anlief. Sechs Jahre meiner Kindheit, bis wir wegzogen, traf ich diese Frau täglich. Einerseits fühlte ich mich sehr zu ihr hingezogen, andererseits zutiefst von ihr erschreckt. In vielen Situationen war ich Beobachter ihres Umgangs mit Dritten und mit sich selbst. Auch in den Jahren nach der Evakuierung verbrachte ich gerne einen Teil meiner Ferien bei ihr.

Nachträgliche Gedanken

Wie bin ich wohl als Kind mit meinem widersprüchlichen Erleben umgegangen? Offenkundig habe ich das Angenehme genossen und das Erschreckende schnell abgetan oder mich abgeschottet, um mich nicht tiefer treffen zu lassen. Diese unvoreingenommene Art des Umgangs als Kind zeigt schon, wie es möglich ist, mit solchen Menschen zu leben. Eine Möglichkeit ist also, sich ihren erschrekkenden Seiten fernzuhalten und auf ihre positiven einzugehen. Babetts Offenheit – so unverdruckst – und ihre Freundlichkeit hatten mir das erleichtert. Zu mir als Kind hatte sie Vertrauen und keine Angst, ebensowenig wie vor ihren Tieren und Pflanzen. Erst als Jugendlicher, nach ihrem Tode, erfuhr ich, daß sie als junge ledige Frau ein Kind gehabt hatte, das nach wenigen Wochen gestorben war. Niemand hatte wirklich zu ihr gestanden. Grenzenlose Verlassenheitsgefühle und Verbitterung dürften – so erschreckend das Erleben der jungen Erwachsenen auch gewesen war! – ihre tiefsten Ursachen aber in einer im Dunkel liegenden Kindheit gehabt haben. Um ein solches Lebensereignis gut bestehen zu können, bedarf es eines tieferen Selbstvertrauens als Babett es bis dahin hatte aufbauen können. Neuerliche Wut und Enttäuschungen über die damalige Verachtung und Ausgrenzung müssen das Leben der Moser Babett eingeschwärzt haben. Sie hat sich an niemanden binden wollen.

Babett war voller Lebensangst, zugleich begierig zu leben, was sie sich nur durch Arbeit erfüllen konnte, ja, sie war arbeitssüchtig. Ihre Beziehungen erschöpften sich im Grunde im Auskommen mit männlichen Hilfskräften, die sie einmal »über den Schellenkönig« lobte, ein andermal verteufelte und kein gutes Haar an ihnen ließ. So eingeschränkt und beschnitten fristete sie ein Nischendasein, ohne Partnerschaft, ohne langfristige Ziele. Ganz versteckt war sie auf der Suche nach Zärtlichkeit, aber nach außen und innen abgeschottet. Ein bäuerlicher katholischer Rahmen bot ihr zwar Halt, aber weder Austausch noch Erfüllung. Tiere und Kinder waren eine Welt für Babett, in der sie sich nicht bedroht fühlte, sondern Liebe und Vertrauen ausstrahlte. Das danke ich ihr.

Meine beispielhafte Erfahrung als Kind hat sicher auch dazu beigetragen, daß solche Menschen für mich als Erwachsenen eine Bedeutung haben. Babett steht dafür, daß auch bei beziehungsschwierigen Menschen eine beziehungsfähige Seite da ist. Noch heute ist diese Erfahrung für mich eine entscheidende Einstiegshilfe in der Arbeit mit Borderline-Menschen. Erst wenn eine

Brücke geschlagen ist, können wir gemeinsam den zweiten Schritt wagen, uns auf die erschreckenden Seiten einzulassen und zugleich Grenzen zu setzen. Dies ist weit mehr als mein kindliches Beobachten und mein Abschotten gegenüber den Wolfsseiten Babetts. Sicher nicht zufällig habe ich die drei Rollen im Rotkäppchen-Märchen abwechselnd in Babett gesehen: die gute Großmutter, den bösen Wolf und sogar Rotkäppchen selbst. Erst rückblickend sehe ich in ihr einen Borderline-Menschen, selbständig, aber einsam, lebenstüchtig, aber unglücklich. Viele Eigenschaften und Verhaltensweisen Babetts können wir in zugespitzter und geballter Form bei den Menschen wiederfinden, um deren Leben und Überleben es in diesem Buch geht.

Schlaglichter
Erscheinungsbild und Persönlichkeit des Borderline-Menschen

Die mannigfaltigen, im folgenden bewußt schlagwortartig aufgeführten Eigenschaften aus verschiedenen Lebensbereichen, treten natürlich niemals bei einem Menschen gesammelt auf. Umgekehrt kann auch nicht aus einzelnen Verhaltensmerkmalen oder Wesenszügen auf die »Diagnose Borderline« geschlossen werden. Typisch für Borderline-Menschen ist ein unterschiedliches Mischungsverhältnis liebenswerter und erschreckender Seiten, kreativer und (selbst-)zerstörerischer Tendenzen.

Mit dem Ausdruck *Erscheinungsbild* des Borderline-Menschen, meine ich hier die besondere Wirkung nach außen, also alles, was auffällig ist. Unter dem Stichwort *Persönlichkeit* beziehe ich mich hier mehr auf tieferliegende und über längere Lebenszeit gewachsene Charakteristika, Überlebensstrategien und Entwicklungspotentiale.

1. Beziehung

Intensive, aber wacklige Beziehungen zu anderen, letztlich zur gesamten Wirklichkeit.

Ein (häufiger) Wechsel von Idealisierung und Entwertung anderer, aber auch der eigenen Person.

Angst vor Alleinsein und Zusammensein.

Verzweifeltes Bemühen, wirkliches oder gefühlsmäßiges Alleinsein zu verhindern.

Lebenslange Anstrengungen, zu einer erfüllteren Partnerbeziehung zu kommen.

Starke Sehnsucht, verstanden und geliebt zu werden.

Mangel an Vertrauen und Selbstvertrauen.

Eine Dosis unbestechlichen Mißtrauens und fehlender Naivität kann sich bei Führungsaufgaben im Beruf bewähren. Ebenso eine scharfe Beobachtungsgabe, um geeignete Leute zu gemeinsamen Aufgaben zusammenzuführen.

2. Handeln

Selbstschädigende Aktivitäten, wie süchtiges Essen, Trinken, Rauchen, Drogenkonsum.

Neigung zu Selbstverletzung bis hin zu Selbstverstümmelung, Selbstmordversuchen und Selbstmorden.

Süchtiger, auslaugender, nicht zur Befriedigung führender Sex.

Zwanghaftes Putzen, Arbeitswut (»Workaholics«).

Rücksichtsloses Fahren, Rechthaberei, sich und andere in Unfälle verwickeln.

Rastlos im Einsatz, um Passivität und Langeweile zu vermeiden.

Dadurch Entwicklung neuer Ideen und anregender Interessen bis ins hohe Alter.

Prügeln und Zurückschlagen als Vorwärtsverteidigung.

3. Stimmung und Antrieb

Krasse und dabei oft rasche Stimmungswechsel zwischen freundlich und unfreundlich,
unbeschwert und deprimiert,

ruhig und reizbar,
ausgeglichen und panisch-ängstlich.

Unerträglich empfundenes, minuten- bis tagelanges Gefühl von innerer Leere und Langeweile.

Aus Angst vor Langeweile oft besonders farbige und originelle Alltags- und Urlaubsgestaltung.

Impulsiv und spannungsgeladen.

Beherrschung und Selbstkontrolle können aussetzen.

4. Gefühle

Intensive Wut und Wutausbrüche, manchmal aus dem Nichts, manchmal aus einem Affektstau heraus.

Haß und Selbsthaß.

Tiefe Verzweiflung.

Typischerweise befällt Menschen in ihrer Umgebung ein Gefühl von Hochspannung oder erhöhter Aufmerksamkeit.

Ständige Versuche, echt zu sein und Ehrlichkeit vom Gegenüber zu fordern, besonders in Liebesbeziehungen und anderen nahen Kontakten.

Wollen sich und andere vor Ungerechtigkeit und falschen Kompromissen schützen.

Gefühle werden entweder extrem ausgelebt oder total zurückgenommen.

Persönlichkeit des Borderline-Menschen

1. Selbstbild

Mangel an Selbstliebe und Selbstrespekt.

Ständige Überprüfung ihrer Selbstsicherheit.

Suchen nach Bestätigung bis zur Provokation von Ablehnung.

Hochsensibel gegen falsches Lob.

Einschätzung von sich und anderen schwankt gewöhnlich extrem.

Unsicherheit in ihrer Geschlechtsrolle.

Vorübergehende oder längere homoerotische Beziehungen aus Angst vor dem anderen Geschlecht.

Auf der Suche nach immer vollkommenerer Partnerschaft oder aus Bindungs- und Trennungsangst wird in Haupt- und Nebenbeziehungen aufgespalten.

Schwierigkeit, langfristige berufliche und andere übergeordnete Ziele zu planen und zu erreichen.

Stärken sind Spontaneität, Beweglichkeit und Idealismus.

2. Wertvorstellungen

Idealisierung und Entwertung führen zu Fehleinschätzungen und überschießenden Reaktionen in Beziehungen aller Art. Schwarz-Weiß-Denken und erlebnismäßige Wechselbäder, so daß jemand in einem Moment nur als gut oder nur als böse gesehen wird. Das jeweils Ausgeblendete, wird oft gar nicht wahrgenommen, also auch nicht vermißt.

Jemand kann im gleichen Atemzug für hochintelligent und strohdumm gehalten werden.

Auffälliges Bemühen, für andere gewöhnlich vereinbar Erscheinendes strikt getrennt zu sehen.

Auch das gegenteilige Bemühen, unvereinbar Erscheinendes miteinander zu vereinbaren, kann stark sein.

Gefahr, Ideologien anheimzufallen.

Tendenz, die innere Spaltung auf andere oder Gruppen zu übertragen. Dies befreit von unerträglichem Druck durch Haß und Liebe gleichzeitig.

Typisch sind auch Sprachgewandtheit, Witz und unterschwelliger Humor.

3. Nähe und Distanz

Mangelnde Abgrenzung von einer anderen Person, die nah, aber bedrohlich erlebt wird, führt zum Versuch, diese möglichst ununterbrochen zu kontrollieren. Eigene Wut und Aggression kommen nicht selten als Bumerang zurück. Das Ausdrücken eigener negativer Gefühle befreit nicht, obwohl die andere Person sich sehr getroffen und verwickelt fühlen kann. Die einfache »Pro-jektion« (= Hineinwerfen, Vorwerfen) funktioniert nicht, weil sich der Borderline-Mensch gleichzeitig mit seinem Gegenüber identifiziert, also Angreifer und Angegriffener in einer Person bleibt.

Dieser letztgenannte Mechanismus ist gesellschaftlich besonders interessant. Bei neurotischen und psychisch »normalen« Menschen funktioniert nämlich Projektion, z. B. im Freund/Feind-Schema, jemanden zum Sündenbock zu machen, vordergründig oder subjektiv ganz gut.

4. Realitätsbezug

Im Unterschied zum Schizophrenen ist der Borderline-Mensch fähig, die Wirklichkeit als solche einzuschätzen. Das subjektive Erleben von Wirklichkeit kann jedoch höchst unterschiedlich und schillernd sein. Anderen vertraut Erscheinendes kann als sehr fremdartig erlebt werden. Daraus ergibt sich ein oft nicht oder nicht mehr realitätsgerechtes Verhalten. Ein Mangel an Selbstkontrolle und an Fähigkeit, Angst auszuhalten, verschlechtern vor allem in unvorhersehbaren, schwierigen Situationen die Aussicht, angemessen zu reagieren.

Im Umgang mit Beziehungen und mit der Wirklichkeit im ganzen zeigt sich eine grundlegende Schwierigkeit *und* Stärke des Borderline-Menschen: Er nimmt widersprüchlich und bruchstückhaft wahr. Er erschafft die Wirklichkeit gleichsam immer wieder neu. Das macht seine Lebendigkeit und Kreativität, aber auch seine Verwirrung und Orientierungslosigkeit aus. Mit dem ersten fasziniert er gewöhnlich, kann aber auch schockieren. Mit dem zweiten löst er Ratlosigkeit oder gar Angst aus, weil er sich anderen nicht vermitteln kann.

Eine Voraussetzung dafür, unsere widersprüchliche und komplexe Welt zu verstehen und in ihr zu bestehen, scheint aber gerade die Fähigkeit zu sein, Beobachtungen und Perspektiven wechselweise zu polarisieren und zu bündeln.

2. Kapitel
EIN LEBEN AUF DER GRENZE

Sechs Porträts

Krisen sind Chancen

Beate, eine 16jährige, bisher gute Schülerin, kommt wegen Schulversagen auf Anraten der Schulpsychologin zur Einzelberatung. Die Eltern waren ratlos, weil Beate weder faul noch frech war. Was Beate niemandem mitteilte: seit über einem Jahr fraß sie heimlich in sich hinein, was sie an Nahrungsmitteln zu Hause fand, und kotzte es anschließend mehrmals täglich wieder aus sich heraus.

Auch mein »Nahrungsangebot« als Therapeut testet sie, und ob es hier gut oder auch zum Kotzen für sie sei. Trotz ihrer ausdrucksvollen Züge und ihrer anmutigen, nicht verhuschten Haltung wirkt Beate auf mich nicht greifbar. Sie fühlt sich durch das Angebot, frei von der Leber weg zu reden, rasch angegriffen. Ich habe Mühe, sie in ihrem Versteck zu erreichen ohne Gefahr zu laufen, sie zu bedrängen.

Ich nehme sie als einen Menschen mit zwei getrennten Seiten wahr: Da sitzt eine eher älter als 16 wirkende junge Frau, stolz und aufrecht, die mir offen begegnen möchte. Und gleichzeitig kauert da ein kleines, hilfloses Kind, das längst resigniert hat, und sich vor mir als Ungetüm fürchtet. Ich mache das zum Thema und kämpfe darum, beide in der einen Person Beate miteinander in Kontakt zu bringen. Wie kann ich sonst eine Beziehung zwischen ihr und mir als je ganzer Person herstellen? Meine Geduld, genau dieses Problem immer wieder anzusprechen, erschöpft sich zusehends. Es entspinnt sich ein Machtkampf, bei dem es für Beate darum geht, nicht mehr zu sagen als sie von sich aus will. Sie hat Angst, auf der Gesprächsebene von sich weg, verführt zu werden, wie vom Vater auf der sexuellen Ebene. Der hatte Beate als Kind mißbraucht. Unerbittlich, so als ginge es um ihr Leben, will sie von mir wissen, ob ich sie so, wie sie ist, mit dem wenigen, das sie sagt, annehme. Gewollt – ungewollt provoziert sie mich, sie hinauszuwerfen, sie will meine ehrliche Einstellung erfahren. Erst als ich mir selbst meinen

Widerwillen gegen ihre mal passive, mal aggressive Haltung klarmache und ihr gegenüber dazu stehe, können wir zunächst eine gemeinsame Therapiebasis finden. Doch dann nimmt Beates Angst, auch von mir »undefinierbar« verletzt zu werden, überhand.

Hintergrund: Beate empfand die beruflich ehrgeizige Mutter als kühl und kontaktlos. So habe die Mutter den häufig betrunkenen, arbeitslosen Vater einfach ignoriert. Er wird von Beate distanzlos und vereinnahmend geschildert. Dem Mädchen wurde der gesamte Haushalt überlassen. Sie wehrte sich auch lange nicht gegen die Ausbeutung ihrer Gefühle durch den Vater, aus Angst, einen Rest immer schon entbehrter Zuwendung zu verlieren. Ihre Freßkotzsucht (Bulimie) war ein Hilfeschrei im Verborgenen. Ihr Therapieanlauf bei mir entsprang dem erstmaligen Wunsch, sich geborgen *und* selbständig in einer Beziehung zu fühlen. Die Schulmisere war ein unüberhörbarer Alarmruf Beates aus ihrem Lebensgefängnis heraus. Und das galt es jetzt durch die Therapie hinter sich zu lassen. Aber schon nach einem halben Jahr beendete sie die Therapie. Für Beate war dies eine neue Erfahrung: selbstverantwortlich zu handeln. Mein Wunsch wäre es gewesen, den positiven Ansatz weiterzuentwickeln. Wichtiger war wohl, ihre Entscheidung zu respektieren.

Beziehungskatastrophen

Ernst und *Dietlind*, beide Mitte 30, kommen als Ehepaar zu mir in Partnertherapie. Er ist in seinem Beruf als Techniker wie auch im Haushalt der Familie mit zwei schon flügge werdenden Kindern ein gewissenhafter und verläßlicher Mensch. In tieferer Hinsicht ist er zwanghaft und ängstlich, hat aber viel mehr Boden unter den Füßen als seine Frau. Sie hat in einer Bank Karriere gemacht und fühlt sich abwechselnd voller Energie, alles anzupacken, dann erscheint ihr wieder alles sinnlos und leer. Sie fühlt sich nicht getragen, ihr Boden ist brüchig, zeitweilig ist ihre Angst grenzenlos. Ernst bagatellisiert seinen zunehmenden Alkoholmißbrauch. Dietlind verleugnet ihre fehlende sexuelle Erlebnisfähigkeit. Zu Zeiten, wenn sie mehr von sich aus mit ihm schlafen will, ist er impotent. Sucht er mehr ihre

Nähe und Zärtlichkeit, fühlt sie sich von ihm erdrückt. Beiderseits haßerfüllte Phantasien sich zu trennen, lösen sich bei Ernst in Schuldgefühlen, bei Dietlind in ihrer Angst auf, sie würde alleine zugrundegehen. Die Beziehungskämpfe werden immer katastrophaler, bis Ernst die Doppelbotschaft seiner Borderline-Frau »ich hasse dich, verlaß mich nicht!« durchbricht und ein sexuelles Verhältnis mit einer zehn Jahre älteren Frau eingeht. Als Dietlind das erfährt, unternimmt sie einen ernstzunehmenden Selbstmordversuch. Erst danach entschließen sich die beiden zu einer gemeinsamen Therapie.

Hintergrund: Der Clinch dieses Paares wurde durch ihre gegensätzlichen Lebensgeschichten verständlich. Ernst war das Nesthäkchen in seiner Familie, wurde von der Mutter verwöhnt, von seinem aggressiv geschilderten Vater aber kurzgehalten und gedemütigt. Dietlinds Eltern ließen sich zwei Jahre nach ihrer Geburt scheiden. Sie setzten aber nicht nur ihre Beziehungskämpfe fort, sondern waren zwischen Dietlinds viertem und achtem Lebensjahr wiederverheiratet. Sie fühlte sich, solange sie zurückdenken konnte, übersehen oder benutzt und fand zu keinem eigenen Ich oder gar Selbstwertgefühl.

In der Ehepaar-Therapie soll ich immer wieder mit einer Art Schiedsrichterrolle betraut werden, wer wen gerade übersieht oder benutzt. Merkwürdigerweise lösen sich Knoten, wenn ich dies eine Weile ohnmächtig ertrage, mir das von den Eheleuten vorhalten lasse, bis sie zu der für sie erleichternden Erkenntnis gelangen, daß sie beide unterschiedliche Muster aus ihrer Kindheit wiederholen: Ernst hat Angst, die Liebe seiner Frau zu verlieren – wie damals als Kind die Liebe seiner Mutter. Aus dieser Alarmsituation versteht er auch die Flucht zu einer älteren Geliebten. Dietlind hat reale Angst, von ihrem Mann verlassen zu werden, und sieht keine Aussicht, ihn zu halten, sich zu halten. Als Kind wurde sie wiederholt verlassen. Und ihr Selbstmordversuch? Solange sie keine Daseinsgrundlage für sich selber spürt, versteht sie jetzt, gibt sie sich kein Lebensrecht. Sich selbst zu respektieren und zu lieben, hatte sie bislang auch in ihrer Ehe nicht gelernt. Doch waren beide Partner nicht nur verclincht, sondern sehnten sich auch nach Verbundenheit und Stabilität. Statt sich selbst weiterhin zu zerstören, begann Ernst von Dietlinds kreativen Seiten und Dietlind von Ernsts Tragfähigkeit zu profitieren.

Leben hinter Panzerglas

Gerd ist 32 Jahre alt und von Beruf Maschinenbauingenieur. Er arbeitet unter seinem Niveau, weil er nicht vermitteln kann, was in ihm steckt. Er sieht gut und gepflegt aus, hat aber noch nie länger als ein halbes Jahr eine Partnerschaft aufrecht erhalten wollen oder können. Erst als er unter Schlafstörungen, Kopfschmerzen und Schweißausbrüchen zu leiden beginnt, sucht er mich auf, um sich nach einer Psychodramagruppe zu erkundigen.

Beim ersten Gespräch saß er mir abwartend still, dann zunehmend ängstlich nervös gegenüber. Als ich ihn fragte, was hier passieren könnte, erwiderte er mir: »Wer weiß?« und schaute mich dabei mit ebenso prüfendem wie verlorenem Blick an. Einerseits wollte er seine Leidensgeschichte in einem Schwall erzählen, andererseits brachte er kaum ein Wort heraus. Schließlich stießen wir auf etwas, was ihn mißtrauisch machte: meine »unbegründete« Freundlichkeit! Gerd erinnerte sich dabei an seine letzte Freundin, die ihn so sehr mochte, daß sie sich nach halbjähriger Beziehung vorstellen konnte, mit ihm zusammenzuleben. Da war seine eigene Verliebtheit wie eine Wolke davongezogen. Unwillkürlich blickte Gerd nach oben und fuhr fort: »Ich wollte das Gefühl festhalten und meine Freundin Birgit auch. Aber sie verwandelte sich in meiner Phantasie in eine fleischfressende Pflanze, und ich machte alle Schotten dicht.«

Am Ende des Vorgesprächs äußerte er sich trotz seiner Skepsis interessiert an der psychodramatischen Darstellung seiner Ängste und Wünsche, weil er nicht nur reden wollte. Doch meldete er sich erst nach zwei Monaten wieder. Ein Verständnisvorschuß hatte mich bewogen, ihm einen Gruppenplatz zu reservieren, mit dem er nicht mehr gerechnet hatte, ihn aber jetzt annahm. Ein erster Test mit mir und sich selber war also bestanden, und wir konnten beginnen. Es dauerte jedoch wiederum Monate, bis Gerd in der Gruppe soweit Fuß gefaßt hatte, daß er etwas Persönliches von sich einbringen wollte und konnte.

Er nahm schon über ein halbes Jahr regelmäßig jede Woche an der Gruppe von neun Frauen und Männern teil, als es ihm in einer Gruppensitzung möglich wurde, den anderen zu zeigen, wie er sich erlebte: hinter Panzerglas! Im Gruppenraum stellte er in einem Durchmesser von drei bis vier Metern im Quadrat Teilnehmer zur Kennzeichnung seiner Außengrenzen auf und erklärte: »Ihr seid dicke, verkrustete Glaswände. Die sind von draußen nicht einsehbar, und ich sehe und höre von innen auch immer weniger. Zu fühlen ist schon lange nichts mehr!«

Jeder im Raum spürte am eigenen Leibe die Leere und Einsamkeit von Gerd. Seine Verzweiflung, übersehen zu werden, aber auch seine Wut, wenn jemand seine Festung aus Glas mißachtete und ihm gefühlsmäßig zu nahe kam, und sei es noch so liebevoll gemeint, ließen sich endlich nachvollziehen. Es war ein großer Fortschritt, daß er das der Gruppe zeigen und sich selbst anschauen konnte. Zuvor hatten ihm Teilnehmer immer wieder vorgehalten, er verziehe keine Miene, nehme nicht Stellung, interessiere sich hier wohl für niemanden und nichts... Gerd hatte immer wieder beteuert, daß ihm die Gruppe »viel bringe«, aber umgekehrt könne er sich nicht vorstellen, daß er hier für jemanden eine Bedeutung habe oder bekommen könne.

In dem erwähnten Spiel wagte es Gerd im Schutz der Gruppe, einen Blick auf sein inneres Chaos zu werfen, konnte sich gefühlsmäßig orten und ertragen. Seine Wünsche nach Zärtlichkeit und Geliebtwerden verbarg er hinter so undurchdringlichen Mauern, daß nur tröpfchenweise etwas heraussickerte. Hilfreich waren auch Äußerungen von Teilnehmern, die Gerd jetzt nicht mehr angriffen, sondern respektvoll unterstützten. Eine Gruppenteilnehmerin verglich sich mit ihm, sie selber erlebe sich als Schnecke, die ihr Haus nie verläßt und zugleich darunter leidet, niemanden zu sehen. Hinter Panzerglas verbarg Gerd aber auch Erregung und Wut. Manchmal verlor er seine Beherrschung und schrie jemanden an. Das erschreckte die anderen um so mehr, als er gewöhnlich extrem ruhig wirkte. Mit dieser Haltung identifizierte sich ein anderer Gruppenteilnehmer und erzählte, dadurch habe er schon interessante Arbeitsstellen verloren, weil er keinen Spielraum kenne zwischen sich alles gefallen lassen und durchdrehen.

Für Gerd war es ein zweijähriger, zwar mühsamer, aber auch aufregender Prozeß, bis er in seinen Mauern nicht nur Risse, sondern Fenster und Türen fand. Das hieß für ihn, Begegnungen zu wagen, ohne sie sofort wieder abzubrechen, wenn es nah wurde. Auch sexuelles Zusammensein konnte er unbefangener auf den Zärtlichkeitsbereich ausdehnen. Letztlich wuchs sein Vertrauen, weil er nicht nur in dem Leiterpaar, sondern auch in den Gruppenteilnehmern Menschen erlebte, die sich weder entzogen, noch übergriffig handelten. Letzteres hatte Gerd – noch dazu in chaotischer Abfolge – von seinen beiden Eltern erlebt. Daher genoß er auch den Spielraum und Freiraum dieser Therapiegruppe als etwas aufregend Neues.

Vergangenheitsüberwältigung

Lore, eine 48jährige Juristin mit Mann und drei Kindern, will – nachdem alle drei zur Schule gehen – wieder in ihren Beruf als Anwältin einsteigen. Eigentlich spricht nichts dagegen. Aber panische Entscheidungsangst überflutet sie. »Es ist einfach kein Boden da«, äußert sie verschwommen. Nicht lange nach Beginn der Einzeltherapie hat sie in der Reitstunde der 10jährigen Tochter folgendes Erlebnis: Das Kind kam mit seinem Pferd einem anderen jungen Reiter so nahe, daß in Lore plötzlich die Phantasie hochschoß, beide Pferde würden sich im nächsten Moment aufbäumen, die Kinder abwerfen und zu Tode trampeln. Lore rannte hin, wollte die Pferde bei den Zügeln ergreifen, die scheuten jedoch zurück und mußten von der Reitlehrerin beruhigt werden, die anschließend Lore zusammenstauchte.

Mein erster Eindruck: Fälschlich nehme ich zunächst an, es handle sich um den normalen Entscheidungskonflikt einer Ehefrau und Mutter, die wieder berufstätig werden will, aber auch Angst vor dieser Schwelle hat. Was soll da psychisch nicht in Ordnung sein? Aber dann erinnere ich mich, wie rasch mich das Unverbundene an Lore verunsichert hat, z. B. die Klarheit ihrer Sprache im Gegensatz zum ängstlichen Tonfall und Gesichtsausdruck.

Dazwischen breitet sich bei mir ihre Ratlosigkeit gegenüber ihrer

Ferne und bei ihr Angst vor meiner Nähe aus. Auf einer tieferen Ebene spüre ich Lores Befürchtung, in Chaos abzustürzen und Chaos zu verbreiten. Indem sie die Zügel ergreifen will, wird Lore zügellos. Sie sehnt sich schon lange nicht mehr nach rückhaltloser Nähe, wie sie z. B. die beiden Kinder auf ihren Pferden genießen. Lore fürchtet Nähe und (zer)stört sie wie aus einem inneren Drang. Später lernen wir diese heillose Mischung in der Therapie genauer kennen: mangelnde Abstandserfahrung, die Angst, in zu vieles hineingezogen, eingesogen zu werden und gleichzeitig in der Nähe zu verbrennen.

In dem Erlebnis mit jenem Zwischenfall in der Reitstunde bildet sich als Verdichtung ihrer Lebensgeschichte, wie Lore selbst herausfindet, folgendes ab: Die Pferde der Kinder stehen nicht für spielerische Nähe, sondern für Machtkämpfe mit ungewissem Ausgang. Spannung und Streit der Eltern hatten Lore von kindauf in Atem gehalten. Um selbst irgendeinen Halt zu finden, versuchte *sie* ihn zu geben und erfolglos zu vermitteln. Nicht selten kam sie dabei selbst »unter die Hufe« und wurde noch ausgeschimpft. So gesehen war Lore eine Zuschauerin der Kinder gewesen, die – wie früher als Zuschauerin der Eltern – unausweichlich von dem drohenden Kampf angezogen wurde. Eine weitere Bildebene gab es: Lore als Kind auf einem Pferd wäre ursprünglich gut zurechtgekommen, aber da schoß mal die Mutter, mal der Vater dazwischen, waren eifersüchtig aufeinander. Der Eindruck realer Gefahr und die Empfindung irrealer Angst schaukeln sich in Lore manchmal zur Blockierung und zur Panik hoch, weil es ihr an tieferem Halt fehlt. So mußte sie z. B. als Zweijährige mit der Mutter unter Bombenhagel im Freien gehen, ohne an die Hand genommen zu werden. Beide Hände der Mutter trugen ein Baby. Eifersucht und wieder und wieder Angst stiegen in Lore auf, bis sie schließlich verinnerlichte: »Wenn ich etwas brauche, bin ich allein. Wenn ich etwas tue, bin ich zerstörerisch. Meine Wünsche nach Nähe und meine Ängste, allein gelassen zu werden, verleugne ich am besten!«

Es spricht vieles dafür, daß ihr Vater sich unentdeckt und unbereut Kriegsverbrechen schuldig gemacht hatte. Die Mutter vertuschte das einerseits, setzte den Vater damit andererseits bei Auseinandersetzungen unter Druck. Verzweifeltes Ergebnis für Lore war: Um Entlastung bei Streitigkeiten der Eltern zu erzielen, ohne sich selbst ganz zu verlieren, übernahm sie die Schuld. Lore wurde 1943 geboren und gehört damit zu den Jahrgängen, die den Zusammenbruch der elterlichen Werte und Ideale zu diesem frühkindlichen Zeitpunkt am ungeschütztesten erlitten haben. So wie die meisten Deutschen erlebten auch Lores Eltern die Kapitulation im Mai 1945 mehr als Zusammenbruch denn als Befreiung. Lore brach wie viele der 1943/44 Geborenen in ihrer altersgemäß aufkeimenden Selbständigkeit gleichfalls zusammen. Ältere Kinder konnten auch Entwurzelung und Flucht meist Ich-stärker ertragen, sich bewußter damit auseinandersetzen. Kinder, die nach dem Krieg geboren wurden, trafen von vornherein andere Verhältnisse an.

Grundausstattung

D. STERN, J. LICHTENBERG u.a. haben verblüffend vielseitige, immer wieder auftauchende Eigenschaften von Säuglingen und Kleinkindern in den letzten zehn Jahren besonders eingehend erforscht. So haben sie gezeigt, daß der Mensch von Geburt an, wenn nicht schon im Mutterleib, zwei Grundfähigkeiten besitzt und zunehmend entfaltet: Selbstbehauptung und Abscheu. Positiv und dankbar reagiert der Mensch von Lebensbeginn an auf alles Angenehme wie Licht, Wärme, sichere Lage, guten Halt, was angenehm riecht, schmeckt, wohllautende Stimmen und Geräusche. Im kleinschrittigen 24-Stundenrhythmus des Kindes herrscht Abwechslung: schlafen, ausruhen, entspannt aufmerksam sein, erregt etwas wünschen (aus Hunger, Schmerz, Bedürfnis nach Ansprache, aus sexueller Lust ab dem 18. Monat). Wenn sich Bezugspersonen, also nicht nur die Mutter, aber sie oft am präsentesten, darauf insgesamt harmonisch einstellen, sind Schwankungen in ihrem Einzelverhalten unmaßgeblich. Das heißt, stimmt der »Hintergrund«, der Ton, der die Musik macht, dann empfängt das Kind die Welt als einheitlich, wohltuend geborgen und kann sich auch selbst unterhalten und beruhigen.

Dabei kommt schon dem Säugling seine zweite Grundfähigkeit zugute, nämlich Abscheu gegen unangenehme Reize aller Art und alles, was seinen Rhythmus stört, zu entwickeln. Während im Leben des Säuglings sonst alles mit niedriger oder mäßiger Spannung abläuft, sind es lauthals geäußerte Freude einerseits und abwehrendes Schreien andererseits, die mit hoher Spannung einhergehen. Wenn sich die Umwelt dem allen Sinnes- und Erlebnisreizen aufgeschlossenen jungen Leben als unharmonisch und verabscheuungswürdig erweist, erzeugt dies jene immer andauernde Hochspannung, die unter anderem das Leben des erwachsenen Borderline-Menschen prägt. Ein Kind unter Hochspannung kann sich sehr schwer selbst beruhigen und sehr schlecht selbst unterhalten, wozu es normalerweise bereits in den ersten Lebenswochen in der Lage ist. Die Parallele zum Borderline-Menschen, der es schlecht allein aushält, sich oft ohne Hilfsmittel nicht beruhigen kann, mit sich unter Umständen wenig anzufangen weiß oder sogar in Panik gerät, liegt nahe. Diese Erwachsenen erinnern an »Schreikinder«, die durch nichts mehr zu besänftigen sind.

In der gesunden Mutter-Kind-Beziehung kommt es zu unzähligen Aktionen ausgeglichener Spannung, was auf Beziehungen im späteren Leben mit gleichfalls gut bekömmlicher Spannung vorbereitet. Was dem Kind noch fehlt, ist ein Wissen und Reagieren aus Erfahrung. Es setzt seinen Lebensinhalt auch nicht wie ein Puzzle zusammen, sondern es wächst in eine Kontinuität und in ein Bewußtsein von sinnvollen Zusammenhängen hinein. Wenn das Leben aber unter fast ständiger Hochspannung steht und das kleine Kind zu vieles verabscheut und ausmustert, fehlt es ihm an Kontinuität. Sein Ich gedeiht nur bruchstückhaft. Das Leben als ganzes kann dann nur als Ansammlung unzusammenhängender Scherben erlebt werden. Bestenfalls gibt es dann gelungene Gegenwartselemente und genügend Sicherheitsabstand zu unangenehmer Vergangenheit und ungewisser Zukunft. Diese Parallele zum erwachsenen Borderline-Menschen finde ich besonders erschreckend: Plötzlich kann im Kontakt der Faden reißen, die Stimmung kippen, eine gemeinsame Geschichte, welcher Beziehungsform auch immer, ausgelöscht sein. Dann scheinen Jahre vom Erdboden verschluckt, als hätten wir uns eben erst getroffen und grenzenlos mißverstanden. In der Säuglingsforschung können wir also heute von den beiden Grundfähigkeiten der Selbstbehauptung (kommt bei normaler

Spannung zur Entfaltung) und des Abscheus (setzt hohe Spannung frei) ausgehen. Fähigkeit zur Durchsetzung ist nicht gleichzusetzen mit einem angeborenen Aggressionstrieb, den man früher annahm.

Wie zeigen sich diese Grundtendenzen bei einem scheinbar hilflos ausgelieferten Säugling? Das Kind hat von Geburt an schon eigenständige Impulse und Handlungsspielräume. Autonomie beginnt aller neueren Beobachtung nach sogar schon vorgeburtlich. Das hat Konsequenzen für unser heutiges Verstehen und Umgehen mit kleinen Kindern! Wie früh die Gratwanderung beginnt, ein Kind zu unterstützen oder selbst entscheiden zu lassen, erkennt man am Beispiel von Josef. Es ist an ein Musterbeispiel von J. LICHTENBERG* angelehnt, von mir abgewandelt, um zu verdeutlichen, wie sich hochgradige Störfaktoren im Kindesalter auf das Erwachsenenleben desselben Menschen auswirken können.

An *Josef*, 1 3/4 Jahre alt, mögen seine Eltern, daß er so phantasievoll für sich spielen kann und sich durch nichts ablenken läßt. Im Augenblick ist er dabei, seiner Klötzchenburg immer neue Türme und Brücken hinzuzufügen. Da ruft ihn die Mutter zum Essen. Er weiß, daß es seine Lieblingssuppe gibt, aber er baut lieber weiter. Auf die zweite, schon recht energische Aufforderung der Mutter »Komm doch endlich!« ruft er zurück: »Fertigspielen«. Die Mutter stürzt herbei und zerrt Josef ungeduldig mit den Worten zum Eßtisch: »Du weißt genau, daß ich...«, währenddessen Josef wütend auf die Mutter einschlägt. In sein Stühlchen eingezwängt wirft er einen wehmütigen Blick auf die schöne Suppe, weigert sich aber laut schreiend, mit dem Essen zu beginnen. Mit der Methode »ein Löffel für Oma, ein Löffel für Opa...« läßt sich Josef gerade noch vier oder fünf Löffel eintrichtern. Sonst ißt er schon ganz schön alleine, aber das ist jetzt vergessen. Die Mutter ist verärgert. Der Plastiklöffel ist im Moment die einzige Brücke zwischen den zwei wütenden Menschen.

Eine im Augenblick resignierte oder chronisch depressive Mutter hätte Josef vielleicht ganz sich selber überlassen und damit seinen Rückzug in verträumtes Spielen zu sehr gefördert. Wie oben geschildert, tritt Josefs Mutter konsequent und widerspruchsfrei auf,

* In PSYCHE, 10/1990, S. 871–901.

vertritt die Realität und macht sich angreifbar. Aber Josef vermißt Einfühlung in seinen Spielrhythmus, Respekt vor den Entscheidungen seiner kleinen Person. Die Mutter besitzt momentan nicht die Fähigkeit, mit ihm etwas auszuhandeln, sich mit ihm kompromißhaft abzustimmen. Sie fühlt sich durch seinen eigenen Willen herausgefordert und versucht, ihn ihrem Willen zu unterwerfen. Machtgefälle und Größenverhältnis machen den Kampf für Josef aussichtslos, und er zieht sich enttäuscht, aber wütend zurück. Für heute scheint die Lernchance, relative Selbständigkeit in letztendlicher Abhängigkeit zu erproben, vertan.

Eine tragische Entwicklung setzt aber erst ein, wenn die Mutter nicht nur einen schlechten Tag hat, sondern wenn aufgrund serienweise frustrierender Auseinandersetzungen zwischen Mutter und Kind die Atmosphäre so gespannt ist, daß der Mutter kein lustiger Tonfall, kein humorvoller Satz mehr einfällt, womit sie noch lange nicht ihre Interessen ganz aufgeben müßte. Unter diesem Dauerstreß beschließt der Burg- und Brückenbauer Josef unbewußt, seine inneren Mauern höher zu ziehen, die Geschütze zu verstärken und die Brücken in Zugbrücken zu verwandeln.

Was in unserem Beispiel dem kleinen Josef auch noch fehlt, ist eine geduldige, ausgeglichene Vaterfigur. Statt dessen erlebt er im zweiten Lebensjahr seinen Vater in sich gekehrt und ausweichend. Beide Eltern sind abwechselnd gereizt und auch in Fragen seiner Erziehung zerstritten.

Machen wir jetzt in Gedanken einen Zeitsprung von 40 Jahren. Aus Josef ist ein tüchtiger Techniker geworden, der seine Entwürfe mit Phantasie und Genauigkeit ausführt. Im Kollegenkreis gilt er als verschlossen und empfindlich. Wiederholt ist Josef aufgebraust, wenn man ihm in seine Arbeit hineinredete, wie er es nennt. Nach vielen Stellenwechseln ist er jetzt seit sieben Jahren bei dieser Firma und wäre längst wegen seiner überdurchschnittlichen Leistungen zum Abteilungsleiter befördert worden, wenn die Direktion nicht Zweifel an seinen Führungsqualitäten hätte. Josef wird auf ein Seminar zur Schulung von Führungskräften geschickt. Die Teilnehmer, fast nur Männer, kennen sich untereinander nicht und gehen freundlich verbindlich auf einander zu. Diesen Umgangsstil haßt Josef, er findet ihn unehrlich, es macht ihm auch angst. Was er in der

Firma immer zu verbergen sucht, das sagen ihm die Seminarleiter, eine Psychologin und ein Sozialpädagoge, auf den Kopf zu: »Sie haben Angst, vernichtend kritisiert zu werden. Hier wollen wir lernen, zwischen Beschämung und aufbauender Kritik zu unterscheiden.« Die anderen Teilnehmer und Teilnehmerinnen finden das zumeist interessant, einige schalten ab. Josef aber steht unter Dampf. Wenn die Leiter einen Vorschlag machen, vermißt er Begründungen. Wenn eine Pause angesagt wird, fühlt er sich im Wort abgeschnitten und zieht sich anschließend in sich zurück. Am dritten Seminartag hält er es in seiner »Burg« nicht mehr aus und legt sich mit den Leitern an. Er wirft ihnen vor: »Von wegen klar und offen miteinander umgehen, wie Sie es vorgeben, Sie beide bekämpfen sich ja ständig, ich spüre das, vor allem Sie, Frau B., lassen Ihren Kollegen überhaupt nicht dran, das kann ja nichts werden...« Die Gruppe und die Leiter sind sprachlos. Die Leiter stellen sich dem Angriff nicht, sondern fragen Josef, woher er Unoffenheit und Rivalität in seiner Arbeitswelt kenne – kennt er natürlich – und schlagen ihm ein Rollenspiel vor. Die Teilnehmer sind gespalten. Josefs Gereiztheit überträgt sich auf die hitzige Debatte. Die einen möchten über den Seminarstil reden und preisen Josef als mutigen Vorreiter in dieser Frage. Andere möchten sachliche Arbeit fortsetzen und verurteilen Josef, der mit seinem »Reizklima« das Ganze nur störe. Josef sieht sich jetzt zwischen mehreren Fronten, fühlt sich total verlassen und gelähmt. Gleichzeitig würde er der Leiterin am liebsten ins Gesicht springen. Ihr Gesichtsausdruck ist es, den er nicht entziffern kann. Sie hat ihre Mundwinkel so weit nach oben verzogen, daß ihre vier Eckzähne gut sichtbar sind. Zeigt sich so ein Tiger im Ansprung oder ein freundlich einladender Mensch? »Es ist das Gesicht meiner Mutter«, blitzt es in Josef auf. Eine weitere Front zieht sich durch den Raum: Seine Eltern sind hier, engen ihn ein, unterdrücken seine Wünsche und streiten sich wegen ihm. Er will ihnen helfen, daß sie sich vertragen. Da fallen sie über ihn her... Josef weiß einen Moment lang nicht, für ihn eine Ewigkeit, ob er 40 oder 4 oder noch kleiner ist, ob er in dem Seminargebäude oder in der Wohnung seiner Kindheit ist. Er vergleicht nicht zwischen früher/dort und jetzt/hier, sondern es zerreißt ihn. Da springt er auf und schreit in die allgemeine Verwirrung hinein: »Ich halt das nicht mehr aus!« Totenstille. Josef läßt sich wieder auf den Stuhl fallen und beginnt hemmungslos zu schluchzen. Ein Mann tritt herzu, legt behutsam den Arm um seine Schultern, sagt nichts, ist einfach da, einige Minuten lang, ist selbst berührt. Langsam kehrt auch Leben in die Gruppe zurück. Alle, auch Josef, wünschen jetzt eine Pause.

Drei positive Bedürfnisse, sogleich in Angst verkehrt, springen uns in Josefs Geschichte unmittelbar an: 1. Ein Bedürfnis nach Halt kippt um in Angst vor Einengung, 2. ein Bedürfnis nach Klarheit verliert sich in Angst vor bodenloser Offenheit, 3. ein Bedürfnis nach Kontrolle, nichts aus den Augen zu lassen, verkehrt sich in Angst vor Blickkontakt, der töten könnte.

In ersten Kontakten mit Borderline-Menschen kommt es oft bestürzend schnell zu Auseinandersetzungen. Dahinter steht ihr grundsätzlich sinnvoller, aber überzogener Autonomiewunsch. Atemlos vorpreschend, er könnte ihnen versagt werden, packen sie so viel in der Sache Kompliziertes oder im Ton Schrilles hinein, daß ihre Ablehnung programmiert ist. Diese Vorhersage erfüllt sich der Betroffene leider allzu oft selbst! Mit der Zeit bekommen Borderline-Menschen das Gefühl: Wo eigene Wünsche keimen, wachsen die Zurückweisungen. Aus Angst vor Ablehnung kommt es schon im voraus zu verletzenden Anklagen, die die befürchteten Zurückweisungen erst recht heraufbeschwören.

Wie Josef kommen auch andere Borderline-Menschen mit ihrer Arbeit besser zurecht als mit Beziehungen. Höchst erfolgreich können sie in technischen, kaufmännischen und künstlerischen Tätigkeiten sein. Beziehungsgestaltung ist aber auch in Arbeitsverhältnissen unvermeidlich und für Selbständige sogar besonders wichtig.

Eine häufige Erfahrung von Borderline-Menschen ist, zwischen die Fronten zu geraten wie Josef (siehe auch Lores Geschichte, S. 38). Von kleinauf entwickeln sie ein Gespür für verhaltenen Groll. Alles unter den Teppich Gekehrte wird von ihnen entdeckt, dann entlarvend geäußert, wenn andere noch gar nichts ahnen. Mit einem sie oft selbst belastenden Riecher gehen sie Ungereimtheiten und Unstimmigkeiten kilometerweit zwischen anderen und zwischen sich und anderen nach. Das Knäuel von Wahrheitskernen und hineingelegten Ängsten ist oft unentwirrbar. Warum können Borderline-Menschen so wenig leicht nehmen? Hier geht es um einen lebenslangen Kampf, das in der Kindheit nicht erreichte Maß an Selbstbehauptung und Abscheu doch noch zu gewinnen. Sie waren als kleine Kinder oft schlimmen Streitgesprächen, körperlicher Gewalt, sexuellen Übergriffen als Zuschauer oder als Betroffene ausgesetzt. In vielen Familien kommen Kinder nicht mit der oft unausgesprochenen Feindseligkeit und Enttäuschung der Eltern gegeneinander zu Rande, wollen helfen oder müssen zumindest für sich die Spannung ertragen lernen. Aber um zu verstehen, um sich zu schützen, um endlich, endlich Ruhe zu haben oder sogar ein Plätzchen bei den Eltern für sich zu ergattern, reicht es nicht. Diese Erfahrungen wiederum versehen manche Borderline-Menschen durchaus mit Führungseigenschaften, nämlich dann, wenn aus dem Überlebenskampf tiefere Menschenkenntnis und Taktgefühl erwachsen sind. Gesundes Mißtrauen kann mehr nutzen als zuviel Naivität. Eine glückliche Hand in der Zusammenführung von Menschen, die gut miteinander arbeiten können, und geschickte, umsichtige Durchsetzung, kann sehr erfolgreich machen.

Partnerschaft

In diesem Kapitel möchte ich mich in einen Borderline-Menschen und in die Lage derer versetzen, die mit Borderline-Menschen zusammenleben oder sonst eine enge Beziehung zu ihnen haben. Da gibt es Phasen ungetrübten Zusammenseins, beglückender Ergänzung und fraglosen aufeinander Eingespieltseins. Doch kann auch solche Wut entfesselt werden, daß durch ein Wort alles zerstört wird. Schließlich kann wegen eines zu hart oder zu weich gekochten Eis die ganze Beziehung – auch wenn sie schon Jahre dauert – in Frage gestellt werden. Ja, sogar aus dem Nichts heraus kann ein Streit entstehen, in dem beide Partner sich so verletzen, daß sie mit Verlassen drohen. Das gibt es also nicht nur im Theater, wenn z. B. in ALBEE'S »Wer hat Angst vor Virginia Woolf?« typische Borderline-Menschen und Narzißten aufeinander prallen. Nein, das gibt es überall auf der Bühne des Lebens. Aber was ist das Borderline-Typische?

Typisch ist einmal der rasche Wechsel von angenehmen und unangenehmen Zuständen (weniger rasch in umgekehrter Abfolge). Zum anderen ist es die meist auffällig hohe Grundspannung von und in Gegenwart von Borderline-Menschen. Löcher in der stützenden Umgebung und ein Mangel an Grundgeborgenheit rufen den raschen Stimmungswechsel hervor, wie ihn der Borderline-Mensch schon als Kleinkind erlebt hat. Wenn wir normalerweise als Erwachsene selbständig im Leben zurechtkommen und unsere Eltern nicht mehr brauchen –, dann ist ihre positive Nachwirkung am spürbarsten. Sie bilden unseren beschützenden Rahmen und bejahenden Hintergrund, der ein Teil unserer eigenen Persönlichkeit ist. Die Voraussetzung ist, daß wir schon als kleine Kinder in den Genuß eines solch fördernden Vaters, einer solchen Mutter gekommen sind. Manchen Eltern fällt es schwer, mitzuwachsen, um dem Kind auf seiner Stufe gerecht zu werden. Ein Säugling im ersten Lebensjahr lebt nach dem Motto: »Ich bin schon alles, aber nur mit hilfreichen Anderen«. Ein Kleinkind im zweiten Lebensjahr hat ein neues Motto: »Ich kann schon alles, aber nur, wenn ich frei *und* geborgen genug bin.« Das Borderline-Drama beginnt, wenn ein Elternteil aus Gleichgültigkeit oder Feindseligkeit viel zu lange das Kind sich selber überläßt und zwischendurch sich seiner wie eines Besitztums uneinfühlsam bemächtigt. Das hört sich extrem an und ist es auch. Damit möchte ich betonen, daß die meisten Eltern es »von Natur aus« genügend gut machen. Nur 10 % nötigen ihre Kinder, brechen ihren Willen, setzen die elterlichen Wünsche ohne Respekt und Abstimmung mit dem kleinen Kind durch. Wunderbarer- und noch unerforschterweise überstehen sogar die Hälfte der so manipulierten Kinder das ohne größere Schäden, profitieren von einer scheinbar unverwundbaren angeborenen Widerstandsfähigkeit.

Um den mutmaßlichen Erfahrungshintergrund von erwachsenen Borderline-Menschen zu verstehen, schalte ich hier eine Geschichte vom Umgang zwischen einem Vater und seiner fünfzehn Monate alten Tochter ein. Ich lehne mich wiederum an ein Beispiel von J. LICHTENBERG an und wandle es ab, um eine typische Entwicklungslinie aufzuzeigen.

Cornelia wurde von ihrer Mutter im ersten Lebensjahr gut versorgt und ausreichend liebgehabt. Nun kann sie schon etwas laufen und ist recht unternehmungslustig. Im Augenblick ist sie sichtlich zufrieden mit sich selber und spielt mit ihrem roten Auto. Währenddessen hat der Vater einen Brummkreisel aufgezogen, den er gerade auf dem Heimweg von der Arbeit gekauft hat. Den stellt er Cornelia, die mit ihrem Auto auf ihn zukommt, in den Weg. Jetzt rollt das Auto davon, sie will ihm nach. Der Vater hält sie an einem Ärmchen fest und wendet ihren Kopf dem laut tönenden Kreisel zu. Cornelia entwindet sich dem Vater. Den Blick weiter auf das Auto gerichtet, stößt sie sich unglücklich an einem Tischbein und fängt wütend an zu weinen. Der Vater stößt ärgerlich hervor: »Warum bleibst du nicht hier?« und ist spürbar genervt, hält sie noch fester mit den Worten: »Du dummes Gör!«

Bei genauerer Beobachtung geht jetzt etwas ganz Unentschiedenes in dem Kind vor. Es schaut abwechselnd wütend zu Boden und hilfesuchend zum Vater. Der hat ihr inzwischen das Auto geholt, doch Cornelia wirft es von sich und schluchzt weiter vor sich hin. Der Vater schaut nochmals auf seinen Kreisel und ruft aus: »Heulsuse!« Beide halten jetzt starren Abstand voneinander und schauen finster, »böse« drein.

Wiederum wollen wir uns den folgenreichen Unterschied vor Augen halten, ob es sich um gelegentliche Mißklänge oder um ein andauerndes Mißverstehen zwischen Vater und Tochter handelt. Um den Fortgang ihrer Lebensgeschichte zu verstehen, müssen wir von der zweiten, Cornelia zutiefst verunsichernden Erfahrung ausgehen. Was ist im einzelnen in der oben geschilderten Begegnung passiert? 1. Das Kind wird in seinem zufriedenen, konzentrierten Spielfluß vom Vater plötzlich unterbrochen. 2. Die Stimmung des Kindes schlägt rasch von freudigem Interesse an seinem eigenen Spiel in zornigen Trotz gegen das Herausgerissenwerden durch den Vater um. 3. Merkwürdig starr schwankt es in seiner Haltung gegenüber dem Vater zwischen Hilfesuchen und gereizter Wut. 4. Beide beginnen Scham und Schuldgefühle auszulösen, der Vater mit Worten und im Ton, das Kind mit Schreien und finsteren Blikken. 5. Es findet ein Rückzug beider statt, sie sind gelähmt, die Atmosphäre bleibt gespannt. Kein gemeinsames Spiel kommt zustande. 6. Wir können eine sich aufschaukelnde Spirale gegenseitiger Enttäuschung feststellen, die das Kind von seinem Spiel übergangslos in einen Kampf mit dem Vater verwickelt. 7. Der so rasch verunglückende Kontakt zwischen beiden weist auf eine länger bestehende Vorbelastung zwischen Kind und Vater hin.

Diese Abfolge wollen wir uns modellhaft noch genauer anschauen, weil sie keimhaft das Spektrum des Erlebens von erwachsenen Borderline-Menschen abbildet:

Kind: Ich möchte bei meinem inneren Erleben, bei meinem Spiel bleiben.

Vater: Ich verlange, daß du übergangslos weg von deiner auf meine Idee eingehst.

Kind: Ich will aber bei meinem Spiel bleiben, meinem inneren Gesetz folgend.

Vater: Ich bestehe darauf, daß du mein Angebot befolgst.

Kind: Bei meinem überstürzten Befreiungsversuch tue ich mir weh.

Vater: Ich kann jetzt nicht auf Trösten umschalten und dich stärken.

Kind: Ich bekomme nicht die nötige Hilfe und überbrücke das durch Anspannung und Wut.

Vater: Ich fühle mich von dir, meinem eigenen Kind, abgelehnt und breche den Kontakt ab.

Kind: Erst war ich zufrieden, mußte dann wegen dir abbrechen, was ich wollte. Ich bin zu wenig in Auseinandersetzung und Kompromißfindung geübt. Jetzt bin ich unglücklich auf mich allein zurückgeworfen, aus meinem Spiel und aus dem Kontakt gefallen. Wie werde ich mit alldem fertig? Ich will es allein schaffen und kann es nicht. Ich brauche jemand, aber das wird mir nicht helfen.

Stellen wir uns nun Cornelia 30 Jahre später vor. Sie hat nicht die glückliche Erfahrung immer noch möglicher Korrekturen in der späteren Kindheit machen können. Sie ist ein Borderline-Mensch geworden und lebt mit ihrem Partner in einer Beziehungshölle. Wenn er nicht da ist, vermißt sie ihn. Wenn er kommt, ist sie von Kopf bis Fuß auf Kampf eingestellt. Ungeprüft geht sie davon aus, daß Karl, ihr derzeitiger Freund, nicht auf ihre Wünsche eingehen wird: Wenn sie zum Essen gehen will, ist er »bestimmt« zu müde. Wenn sie etwas gekocht hat, schmeckt es ihm »nie«. Wenn sie mit ihm schlafen will, muß er »immer noch« arbeiten. Wenn er mit ihr schläft, verfehlt er »garantiert« ihre Bedürfnisse. Schlimmer noch: Er nimmt ihr die Luft zum Atmen, wenn er da ist, sagt sie. Er läßt sie nicht in Ruhe und mischt sich in alles ein, findet sie. Seine Worte dringen in sie ein wie Nadeln. Wenn er sie mit seiner »übergriffigen« Art verletzt hat und sie am Boden zerstört ist, kann er sie »natürlich« nicht trösten. Es kommt zu Wutausbrüchen Cornelias und Schuldvorwürfen Karls. Nachdem in der Beziehung in kurzer Zeit viel Porzellan kaputtgeschlagen wurde, trennen sich die beiden. Cornelias Fazit: »Er hat mich nicht verstanden, sondern enttäuscht und im Stich gelassen. Jetzt muß ich mit allem allein fertig werden!«

Die Stimme der verletzten kleinen Cornelia ist unüberhörbar. Der Schatten ihres uneinfühlsamen, gekränkten Vaters ist riesengroß und so aktiv in ihr, daß sie sich auf Karl, wie er ist, nicht einlassen und gleichzeitig bei sich bleiben kann. Sie hat zu große Angst, daß Karl sie aus ihrer Bahn wirft, wie ihr Vater sie früher. Cornelia kann sich nicht anders helfen, als umgekehrt Karl aus der Beziehung zu drängen. Cornelias Geschichte erhellt auch, warum Borderline-Menschen mit ihnen Nahestehenden selten lange entspannt zusammen sein können. Sie sind in Hab-Acht-Stellung vor allen möglichen Zwischenfällen und Mißverständnissen in der Beziehung. Ihr Frühwarnsystem »Was könnte denn gerade jetzt nicht stimmen?« vereitelt oft jeden Genuß. Aber dieses Frühwarnsystem als Kind zu installieren, war vielleicht ihre einzige seelische Überlebenschance, um nicht untergebuttert zu werden. Lieber Vorsicht als Nachsehen! Daß diese Art von Selbstschutz heute übertrieben oder oft unnötig ist, weiß oder glaubt die innerste Ich-Instanz, das mehrfach gebrochene Herz des Borderline-Menschen nicht. Es ist zum Verrücktwerden, wenn Cornelia realisiert, wie zerstörerisch ihr Leben verläuft und sie es doch so leben muß! Dieser ewige Kampf zwischen Haß und Liebe tobt gegen sich selbst und den Rest der Welt.

Nun haben Borderline-Menschen noch andere innere Mechanismen entwickelt, und zwar wiederum von kleinauf, um sich ein Überleben in Beziehungen oder sogar ein intensiv lebenswertes Leben zu ermöglichen. Wenn Schreckenserwartungen nicht durch genügend gute Erfahrungen gelöscht werden, hat der Borderline-Mensch die Möglichkeit, seinem Wunsch jeweils mehr Nachdruck zu verleihen. Aus »ich möchte« wird »ich fordere«. Um sich nicht selber wegen seines forschen Auftretens der Hoffnung auf Wunscherfüllung zu berauben, kann nun der Borderline-Mensch innerlich umdenken und glaubt, sein »ich fordere« ist ein normales »ich möchte«. So kann der Borderline-Mensch vieles vor sich verleugnen, ohne daß es ihm bewußt ist: Z. B. »Du wirst es mir nicht gönnen, aber ich tue so, als ob es mir nichts ausmacht«. Nächster Schritt: »Ich habe die Angst, daß du's mir nicht gönnst, weggesteckt, und tue jetzt so, als ob du's mir schon gönnst.« Diese unbewußte Verleugnung der eigentlichen, wenn auch verzerrten Wahrnehmungen und Empfindungen kommt – lange und tief praktiziert – einer sich selbst auferlegten Gehirnwäsche gleich. Manchmal tritt das »wahre Selbst« erst in der Therapie hinter dem Schutzschild des »falschen Selbst« zaghaft wieder hervor.

Um weitere Formen von Selbstschutz kennenzulernen und zu verstehen, was den Persönlichkeitskern von Borderline-Menschen so tief verändert hat, wenden wir uns nochmals dem Paar Cornelia und Karl zu. Wie könnte es weitergehen mit den beiden? Einige Zeit nach der Trennung schreibt er ihr einen Brief, wie schade es sei, daß sie sich trotz vieler gemeinsamer Interessen so zerstritten hätten. Er möchte alles besser verstehen, wisse aber nicht, ob eine Wiederbegegnung sinnvoll sei. Karl ist überrascht, wie prompt Cornelia positiv reagiert und sofort ein Lokal vorschlägt, wo sie sich dann auch treffen. Cornelia ist wie ausgewechselt. Sie bedankt sich für seine Initiative und für die Worte, die er gefunden habe. Sie findet ihn heute sehr attraktiv, begeistert sich an seinen beruflichen Vorhaben… Karl kommt aus dem Staunen nicht heraus. Ja, so war sie auch zuvor schon ab und zu gewesen. Aber heute findet er sie besonders überzeugend. Cornelia erinnert sich (später), daß eine innere Stimme sie zunächst gedrängt hatte, den Brief sofort zu zerreißen, in den Papierkorb zu werfen, Karl wütend anzurufen oder ihm sonstwie eins auszuwischen.

Cornelia kann die beiden Seiten nicht zusammenbringen. Lebt sie nur eine, verleugnet sie einen jeweils wesentlichen Teil ihrer Gefühle. Mit ihrem Überschwang Karl gegenüber reinigt sie sein Bild von aller Schwärze, mit der sie es früher eingedeckt hatte. So wie sie ihn zuletzt verteufelt hat, so ist aus ihm über die Nacht der Trennung ein Heiliger geworden. Wenn jemand einen Menschen nur noch als böse und gefährlich für sich betrachtet, hindert es ihn weniger, sich von ihm zu trennen. Wenn jemand einen Menschen idealisiert, wird es ihm leichter fallen, ihm sein gebrochenes Herz zu öffnen.

Gleichzeitig kann jemand auch – wiederum unbewußt, d. h. dem Muster, das seine Lebensgeschichte am meisten beherrscht, blind folgend – sein Bild von sich selbst in der Situation als ganz und gar böse oder ganz und gar gut gestalten. Das Ausblenden von Grautönen aus diesen Schwarz-Weiß-Bildern kostet Cornelia wie jeden Borderline-Menschen ungeheuer viel Kraft und Energie. Dadurch ist Cornelia sehr reizbar, während Menschen, die sich ausgeglichen gut fühlen, eher von mäßiger Spannung getragen werden. So ist es zu erklären, daß sich beim Zusammentreffen von Cornelia und Karl zwei unterschiedliche Spannungsniveaus im Raum befinden, das höhere sich aber durchsetzt. Nur um diesen Preis gelingt es Cornelia, in der jeweiligen Situation die Oberhand zu behalten.

Die Informationsverarbeitung, oder vereinfacht ausgedrückt das (gegenseitige) Verstehen, ist bei so hoher innerer Spannung sehr gering. Schon bei der Auseinandersetzung zwischen Vater und Tochter war das zu beobachten. Auch wenn ein älteres Kind verzweifelt oder wütend ist, ist es kaum mehr zum Vokabellernen oder Kopfrechnen fähig. Es kann nicht mehr mitdenken, geschweige denn mitrechnen, wenn jemand es gleichzeitig anbrüllt und den Stoff zu erklären versucht.

Borderline-Menschen sind untergründig, manchmal auch ganz handgreiflich als Kleinkinder verunsichert worden. Davon können sie als Jugendliche und Erwachsene immer noch innerlich blockiert sein. Das Gefühl, unvorhersehbar unberechenbar schlimm aus dem seelischen Gleichgewicht geraten zu können, überträgt sich im Zusammensein auf andere. Borderline-Menschen setzen nun andere nicht aus Bosheit dieser spannungsvollen Atmosphäre aus, sondern unbewußt mit dem Ziel, daß andere dem standhalten, sich nicht lähmen oder zerstören lassen wie sie selbst. Sie sind immer auf der

Suche nach einem Überlebensmodell, mit dem sie sich identifizieren können. Dies strahlen Menschen aus, die ertragen können, daß sie gute und böse Seiten in sich und anderen antreffen. In solchen Menschen können Haß und Liebe sich umarmen, und sie leben.

3. Kapitel
DER KÖRPER

Totsein und Leben

Köpfe – eine Vision

Wir kennen alle die mehr oder weniger gemischten Gefühle beim Betreten einer fremden oder wenig vertrauten Stadt. Und wenn wir noch die Landessprache nicht verstehen, fühlen wir uns erst recht auf uns zurückgeworfen. In unsere Neugier webt sich dann Vorsicht, die einem Gefühl, wir könnten der Situation schutzlos ausgeliefert sein, entgegenwirkt.

Ganz anders erlebt möglicherweise ein Borderline-Mensch seine erste Begegnung mit einem fremden Ort. Die schrecklichen Bilder und Phantasien, die ihn überfluten, beherbergt im Grunde jeder, doch haben andere normalerweise die Fähigkeit, sie unter Verschluß zu halten. Ein Borderline-Mensch könnte sich folgendermaßen fühlen:

Ich sehe keinen Menschen, ich sehe Köpfe,
Schädel, hautlos, augenlos,
Langsam erkenne ich Haare, Backenknochen, Kinn.
Sind das Wesen aus Fleisch und Blut?
Es gibt Augen, die blicken mich schrecklich an
oder strafend über mich hinweg.
Haben sie kein Herz? Nein!
Die Menge ist *ein* großer Kopf,
Der – von wer weiß wem – gesteuert
überall und nirgends hinschaut.
Ich habe Angst.
Bin ich denn ein Mensch hier?
Alles umkreist mich, ich kann nicht weg.
Jetzt schrumpft mein Kopf zu einer ausgepreßten Zitrone.
Vernichtend grinsen und spotten riesige Ballonköpfe über mir.
Jetzt entfernen sie sich, mir wird leichter ums Herz.
Ich habe nicht bemerkt, wie ich weitergegangen bin.

Nun bin ich allein auf einem großen, staubigen Platz.
Die andern sind Staub für mich.
Und ich? Bin lieber verlassen als erdrückt.
Wer bin ich? Ein mir und allen Fremder.
Ich bin außer Atem, mein Herz klopft.
Also bin ich.

Mein Körper – Hülle oder Hölle

Der Körper kann einem Freude machen oder auch Beschwerden. Manchmal ist er einem lange nicht bewußt, plötzlich doch wieder zu spüren. Was ist das für ein Lebensgefühl, wenn jemand seinen Körper nie fühlt oder nur als unbeschreiblich fremd empfindet? Die folgenden Aussagen über den Körper sind mein Versuch, in eine sprachliche Form zu bringen, was Borderline-Menschen mir gegenüber oft angedeutet haben.

Mein Körper ist hohl, aber er klingt nicht.
Er ist voller Benzin, hoffentlich hält niemand ein Zündholz dran.
Er ist aus Stein, aber ganz brüchig.
Überall hat er Risse und Sprünge, wie lange hält er?
Er hat Untiefen, bar tragender Tiefe.
Mein Körper – ein Boden, der schwankt, ohne Spur von Betrunkenheit.
– ein morscher Bretterboden, in dem kein Nagel hält, und doch schmerzt es wie Nadelstiche.
Es brodelt und zischt in ihm, nichts paßt zusammen.
Es gibt keine Verbindung zwischen oben und unten in meinem Körper.
Die Mechanik von Schlucken, Verdauen und Ausscheiden haben Installateure eingebaut ohne Reparatur- und Bedienungsanleitung.
Mein Geschlecht ist eingemauert. Es funktioniert als Wasserhahn, den ich nicht selbst auf- und zudrehe. Mein Geschlecht ist ein Gefäß ohne Öffnung und Boden.
Ich ertrinke in meinem Körper.
Es strömt nicht, es schießt durch mich hindurch.

Mit meiner Periode fließe ich periodisch selber weg.
Mein Körper – ist er weiblich oder männlich?
Ich fühle, er ist ganz unklar, unbestimmt, kann keine Verbindung eingehen.
Ich hasse meinen Körper – wie matschig er sich anfühlt.
Wie er schwappt, wenn ich mich bewege.
Oder ist er aus Holz, so plump und sperrig?
Einmal in Gang gekommen, eckt er überall an, verletzt und verletzt sich.
Schmerzen tun meinem Körper weh, aber sie geben mir ein Gefühl von Dasein.
Mein Körper ist dünnes Eis, das einbricht.
Wenn ich springe, zerspringe ich.
Mein Körper ist dickes Eis, auf dem herumgehackt wird.
Was schmilzt, versickert wie Blut.
Mein Körper im Temperaturschock, ich kenne die Skala nicht.
Ich bin Frost und Hitze.
Im Fieber lebt mein Körper auf, verbrennt im Feuer der Wünsche.
An Unterkühlung ist er schon oft gestorben, erkaltet bei der Nicht-Erfüllung von Sehnsüchten.
Mein Körper – ein Gebilde aus Vertiefungen und Erhebungen – so oft getreten und doch nie eben geworden.
Mein Körper – ein schlecht gepflasterter Marktplatz, ausgestorben.
Ich kann meinen Körper nicht zusammenhalten, mir fehlt die Energie, die Lust und ein Plan.
Im Schraubstock. Nur ein Gerüst. Ein Schild ohne Beschriftung.
Mein Körper – mein ärgster Feind.
Er quält mich, aber ich kann ihn nicht fassen.
Es zieht mir die Haut ab, aber man gibt mir keine Folie.
Ich verbrenne, aber es stinkt nicht.
Was ist das, was höllisch brennt und doch keine Substanz hat?
Mein Herz ist mehrfach gebrochen.
Die Ringe, die es umschließen, sprengt kein Jubelschrei eines getreuen Heinrich wie im Märchen.
Bei mir bricht der Wagen!
Mein Herz wird nicht so lange halten wie das gesprungene

der einen von drei Schwestern mit den gläsernen Herzen. Bei mir war es nicht der heiße Kaffee, der den Sprung verursachte. Es passierte, als mein Körper noch wuchs, und es gab kein Wehren.
Aber mein Herz schlägt.
Meine Beine sind kaputt vom Fallen.
Vom immer wieder aufrecht Gehen schmerzen sie.
Früher habe ich gestrampelt, gestoßen und gebrüllt.
Von meinem Körper war noch etwas zu spüren.
Meine Stimme hat noch zu mir gehört.
Sie ist jetzt geliehen, gekünstelt, verfremdet, das bin nicht ich.
Mein Gehirn ist ein Computer ohne Programmierer.
Mein Körper ist die Hölle, mein Leben eine Reise durch den Wahnsinn.

Von Crash- und Chaos-Pilotinnen

Irmgard, eine 27 Jahre alte Studentin, war äußerlich unauffällig, von innen her anziehend, sensibel, nicht selten explosiv. Sie wandte sich wegen »Partner-Crashs«, wie sie es nannte, und wegen ihrer »unmöglichen Figur« an mich. Sie fühlte sich viel zu dick (obwohl normalgewichtig) und wisse nicht, wo ihr Körper aufhöre und die Umgebung anfange. Diese Bemerkung machte mich hellhörig, um so mehr als Irmgard hinzufügte, daß sie keine nahe Beziehung ertrage und hoffe, daß ich das respektieren würde. »Aber ob Sie das überhaupt verstehen können?« Sie schien keine Antwort, schon gar keine positive zu erwarten; denn mit einem Ruck erhob sie sich, packte den Stuhl, um ihn ganz fest auf seine vier Beine zurückzustellen, drehte sich einmal um ihre eigene Achse und ließ sich etwas erleichtert in den Stuhl zurückfallen. »So, jetzt bin ich da, was wollen Sie?« fragte sie. Ich mußte unwillkürlich an eine Katze und einen Hund denken, die höchst sorgfältig ihren Platz »be-treten«, sich auch einmal um die eigene Achse drehen, bevor sie sich niederlassen. »Sie mußten wohl hier erst einmal ihren Platz und die Grenze zwischen uns selber finden.« – »Ja, so ungefähr«, sprach sie wie zu sich und fuhr dann sehr direkt zu mir fort, »kann ich mich auf den andern Stuhl setzen?«, warf den Kopf zurück und stemmte die

Arme auf die Lehnen, schon bereit, sich zu erheben. Ich unsicher: »Ich bin Ihnen also zu nahe gerückt.« Irmgard trotzig: »Nein, Sie haben sich ja nicht vom Fleck gerührt, aber *ich* brauche Abstand!« – sprang auf und blieb erst einmal neben dem entfernteren Stuhl spürbar angespannt stehen. – Ich fragte mich: Was ertrug sie nicht, was brauchte sie? Eine Antwort auf meine unausgesprochene Frage erhielt ich prompt. Irmgard schrie mich an: »Starren Sie mich nicht so an, lassen Sie mich...!« – »Sie fühlen sich von meinem Blick gefangen«, versuchte ich auf sie einzugehen. Doch hatte sie sich schon innerhalb der Nähe meines Sprechzimmers meinem »Zugriff« entzogen, schlug die Hände vors Gesicht und kämpfte mit den Tränen. Ich wartete etwas ab, mein Herz klopfte. Da spürte ich in der Stille, daß etwas von ihr ausging, das ich mochte. Mich berührte, wie sie in ihrer Zerrissenheit unglaublich ernsthaft ihren Platz suchte. »Kann ich mich wieder setzen?« fragte sie etwas verstört hinter dem kleinen Mauervorsprung einer Zimmerseite hervor, als hätte *ich* sie in die Ecke geschickt. Dann erhob sie sich. Was hatte sich geändert, daß Irmgard jetzt auf dem ersten, mir näheren Stuhl wieder Platz nehmen konnte? Erneut enträtselte sie das selber. »Wissen Sie, Sie erfüllten momentan den ganzen Raum, für mich blieb nichts übrig, kleiner als eine Maus war ich... warum schauen Sie jetzt so seltsam, verstehen Sie das etwa, das ist doch verrückt oder??« Ich bestätigte ihr, daß mir ihre Erklärung sehr geholfen habe, mir eine Vorstellung von ihrer Bedrängnis durch mich in unserer allerersten Stunde zu machen. Damit habe sie für sich gesorgt und zwischen uns etwas zurechtgerückt. »Ja, und wie soll das weitergehen?« erwiderte Irmgard scharf. Ich antwortete sinngemäß: »Ich hoffe, daß wir die Spannung zwischen uns nutzen und in positive Energie verwandeln können.« Ich erzählte ihr mein Bild von dem sorgsam seinen Platz bestimmenden Tier und daß ihre Flucht in die Zimmernische überdeutlich mache, wie sehr sie sich vor mir gefürchtet habe.

Aber auch ich fürchtete mich vor Irmgard und ihren möglichen Ausbrüchen. Daher wollte ich ihr Regeln und Grenzen an dieser Stelle aufzeigen: »Nun geht es in der Psychotherapie darum, daß Sie alle aufkommenden Gefühle, Wünsche und Ängste mir gegenüber spontan in Worten ausdrücken...« – »Sie verlangen also«, unterbrach Irmgard mich, »daß ich fünfzig Minuten lang stillsitze, das halt ich nicht aus!« Obwohl sich mir die Phantasie aufdrängte, Irmgard sitze ihrem Vater oder einem Lehrer gegenüber, der Stillsitzen von ihr verlangt hatte, sagte ich nur: »Und was ist jetzt?« Da verblüffte mich Irmgard mit einer neuen Wendung: »Wie ich vorhin vor ihrer Praxis eine Parklücke suchte, ich bin nämlich mit meinem Käfer gekommen...«, dabei hielt sie inne, machte eine liebevolle Streichelbewegung, und ihre Augen leuchteten erstmals, um sich sofort zu verfinstern, als sie fortfuhr »...bin ich mit der Stoßstange extra gegen einen Mauervorsprung gefahren, daß es mich gehoben hat. Mein Käfer verträgt das, keine Angst. Aber es hat ordentlich gekracht, und mich hat's durchgeschüttelt, dann war ich voll da, sonst hätte ich's gar nicht bis zu Ihnen rauf geschafft!«

Wir sprachen dann genauer darüber, was sie im Auto erlebt hatte, und verglichen das mit dem Ablauf der Stunde. »So einen Crash brauch ich hier. Aber ich hab auch Angst davor. Eher will ich Sie anfahren, als mich von Ihnen überfahren lassen!«, preßte Irmgard stoßweise heraus. »Um sich und mich zu schützen, haben Sie dann reißaus genommen«, fuhr ich fort. »Ja, und jetzt fühl ich mich ziemlich ausgeliefert auf diesem Stuhl...«, dabei beschrieb sie mit beiden Händen einen Kreis um sich – als fehle ihr der Fahrgastraum ihres Autos als Schutzhülle, in der sie sich spüren, abgrenzen und mit der sie sich abstoßen kann. »Wie könnte eine Crash-Therapie hier aussehen?«, fragte ich, dabei mehr an mich als an Irmgard gewandt, aber laut. Sie lachte auf, klopfte sich zweimal auf die Oberarme und die Beine und äußerte »Das wär's, was ich brauch, eine Crash-Therapie! Im Moment fühl ich mich ganz...«, das nachfolgende »gut« ging stimmlich unter. Aber das »ganz« schien ihr wohl selber im Augenblick am kostbarsten: »Ich fühle mich ganz!«, hauchte sie nochmals im Weggehen.

Schon bei meiner ersten Begegnung mit Irmgard bekomme ich etwas von den grauenhaften Abgründen in der Kommunikation mit diesem Borderline-Menschen zu spüren. Eine Therapiebeziehung anzubahnen, ist für Irmgard ein außerordentlich anstrengendes und gefährliches Beginnen. Hart und schnörkellos in der Wortwahl, nicht abgefedert, sondern mit voller Wucht entzündet sich am ersten Kontakt ein tiefes Beziehungsdrama. Es sieht danach aus, als müsse Irmgard bei mir und ihr gerade aufkeimende Hoffnung auf

Wandel durch Annäherung unerbittlich zerstören. Denn wie durch einen positiven Lichtschein besonders bedroht, reagiert Irmgard erst recht barsch und abweisend.

Wie läßt sich dieses Paradox erklären? Wo die Chance einer Zuwendung derart gefährlich erlebt wird, nämlich als Gefahr sich aufzulösen, benutzt oder überfahren zu werden, gibt es für einen Borderline-Menschen manchmal nur die Rettung, eine gerade glückende Begegnung abrupt zu stoppen oder ganz abzubrechen. Das kann so total passieren, als hätte es nie eine gemeinsame Geschichte gegeben. Auch in langdauernden Therapien hört dieses Auslöschenwollen der Beziehung bisweilen nie auf. Borderline-Menschen leiden unter ihrer Nicht-Beziehung, fürchten aber noch mehr, in der Beziehung verloren zu gehen. Auch der Therapeut kann Angst bekommen, unter zu großen Druck geraten, oder er kann sich sehr abgeschnitten fühlen. Beide sitzen im gleichen Boot. Borderline-Menschen steigen – im Unterschied zu Schizophrenen – selten aus der Wirklichkeit aus. Wenn Irmgard in obigem Gespräch fragt, ob das (ob sie?) verrückt sei, ist das trotz aller (maßlos?) übertriebenen Ängste noch von uns beiden auf einer Wellenlänge verstehbar, obwohl sie sich nicht nur mit einer Maus vergleicht, sondern sagt: »Ich war eine«. Es bleibt sinnvoll, Irmgard zu vermitteln: »Ich (Therapeut) bin nicht das Riesenuntier, das dich, Maus, fressen will!« Aber es gibt keine Garantie, daß sich eine angstfreie Beziehung zwischen uns und mit anderen wichtigen Menschen in ihrem Leben entwickelt –, ohne Zerreißspannung und ohne Crashs.

Zum Zerreißen gespannt, fühlte ich mich auch im Laufe der nun geschilderten Therapie.

Anke, ist 19 Jahre alt, mittelgroß, erscheint fast magersüchtig schlank, aber durchaus weiblich entwickelt. Ungeschminkt betont sie ihre bleichen Gesichtszüge und den markant stufenlosen Schnitt ihrer schwarzen Haare. Sie kommt auch fast immer schwarz gekleidet, was für Jugendliche damals nicht unbedingt Mode war. »Schwarz ist meine Lieblingsfarbe«, erklärt sie lächelnd und fügt stolz hinzu: »auch meine neue Maschine, die ich fahre, ist schwarz!« Anke wirkt zart und zäh zugleich, aber überernst. Man sieht ihr nicht an, weswegen sie kommt und auch bereitwillig erzählt: Magenbeschwerden, Kopfschmerzen, Schlafstörungen und nächtliches Zähneknirschen. Organisch sei alles in Ordnung.

Die Atmosphäre ist nur anfangs entspannt zwischen uns. Mit einem minimalen Einsatz kuppelt sie ein und aus. Bald spüre ich die hohe Erwartungsspannung, die von ihr ausgeht. Das Bild vom laufenden Motor, Fußbremse und Gas gleichzeitig betätigen, kommt mir schon, bevor Anke von ihrem Fahrzeug erzählt. Probleme bestreitet sie, fragt sich aber, wozu sie noch lebt. Sie weiß es nicht. Sie hat bereits einen Selbstmordversuch mit Tabletten unternommen. »Eigentlich schade, daß es nicht geklappt hat, dann hätte ich's Leben hinter mir...« Ich spreche den merkwürdig kühlen Tonfall dieser harten Aussage an. Sie geht nicht darauf ein. »Wer hätte geweint, wenn Sie tot sind?«, frage ich weiter. Erst will sie »niemand« sagen, dann »doch, mein Freund, aber die Beziehung mit ihm macht keinen Spaß mehr, auch der Sex interessiert mich nicht. Alles langweilt, da geht man ja kaputt dabei!«

Zugang zu ihrem verborgenen Wünschen und Sehnen gewinnt Anke durch ihre Träume. Mehr noch als von körperlichen Beschwerden ist sie nämlich von ihren Alpträumen geplagt. Dabei geht es um ihr Motorrad, das an der Leitplanke zerschellt. Einmal fährt sie im Traum durch einen Nebel hindurch frontal auf ein Hindernis auf. Im letzten Traum dieser Art ist ihr schwarzes Motorrad verbrannt, und schwarz gekleidete Polizisten hätten verächtlich zugeschaut. Ihr als Person passiert in diesen Träumen nichts. Schrecklich ist für Anke, daß jedesmal ihr heiß geliebtes Motorrad kaputtgeht, und nicht nur andere, auch sie selber völlig machtlos, ja kalt die Szene von außen betrachten.

Zum erstenmal in ihrem Leben wohnt sie 200 km weg von zu Hause, was sie sich so gewünscht hat. Ihr Freund aus der Heimatstadt lebt hier. »Seit ich ihm nachgereist bin, kann ich mit ihm nichts mehr anfangen.« Hat sie Sehnsucht nach daheim? Das macht Anke doppelt unruhig, daß sie auch keinen Draht mehr nach zu Hause hat. Die Entfernung, die neuen Lebensräume und die wachsende zeitliche Distanz emtfremden sie nicht nur ihren Eltern, sondern auch ihrem eigenen Wesen immer mehr. Ihren Körper vernachlässigt sie, will ihn sogar umbringen, um »es« – dieses unbekannte Leben – hinter sich zu haben.

Sie wählt einen Ersatzkörper: die Maschine, die sie im Leben liebt und im Traum zerstört – als Teil von sich. Sie kann diesen »Traum-Körper« nicht leben. So eine Maschine hätte große Entfernungen leichter überbrücken können, aber für Anke gibt es keine Brücke. So eine Maschine transportiert große Sehnsüchte, die Anke aber verloren oder sogar nie wirklich besessen hat. Je tiefer wir therapeutisch einsteigen, desto angespannter wird unsere Beziehung. Erst nachdem durch Wellen von Angst und Mißtrauen hindurch mir gegenüber eine Vertrauensbasis entstanden ist, gelingt es Anke bisweilen zu verstehen, wie sie ihre Wut und Kraft in dieses Gerät verlagert hat, während sie diese Gefühle in ihrer Person bisher nicht leben konnte.

Die Trennung von zu Hause hat zweierlei provoziert: das Ende einer Illusion von der heilen Familienwelt und einen ganz neuen, schwer zu verstehenden Anschub zum Erwachsenwerden. Sie will erst nicht wahrhaben, wie sehr sie sich von ihren Eltern unterdrückt und übersehen gefühlt hat und mit welcher Zerstörungswut sie das noch heute erfüllt.

Schließlich ist sie ja so verzweifelt über entgangene Liebe und Selbstbestätigung gewesen, daß sie sich hat umbringen wollen! Wenn Ankes Freund sie zu sehr umsorgt, fühlt sie sich bemitleidet. Er – als Überbleibsel der zusammengebrochenen Eltern-Welt – ist nicht mehr der für Anke, der er vorher war. Sie erlebt ihn nicht als Befreiung in ihrem Gefühlschaos, sondern – so sagt sie –: »Er raubt mir noch die letzte Kraft und Lebensenergie!«

Ein Lichtblick in diesem Chaos ist die Aussicht, täglich auf ihrem Motorrad hinauszufahren, sich im Gegenwind zu spüren, körperlich zu vibrieren und zeitweilig voll da zu sein, etwas zu beherrschen, sich zu beherrschen. Aufmerksam mich beobachtend, ob ich das wie ihr Freund ein »blödes Hobby« fände oder wie ihre Eltern »lebensgefährlich«, bricht es schließlich aus Anke heraus: »Was ist das für ein Leben, bei dem *ich* mich nicht spüre? Gefährlicher als Motorradfahren ist es, nicht zu wissen, wo's lang geht! Wann werde ich je dahin kommen?«

Wir finden heraus, daß sie in ihren Träumen nicht nur als Person vorkommt, sondern auch das zerstörte Motorrad *und* die gar nicht hilfreiche Umgebung ist: in bezug auf die Leitplanken, an denen man zerschellen kann, meint sie: »Ja, mir fehlt eine feste Orientierungslinie« und zu den uninteressierten Polizisten fällt ihr ein: »Wer soll sich schon für mich engagieren, wenn ich mich nicht für mich interessiere? Ich hab keinen Führerschein durch mein Chaos von Gefühlen. Schlägt mir auf den Magen, daß ich mich nicht zurechtfinde.«

Besonders mühsam, aber lohnend, war die Auseinandersetzung mit ihren »inneren Polizisten«, die ihr Amt im Traum so teilnahmslos und zynisch versahen. Kühl abwartend hat Anke auch mich streckenweise erlebt und darin ein Abbild ihrer Elternerfahrung wiedergefunden. Zynisch war auch ihre Grundhaltung sich selbst gegenüber.

Entscheidend für die selbständige innere Weiterfahrt nach dieser Therapiephase waren zwei Einsichten Ankes: die vom eigenen Körper abgespaltene Kraft sich einzuverleiben, also die Maschine als Leben in sich selber zu spüren. Es gelang Anke zunehmend besser, doch schwieriger gestaltete sich das zweite: Für alle gegenwärtigen und künftigen Gefühle und Verletzungen selbst die Verantwortung zu übernehmen, das heißt, erwachsen zu werden. Zu lange war Anke als Kind und Jugendliche ihre eigene distanzierte Zuschauerin gewesen. Und doch bin ich überzeugt: Lange bevor Anke Motorradfahren lernte, war sie im Leben schon ihre eigene Chaospilotin – und das ließ sich positiv ausbauen!

Gewalt aus mehrfacher Verwicklung

Gerold war ein beruflich erfolgreicher Anfangsvierziger und litt sehr unter seiner Art auszuflippen, wenn ihm jemand zu nahe trat *oder* ihn übersah – besonders bei Menschen, die ihm wichtig waren.

Was hatte ich für ein Bild von ihm vor jener denkwürdigen Gruppensitzung, als er aus dem Raum stürmte? Da gab es den drahtig sportlich jung Gebliebenen, dem bei einem Pausenmatch nicht so schnell die Luft ausging. Er war auch der enttäuscht und zornig schluchzende kleine Junge, der eine dargebotene Hand heranzog und wegstieß. Ich denke an Gerold, den geschliffen dialektisch geschulten Formulierungskünstler, mal hilfreicher, mal quertreiberischer Vordenker in der Gruppe. Gerold – ein Mann voll umwerfenden Charmes, anrührender Hilflosigkeit, unbarmherziger Verschlossenheit und schonungsloser Offenheit. Nie werde ich vergessen, als er vormachte, wie er laufen lernte: von einem Fuß auf den andern fallend, zur gegenüberliegenden Zimmerseite watschelnd, aber plötzlich war da niemand mehr, der ihn in die Arme nahm, den einjährigen Knirps. Um dieses Loch zu überbrücken, muß er mit seinem wohl damals schon scharfsinnigen Verstand beschlossen haben: »Ich brauche niemanden, der mich nicht nimmt, wie ich komme!«

So grell und zerklüftet mein Bild von Gerold ist, so hellwach ist mir sein Gesicht mit seinen flinken blauen Augen unter strähnigem Blondhaar haften geblieben. Sein unerbittliches Fehlersuchen und Infragestellen war getragen von Sehnsucht nach Vollkommenheit, andere beschwörend, ihn nicht zu enttäuschen.

Dieser Gerold nimmt an einer Wochenendgruppe teil. Er ist heute morgen schlecht drauf. Er hat schwere Träume gehabt. Das Frühstück ist ihm zu laut gewesen und hat nach nichts geschmeckt. Gerold ist heute besonders darauf angewiesen, daß ich mich auf ihn konzentriere und die für ihn richtige Nähe und Distanz finde. Der Lichteinfall durch das Fenster wirkt grell auf ihn. Gerold kann seine Stimme aus den anderen schwer herausfiltern, auch wenn Pausen sind, in denen Ruhe herrscht – ihn umklammert dann eisiges Schweigen.

All das merke ich als Gruppen-Leiter nicht, kann es nur im nachhinein rekonstruieren, habe zuvor nur Ungutes im Schwange gefühlt, aber das heißt noch nicht sehen und verstehen. »Hören Sie mir überhaupt zu, wenn ich mit Ihnen rede?« quengelt es. Ich drifte innerlich ab, klar zu denken macht mir Mühe: Woher kenne ich den Ton? Von einem Kind! Woher kenne ich den Satz? Von einem Vater! Im Moment kann ich die Spaltung gerade noch als Ungereimtheit registrieren, kann sie Gerold gegenüber aber nicht ausdrücken. Ich höre mich antworten: »Natürlich höre ich Ihnen zu, was möchten Sie mir sagen?« Aber was mir im Augenblick nicht bewußt ist: Ich bin nicht mit meiner ganzen Person in dem Satz und bei Gerold.

Dabei hätte er mich gerade in dieser Minute gebraucht! Er springt auf, geht Richtung Tür – aber mit welchem Sturmschritt – kommt haarscharf an mir vorbei, gibt mir einen Stoß von der Seite, ich schwanke, aber falle nicht vom Stuhl. Alles ging ganz schnell. Die anderen sind erschrocken. Einige sind gelähmt, andere spüren Angst, wieder andere sind verärgert. Einer war aufgesprungen, wollte sich zwischen Gerold und mich stellen und blieb dann wütend im Raum stehen. Eine empörte Stimme: »Das lassen Sie sich gefallen!?« Eine ängstliche Stimme: »Ich möchte ihm nachgehen, ich mache mir Sorgen.«

Jeder, der in einer Selbsterfahrungsgruppe war, hat wohl miterlebt, daß jemand mehr oder weniger überraschend den Raum verläßt, sich selber überlassen bleibt oder hereingeholt wird. Nicht immer – wie in Gerolds Fall – ist eine Gruppe so verwirrt, daß sie auch äußerlich durcheinanderläuft. Diese Gruppe spaltet sich in überfürsorgliche Helfer und kategorische Ausgrenzer. Solange Gerold draußen weilt, bleibt die Zeit stehen, und im Raum gibt es keinen begreifbaren, planvollen Gruppenverlauf. Wie schon früher erläutert (siehe SCHLAGLICHTER), handelt es sich um recht typische Reaktionen auf Borderline-Verhalten.

Nach zwanzig Minuten kehrt Gerold erschöpft zurück, begleitet von dem Teilnehmer, der ihn gesucht hat. »Sie sind wieder da!« sage ich so zugewandt wie möglich. Gerold erwidert ohne Trotz: »Ich wollte mir gerade meine Joggingsachen anziehen, da kam Toni, jetzt bin ich hier!« Diese Tonfallmischung aus Geprügeltsein und Überlebensglück klingt so merkwürdig, daß sich erst allmählich andere in der Gruppe äußern. Ihr Schrecken, Unmut, Mitgefühl, Ungeschehenmachenwollen kommt zur Sprache. Wenig davon scheint Gerold zu berühren. Er sucht nicht Hilfe, sondern Verstehen, aber Erklärungen helfen ihm nicht. Gerold strahlt auch nicht aus, daß doch jemand den Arm um ihn legen möchte. So wie er vorher seiner Spannung unvorhersehbar ausgeliefert war, kann er im Nachklang des Erlebten nicht einfach Entspannung finden. Die breitet sich im Schneckentempo im vorher so geladenen Raum aus. Allmählich findet auch Gerold zu sich zurück: seine Atmung wird ruhiger und tiefer, seine Haltung lockerer. Bei einem Tier würde man sagen, das Fell glättet sich und bekommt neuen Glanz. Gerolds Augen sehen einen an, als erblickten sie einen zum ersten Mal. Die Gruppe kann jetzt mit dem Durcharbeiten des Vorfalls beginnen.

Gemeinsam ließ sich herausfinden: Sein Vater hörte ihm nie genau zu, war nicht wirklich bei ihm, wenn Gerold das gebraucht hätte. Aber er verlangte, daß Gerold ihm zuhörte, und unterstellte seinem Sohn, oft und oft und oft: »Du hörst mir nicht zu, wenn ich mit dir rede!« – bis ihm Gerold trotz seines untrüglichen besseren inneren Wissens glaubte und sich selber Lügen strafte.

Was ist nun in der Gruppensitzung passiert? Doppelknoten, doppelte Falle, verdoppelte Hoffnung, mehrfache Verwicklung: Gerold ist erwachsener Gruppenteilnehmer, der gehört werden will. Aber er ist auch er selber als Kind (im Ton) und sein eigener Vater (in den Wörtern). Das löste bei mir eine Verwirrung aus. Ich bin ein Therapeut, der nicht genau zuhört, aber interessiert nachfragt. Ich werde für Gerold auch zu seinem Vater, der sich rechtfertigt und sich nicht wirklich interessiert. Außerdem steigen in mir – wie in Gerold – kindliche Bedürfnisse auf, daß mir zugehört wird und daß anerkannt wird, daß ich auch zuhöre.

Doch diese verschiedenen Ebenen und gleichzeitigen Reaktionen werden erst später deutlich. In der Situation fühle ich mich wie unter einer Glasglocke. Meine Energien sind intensiv in das Gesamtgeschehen eingebunden. Umfassend zu reagieren, ist mir nicht möglich.

Wenn ein Veränderungsprozeß in Gang kommen soll, muß die Subjekt-Objekt-Spaltung zwischen Therapeut und einem Borderline-Menschen mit seinem zersplitterten Ich vorübergehend außer Kraft gesetzt werden.

Versuchen wir möglichst genau zu verstehen, was bei Gerold noch abgelaufen sein könnte. Das lange unterdrückte Kind in ihm wagt es, sich selbstbewußt zu verteidigen: »Ich höre dir doch zu, Papa!« Entscheidende Wende: Gerold konnte dieses Kind nicht in sich zu Wort kommen lassen, sondern nahm es in mir wahr. In gewisser Weise waren wir beide das Kind. Wir waren aber auch beide der Vater Gerolds! Der Vater in Gerold sprang auf und gab mir, dem Kind, einen Stoß. Das Kind in Gerold könnte auch mir, dem Vater, aus lange aufgestautem Groll heraus in der aktuellen Situation einen Schlag versetzt haben und hinausgelaufen sein; vor seinem eigenen Vater, den Gerold aus meinen Worten strafend heraushörte, der ihn wieder nicht versteht, vor dem flieht er nach draußen –, um am liebsten vor Wut und Scham in den Boden zu versinken. Von diesen Gefühlen berichtet Gerold auch hinterher.

Einmal verschiebt er also sein kindliches Ich auf mich, in der unbewußten Hoffnung, daß ich mich gegenüber ihm, der die Rolle seines eigenen Vaters übernommen hat, besser durchsetzen könnte, als Gerold vor über dreißig Jahren. Auf der anderen Ebene verschiebt Gerold ein inneres Bild von seinem Vater auf mich und wagt, sich mir als neuem Vater nochmals als Kind anzuvertrauen: »Bitte, hör mich ganz, Papa!« Aber für Gerold reagiere ich im Originalton des Vaters. Immerhin kann Gerold sich wehren und mir einen kindlich trotzigen Stoß versetzen. Derselbe Stoß stammt, wie gesagt, auch von Gerolds Vater gegenüber mir als Kind. Auch wenn ich den Vorfall ungewollt nicht vermeiden kann, hat er uns doch auf die Spur einer tieferen Auseinandersetzung mit den Ursachen vieler Zusammenstöße Gerolds mit anderen Menschen geführt.

Solche Verwicklungen können den Borderline-Menschen sich selber besser verstehen und gefühlsmäßig befreien helfen, wenn in der Beziehung zwischen ihm und dem Therapeuten sich dieser 1. *in die angebotenen fremden Ich-Zustände kindlicher und elterlicher Herkunft des Borderline-Menschen gefühlsmäßig wirklich hineinversetzen kann,* wenn er 2. *den Abstand zwischen dem eigenen und dem fremden Erleben in sich unterscheiden und wahrnehmen kann,* und er 3. *aus dem Zustand wieder herauskommt, in dem der Borderline-Mensch als Kind steckengeblieben ist.*

Erst wenn ein Borderline-Mensch das gefühlsmäßig erlebt und als neue Erfahrung annehmen kann, wird er die zahlreichen Spaltungen überwinden können. Daß der Therapeut sich durch solche Angriffe und Verwicklungen nicht zu Fall bringen läßt (weder innerlich noch äußerlich), bekommt für den Borderline-Menschen Modellfunktion mit Hoffnungscharakter, und er kann seine abgrundtiefe Angst, sein Haß könnte ihn selber und andere zerstören, schrittweise verlieren. RAYMOND BATTEGAY hat diesen Zusammenhang immer wieder besonders deutlich gemacht.

Übersicht der drei Ebenen, auf denen Gerold und der Therapeut miteinander kommunizieren

GEROLD IST GLEICHZEITIG

1. Gruppenteilnehmer, der
   a) hört und gehört werden will
   b) nicht durchdringt zum Therapeuten
   c) die Therapeutenreaktion (Zuhören und Nachfragen) ausblendet
   d) die Therapeutenreaktion (nicht voll aufmerksam und selbstirritiert) absolut setzt
2. das Kind Gerold, das
   a) wieder nicht gehört wird
   b) wieder bereit ist, zuzuhören
   c) dem beides nicht anerkannt wird
   d) wütend wird auf den Therapeuten, der jetzt sein Vater ist
3. sein eigener Vater, der
   a) behauptet, immer zuzuhören,
   b) behauptet, sich wirklich für Gerold zu interessieren
   c) auf diesen beiden Lügen besteht
   d) den Therapeuten bestraft, der jetzt sein Kind ist

THERAPEUT IST GLEICHZEITIG

1. Therapeut, der
   a) schon zuhört,
   b) aber nicht voll aufmerksam ist
   c) interessiert nachfragt
   d) auch irritiert ist von der scharfen und absoluten Forderung Gerolds
2. der Vater Gerolds, der
   a) nie zuhört
   b) sich nie ganz für das Kind interessiert
   c) beides verleugnet
   d) sogar aggressiv werden kann
3. das Kind Gerold, das
   a) bereit ist, zuzuhören
   b) selbst nicht gehört wird
   c) dem beides nicht geglaubt wird
   d) hilflos wird gegenüber dem Vater in Gerold, wie dieser früher

Nein zum Leben jetzt

Eine Lebensgeschichte kann so grausam sein, daß das positive Erleben nur noch in Spuren vorkommt, die zum Sterben zuviel, zum Leben zu wenig bieten. Diese Erfahrung machen nicht alle, aber viele Borderline-Menschen. Ich wage einen Vergleich: In manchen Fällen wird das Leben zum Krimi, wo es nur noch um die Mördersuche, die Identifizierung des Opfers, seine Todesumstände, schlimmstenfalls noch seine Selbstverstrickung und Mitschuld an dem Mord geht. Viele Borderline-Lebensgeschichten sind mörderisch – aber das Opfer hat überlebt! Therapie rollt die Geschichte seiner Beinahe-Ermordung auf. Grausam wurde etwas erstickt, erwürgt, ertränkt, manchmal lebenslang gefesselt und eingesperrt. In der Therapie werden vor allem Überlebensfäden aufgenommen, die bezeugen, daß das Ich unverwüstlich Jahrzehnte überdauern kann, ohne zu sterben. Das Ich kann sich vor seinen Häschern verbergen, ähnlich wie Kinder vor den Nazis in Speichern und Kellern versteckt wurden.

Manche Überlebende verlassen ihr Versteck lebenslang nicht, wenn sie den Glauben an das Leben verloren haben – eigentlich ein Tatsachenwiderspruch, weil sie ja leben. Ihr gelebtes Leben kann ihnen jedoch so minderwertig erscheinen, so unerfüllt, so aussichtslos, daß sie am liebsten sterben, sich töten möchten oder sich schon tot »erleben«. Glaube an das Leben gehört zu grundlegenden Erfahrungen aus der Kindheit. Wenn wir sie nicht genügend gemacht haben, müssen wir täglich, stündlich alles überprüfen, mit allen Sinnen und leibseelischer Bandbreite alles in Frage stellen:

- ob es geht, wie ich gehe
- ob mich berührt, was ich berühre
- ob mir beim Sehen Ansehen zuteil wird
- ob ich höre, ohne selber überhört zu werden
- ob ich beim Schmecken auf Geschmack komme oder ihn verliere
- ob ich mich riechen kann und die andern mich...

Nicht-Glaube an das Leben ist eine Ohrfeige für das Überleben. Ich gebe das preis, was ich mir als Kind geschworen habe: »Leben!« Ein Kind kann durchaus das Gegenteil beschließen und sterben. Sogar im Konzentrationslager hatten diejenigen größere Überlebenschancen, die innerlich am Leben bleiben wollten. Kann man Vergangenheit bewältigen? Kann man sie löschen? Nein, Geschichte hinterläßt Spuren, wichtige Botschaften und Überlebensanweisungen. Aber bewältigen kann man, glaube ich, nur die Gegenwart. Vom Scheitern eines Borderline-Menschen, dessen Gegenwart mir zwar nicht glücklich, aber lebbar erschien, möchte ich jetzt schreiben:

Herrmann war verheiratet, hatte keine Kinder gewollt, arbeitete im Büro. Er kam mit 47 Jahren zu mir in Therapie, nachdem er zuvor schon ein halbes Jahr in einer Nervenklinik behandelt worden war. Mein erster Eindruck von Herrmann war: ein Riesenbaby, verloren in übergewichtiger Körperfülle und tadellosem Maßanzug. Sein Gesicht hielt eine Maske in Form, die ich abwechselnd als starr oder verspielt empfand. Blickkontakt hielt er nur für Sekundenbruchteile aus. Er rang nach Luft, nach Halt, nach Worten. Die Lippen, die Hände und die Beine hielt er fest zusammengepreßt. Er konnte gar nicht genug Schutzhüllen um sich herum bilden. Er nahm sich selten ausreichend Zeit, um in seinem Rhythmus erneut stehen, frei gehen, sprechen und vertrauen zu lernen. Sein Dialekt und der kindliche Tonfall knüpften von ihm immer wieder rasch gekappte Beziehungsfäden: »Sie wissen scho, was i moan. Gell, Sie verstehna mi scho.« Wenn Herrmann ärgerlich war, kippte er ins Gegenteil und sprach mehr hochdeutsch: »Niemand versteht mich. Ich bin umsonst auf der Welt.« Sein Gang war tapsend, seine Gestik tattrig und seine Sprache unbeholfen, so daß er schon auf frühkindliche Hirnschädigung untersucht worden war. Aber sein Nervensystem funktionierte ordnungsgemäß, und seine Intelligenz war gut durchschnittlich.

Seinen Büroalltag im eigenen Zimmer bestand er gut, aber wenn Kolleginnen, Kollegen oder auch ihm wohlgesonnene Vorgesetzte etwas von ihm wollten, fühlte er sich körperlich schmerzhaft von ihnen in die Zange genommen oder so klein verpackt wie ein Ziegelstein oder gar eine Streichholzschachtel. An seiner Ehefrau suchte er äußerlich Halt, innerlich stand er ihr fern, wollte auch selten mit ihr schlafen, und wenn, dann mit einem Minimum an Zärtlichkeit, er fühlte sich danach, wie im Grunde allen Menschen, ausgeliefert und einsam. Er, der als Person längst in sich versunken war, konnte sich von Menschen nicht lösen, mußte warten, bis die Betreffenden sich abwandten – und da konnten Sekunden zur Ewigkeit werden.

Borderline-Menschen erleben Alltagssituationen manchmal geradezu wie persönliche Angriffe oder sogar als qualvolle Folter: Wenn jemand ihn traf, wie wir von zusammentreffen sprechen, dann konnte sich Herrmann körperlich getroffen fühlen wie von einem Stein. Wenn er weggehen wollte, konnte er sich manchmal nicht lösen, ohne Angst zu haben, sich aufzulösen. Jemandem zu begegnen, konnte sofort in lebensbedrohliche Gegnerschaft umschlagen. Wenn er das Wort ergriff, konnte es ihm entwunden werden wie ein lebenswichtiger Haltegriff. Wenn die oder der andere das Wort ergriff, konnte es zur todbringenden Waffe in deren Hand werden, usw. Ich habe erst nach seinem Tod verstanden, daß er zuvor schon täglich viele Tode gestorben war, bevor er sich real umbrachte. Manchmal rief er mich früh auf dem Weg zu seiner Arbeitsstelle aus einer Telefonzelle an: »Ich bin der Herrmann...« Am Telefon meldete er sich grundsätzlich mit seinem kurzen Namen und dem seiner Straße. Die größere Silbenzahl und eine Ortsangabe gaben ihm mehr Fülle, mehr Gefühl für Identität. »Es ist wieder soweit. Draußen auf der Straße verliere ich den Boden unter den Füßen. Ich kann nicht abschätzen, ob ich bei der Grünphase noch rüberkomme. Nein, ich renne nicht bei Rot. Jetzt in der Telefonzelle fühle ich mich sicherer als auf dem Gehweg. Ich wollte Sie hören. Jetzt spüre ich mich wieder.«

Herrmanns Eltern waren offenbar aufgrund ihrer eigenen Lebensprobleme überfordert, ihn, das Einzelkind, warm und sicher genug großzuziehen. Der dramatische Bedeutungswandel einzelner Worte und Sätze für den erwachsenen Herrmann läßt mich eine tiefe Verunsicherung und eine konkrete Bedrohung für Leib, Seele und Leben des kleinen einjährigen Herrmann vermuten. Beide Eltern starben zwar erst, als er schon erwachsen war. Doch muß ihn das so schrecklich getroffen haben, als wäre er noch ganz klein. Dann erfuhr Herrmann, daß sich ein Neffe als letzter Sproß der Familie das Leben genommen habe, und er geriet in anhaltende Panik.

Eines Morgens benachrichtigte mich die Polizei, daß mein Patient sich erhängt habe. Als ich am gleichen Tag mit der seit Jahren in Ängsten um Herrmann schwebenden Ehefrau sprach, wirkte sie gefaßt. Sie fühlte sich weniger von Schmerz überwältigt als von einem nicht länger erträglichen Alptraum befreit. Wut auf seine Ursprungsfamilie kam nochmals bei uns beiden auf. Diese Wut hatte Herrmann nur schwer in Worte fassen können, aber als beherrschendes Gefühl auf seine Umgebung ausgestrahlt, mit dieser Wut saßen nun seine Frau und ich ohne ihn da, verlassen wie er zuvor. Im

Schreiben nehme ich nochmals Abschied von ihm und von Gefühlen, ihn nicht genügend verstanden und erreicht zu haben.

Seine jäh abgebrochene Geschichte hat mir vermittelt, die beiden Pole Vergangenheits- und Gegenwartsbewältigung in ihrem Zusammenhang noch genauer zu beachten. In welcher Lebenssituation des Betroffenen muß ich mehr Forscher, wann mehr Entwicklungshelfer sein? Für einen Therapeuten ist die Rolle eines Sterbebegleiters am schwersten anzunehmen, besonders wenn ein Mensch körperlich so gesund anmutet. Ein Krankenwärter, der nur einsperren kann, wenn jemand droht: »Eines Tages bring ich mich doch noch um!«, hat es allerdings auch nicht leichter.

Blut – eine Phantasie

Dieses Kapitel über den Körper möchte ich mit einer Phantasie abschließen, die sich wiederum aus dem Erleben von Borderline-Menschen speist. Ihr Tot- und Lebendigsein fließt zusammen in einer Vielzahl extremer Bilder, für die das Wort »Blut« ein Schlüsselwort ist. Blut steht körperlich und gefühlsmäßig für den ganzen Menschen und seine äußere und innere Gefährdung. Blut erwärmt im Leben, im Tode läßt es erkalten. Blut fließt für Liebe und aus Haß. Spenderblut kann Leben retten. Blut kann tödlich infizieren und verkrebsen.

Blut fließt in mir,
in meinen Adern ein Strom von Blutkörperchen.
Ich fließe im Blut, lasse mich dahintreiben, werde unablässig durchgepumpt.
Allen Windungen schmiege ich mich an, überall verhake ich mich
Blut fließt. Es ist warm, süßlich, klebrig.
Ein Tropfen auf der Haut.
Blut minus ich = Transfusion.
Ich minus Blut = tot, ausgelaufen.
Ein Tropfen und noch sechs Liter.
Blutvoll, voll Blut, Vollblut?
Es hat geblutet, blute ich?

Werde ich verbluten, bin ich schon verblutet?

Der Rhein – ein Blutstrom zwischen Mittel- und Westeuropa.
Der Bosporus – eine Schlagader zwischen Europa und Asien.
Der Alantik – ein Blutbad zwischen der Alten und Neuen Welt.
Ihr Glanz mein Glanz, ihr Dreck mein Dreck.
Ihr Gold mein Gold, ihr Gestank mein Gestank.
Ich lasse mich im Blut treiben.
Das Blut treibt mich dahin, es kocht, schäumt über oder gerinnt.
Ich fließe, es verfließt, es gibt kein Wohin.
Der kranke Mann am Bosporus bin ich.

Blut fließt in mir,
mein europäisches Blut in meinen deutschen Adern,
ein Strom von Opfer- und Täterkörpern.
Ich fließe im Blut meiner Eltern, lasse mich dahintreiben
oder stemme mich dagegen, werde durch die Weltgeschichte gepumpt.
Mein Blut gerät in Wallung.
Kann ich nicht wieder gemächlich dahinfließen?
Was fließt, wer fließt?

4. Kapitel
DIE SEELE

Fühlen und Wahrnehmen

Die Seele leidet, und dem Körper tut es weh

Wir wissen so wenig über die Seele (im Gegensatz zum Körper), daß sich Leserinnen und Leser Verständnishilfen wünschen, um sich in den dann folgenden Beispielen zurechtzufinden. Eine alte Fangfrage lautet: Wo ist sie, die Seele? Antwort: Sie ist überall als das »Dazwischen«, z. B. in einer Beziehung, in der Atmosphäre, als das Leben schlechthin. Daß der Körper beseelt ist, hat mit Atem, Klang und Inspiration des Menschen zu tun. Inspiration bedeutet, den Atem kommen lassen, und zwar ganz konkret, um über die Lungenbläschen das Blut mit Sauerstoff anzureichern, aber auch symbolisch »Einhauchen« durch Austausch von Gefühlen, Ideen, Anregungen und Aufregungen jeder Art. Ohne Seele wären wir nur eine Teilchensammlung, aber kein lebendiges, unteilbar ganzes Individuum.

Was bedeutet es, seelisch und nicht nur körperlich ein Individuum zu sein? Jedes Kind, das genügend Zuwendung erfahren hat, kann sich auch abwenden oder die Abwendung eines anderen ertragen, ohne daß ihm die Luft ausgeht. Wenn es zwar äußerlich versorgt ist, aber gar keine Ansprache bekommt (wie in den schrecklichen Experimenten des Stauferkaisers Friedrich II. auf seiner Suche nach einer Ursprache), dann haucht es seine Seele irgendwann aus und stirbt. Entscheidend für das seelische Befinden ist das Beziehungsklima zu sich selbst und mit anderen. Seele hat mit innerer und äußerer Lebendigkeit zu tun – von zärtlichen Emotionen bis zum Affektsturm. Die Seele ermöglicht dem Menschen auf der Beziehungsebene zweierlei:

1. Einfühlung (ohne Vereinnahmung) in ein Gegenüber, z. B. empfänglich zu sein für Eindrücke wie »ich verstehe dich«, »ich mag dich«, »ich habe Angst vor dir«,
2. Distanzierung (ohne Zerstörung) von einem Gegenüber. Z. B. wagen schon Einjährige zu sagen oder auszudrücken: »Geh

weg!« oder »Ich will nicht mit dir spielen!« oder später »Ich hasse dich!«.

Beide Vorgänge erschaffen im Menschen eine seelische Innen- und Außenhaut in der Beziehung zu sich selbst und zu anderen. Seele als Regulativ, wie wir uns einlassen und mit welchen Folgen.

Was passiert mit der Seele eines Kindes, wenn die es umgebenden Erwachsenen unter einer dauernden Anspannung stehen, Konflikte unterdrücken oder häufig uneinfühlsam emotional entgleisen? Einerseits kann sich in der Generation solcher Kinder seelische Ermüdung und Abschottung breitmachen, andererseits zu frühe Selbständigkeit und Reizbarkeit aus Reizüberflutung des Körpers und der Seele entwickeln. Die selber schutzlose Seele kann dann den Körper nicht schützen. Es kommt zu jenen seelisch-körperlichen Mischzuständen von Trauer und Wut, von Angst und Leere oder von atemloser Ohnmacht, die Borderline-Menschen bis ins Erwachsenenalter verfolgen können wie Alpträume. Der von Geburt an sozial bezogene Mensch ist auf befriedigende Beziehungen angewiesen, um körperlich, seelisch und geistig zu reifen.

Wenn das Gefühl von Verbundensein und Für-sich-selbst-Sein zu wenig erlebt und zu wenig vermittelt wurde, können solche oben beschriebenen körperlich-seelischen Unruhezustände bis zur Verwirrtheit als Überlebensfolie (um die Seele vor weiterer Verletzung zu schützen) vielen Menschen dauerhaft Borderline-Züge verleihen.

Die Angst eines Borderline-Menschen, zerstört werden zu können, blockt tiefere Einfühlung anderer und damit die Möglichkeit, wirklich verstanden zu werden, ab. Umgekehrt läßt ihn seine Angst, verlassen werden zu können, in Beziehungen festkleben und macht Abschied, Trennung oder Abstand unerträglich, weil der nur ihn selbst tragende Boden als zu dünn oder ganz fehlend empfunden wird.

Nähe und Distanz auszuloten, ja sogar schon Partnerschaftsverhalten zu trainieren, beginnt bereits im frühesten Alter zwischen Kindern und Eltern. Seelische Bindung setzt beim Kind den Schritt von der Verschmelzung mit Mutter- oder Vaterbildern zur Wahrnehmung eines Gegenübers mit guten und bösen Eigenschaften voraus. Von dieser Grunderfahrung zehren noch Jugendliche und

Erwachsene, wenn sie den Schritt von der Verliebtheit mit ihrem passiven Aufgehen in der anderen Person zur zweisamen Beziehung tun. Seelische Feinabstimmung auf einen je eigenen und auf einen gemeinsamen Rhythmus des Ein- und Ausatmens zu lernen, erfordert Liebe und Respekt ebenso wie Geduld und Unbekümmertheit.

Wenn sich jemand seiner seelischen Empfindungen bewußt wird – und das beginnt beim ein- bis zweijährigen Kind, eventuell aber auch eher –, ist das ein Expirationsvorgang. Das Ausatmen entspricht also dem Geist. Der beseelt erlebte Leib (mit dem Körper einschließlich des Gehirns als Gerüst) reflektiert sich und die Welt im Geiste. Daher ist mir die Reihenfolge der Kapitel KÖRPER – SEELE – GEIST wichtig.

Ich werde von den Kämpfen in Borderline-Menschen berichten, die versucht haben, sich von ihren Verschmelzungswünschen und den Ängsten, verschlungen zu werden, zu befreien. Haß-Liebe, Beziehungsabbrüche, Übergriffigkeit und Einsamkeit sind in beängstigender Weise zur Alltagsrealität unserer Gesellschaft geworden und keinesfalls nur Symptome von Borderline-Menschen. »Angst essen Seele auf«, lautete ein Filmtitel vor 20 Jahren. Es passiert noch immer! Wenden wir uns nun dem Thema von Haß und Liebe in seinen seelischen Schattierungen zu.

Die Maschine

Toni, *ein 20 Jahre alter Physikstudent, phantasiert seine Einsamkeits- und Bedrohtheitsgefühle in einem Bild und nennt es die Maschine. Später wird er feststellen, daß seine Kleinkind-Seele auf Entdeckungsreise gegangen ist:*

Ich sehe nichts, nehme nichts wahr, außer, daß es schrecklich riecht wie in einer nicht zu lüftenden Fabrikhalle.
Wo bin ich? Ich steh auf Betonboden.
Wenn ich gehe, knirscht es.
Es hallt, wenn ich huste.
Vor mir erblicke ich jetzt sechs, acht Meter groß ein Gerüst

aus dicken Metallstangen wie Arme. Sie fahren robotergleich durcheinander.
Unaufhaltsam werde ich angezogen.
Auf einmal stoße ich mir den Kopf.
Ich greife ins Leere. Noch einmal! Jetzt packe ich fest zu.
Eisig kalt fühlt sich das an und reglos.
Ich komm nicht los, so stark ich auch rüttle.
Jetzt stößt es mich weg.
Ich schreie und trete wütend mit dem Fuß dagegen.
Kein Echo, keine Reaktion.
Ich bin machtlos, spüre, daß ich ohnmächtig werde.
Wieder bei Sinnen, sammle ich alle meine Kräfte zum Sturm, will daraufsteigen.
Aber es gibt keine Sprossen wie bei einer Leiter.
Wie kann ich mich nur halten?
Ich knie jetzt unten auf zwei Eisenstangen.
Weiter oben häng ich an zwei Blechringen.
Wird es mich halten?
O weh! Jetzt bewegt sich das Ganze.
Ich werde auseinandergezogen.
Ja nicht loslassen, Toni, sage ich mir.
Wenn ich falle, sterbe ich.
Nur nicht loslassen, hörst du, Toni!?
Laß DU mich nicht los! Wer – DU??
Nein, jetzt will ich weg.
Laß mich los! Halte mich!
Ich habe keine Kraft mehr für nichts.
Ich stürze herab, liege zerschmettert auf dem Rücken.
Aber ich spüre keine Schmerzen.
Schreien kann ich nicht.
Bewegen geht überhaupt nicht.
Zwischen riesigen Gitterstäben bin ich gefangen.
Man braucht mich nicht zu fesseln, ich kann auch so nicht weg.
Es schnürt mir beim Luftholen die Kehle zu: aber welche Luft!
Also lieber nicht weiter atmen.
Mir wird immer enger, ich bekomme immer mehr Angst.
Schmierig fettige Metallarme umklammern mich.
Jetzt ist alles aus.
Plötzlich reißt's mich hoch.
Ich versuche durch Klettern zu entfliehen.

Aber ich komme nicht vom Fleck und komme nirgendwo
dran.
Jetzt erschreckt mich ein gefährlicher Brummlaut.
Woher tönt das?
Ich stöhne auf: hört mich denn niemand?!
Es ist schon zu hoch zum Runterspringen.
Fallen will ich kein zweites Mal.
Ach! wie schaff ich mich nur weg?
Gibt es ein Heraus, ein Draußen?
Ich bleibe gefangen in mir selber.

Der Computer – mein ganz persönlicher Feind

Viola, eine 32jährige Verwaltungsangestellte, nahm an einer gemischtgeschlechtlichen Psychodramagruppe teil, die einmal wöchentlich begrenzt auf drei Monate stattfand. Diese Teilnehmerin wunderte sich, daß viele andere schon in den ersten sechs Wochen ihre persönlichen Konflikte oder Träume in der Gruppe dargestellt hatten. »Ich habe keine Probleme mit Menschen, ich gehe ihnen aus dem Weg. Ich lebe schon seit Jahren allein. Menschen habe ich und sie mich abgeschrieben.« Sie war wegen verschiedener körperlicher Beschwerden gekommen, die sie mit ihrer unbefriedigenden Tätigkeit im Büro erklärte, wo man ihr ein Ungetüm von einem Computer vor die Nase gesetzt habe. »Der ist mein Feind!« Viola war einverstanden, sich das einmal szenisch vorzustellen.

Im Psychodrama besetzte sie den Computer mit einem Mann, dem dicksten und schwerfälligsten Teilnehmer, den sie insgeheim nicht ausstehen konnte. Zunächst schlüpfte sie in die Computer-Rolle und sprach an seiner Stelle: »Ich bin undurchschaubar, ich mache mit ihr, was ich will, sie wird mit mir nicht fertig, sie haßt mich, aber das macht mir nichts aus, ich bin ja nur ein PC.« Dieses Sich-Hineinversetzen in das Gerät hatte Viola sehr viel Mühe und ein merkwürdiges Unbehagen bereitet. Der Rollenträger des PC sollte das nun ohne innere Regung, aber mit einem bestimmten Tonfall nachsprechen. Nach einiger Zeit wurde Viola blaß, unterbrach das Spiel und rief laut und entsetzt: »Nein, Schluß, ich halte das nicht mehr aus, laß mich in Ruhe!« Ich fragte sie, was los sei. Zu dem Mitspieler gewandt, schrie sie: »Du bist meine Mutter, hör auf, ich bring dich um, ich sterbe...« Die anderen TeilnehmerInnen und ich erschraken. Es war so gespenstisch, als ob die Mutter selbst plötzlich mit all ihrer Macht im Raum war, was wir alle »sahen«. Für Viola war es keine Erinnerung, sondern Gegenwart pur. Lange Zeit heftig atmend, aber zunehmend weniger verwirrt, beschrieb sie Situationen, wie sie sich als Kind vor ihrer Mutter gefürchtet und zugleich verlassen gefühlt hatte.

Das Psychodrama hatte etwas für Borderline-Menschen sehr Charakteristisches im Erleben von Viola auftauchen lassen: In gefühlsmäßig überfordernden Situationen werden verschiedene Menschen nicht mehr als unterschiedliche Personen wahrgenommen, sondern sie verschmelzen für sie zu der Urperson, die für das Kind – meist in gefährlicher Weise – emotional höchst bedeutsam war.

Viola fühlte sich nach dem Spiel nicht erleichtert. Sie wollte die Therapie sogar abbrechen, so wie sie alle Kontakte abbrach, wenn sie mit ihrer tiefen Verzweiflung in Berührung kam. Dies war bislang Violas einzige Möglichkeit gewesen, sich vor erneuter Verletzung zu schützen. Daß die Gruppe sie verstehen und mitfühlen könnte, war ihr nicht vorstellbar. Die Gruppe war für sie genau zu der Mutter geworden, die angesichts von Violas Ohnmacht und Verzweiflung regungslos und kalt auf sie blickte. Deshalb konnte sie unser Erschrecken nur als starres Distanzieren und nicht als tiefstes Berührtsein realisieren. Indem Viola unsere Betroffenheit überhaupt nicht erkennen konnte und den Kontakt zu uns sogar abbrechen wollte, wiederholte sie uns gegenüber in tragischer Weise die Haltung ihrer Mutter *ihr* gegenüber. Auf einer Ebene erlebte Viola also sich gegenüber der Gruppe als feindseliger Mutter hoffnungslos ausgeliefert. Auf einer anderen Ebene identifizierte sich Viola ganz mit ihrer Mutter und die Gruppe mit sich selbst, um zu sehen (unbewußt), ob wir mit ihrer Mutter heute besser fertig würden als sie, Viola, früher. Die Verwirrung durch Kommunikation auf verschiedenen Ebenen habe ich in der Geschichte Gerolds durch ein Schaubild zu erhellen versucht (S. 70). Dies einmal zu verstehen, ist schon nicht leicht. Noch viel schwerer fällt es einem seelisch so verletzten Menschen, etwas von seinem Selbstschutz aufzugeben und sich in Beziehungen allmählich sicherer zu fühlen.

Die Selbstmorddrohung

Es ging auf die zweiwöchige Weihnachtspause zu, und Viola wünschte zusätzliche Einzelsitzungen. Immer unverhohlener sprach sie von ihrer Enttäuschung, daß niemand, auch der Therapeut nicht, an den Feiertagen »zu haben« sei. Ihre vereinnahmende Art ängstigte mich. Bei mehr therapeutischer Erfahrung hätte ich meine Angst ansprechen können. Statt dessen wies ich sie fruchtlos darauf hin, daß sie sich wohl heute von mir wie früher von ihrer Mutter im Stich gelassen fühle. Ich telefonierte herum, wer von ihrer Kirchengemeinde oder von einer anderen Einrichtung der Umgebung über die Feiertage ansprechbereit wäre. Ich kam mir dabei sehr aufgeregt und überaktiv vor und fürchtete, damit womöglich einen Fehler zu machen. Daß etwas zustande kam, tat ihr aber gut; sie bedankte sich für meine Mühe. Rückblickend meine ich, hat wohl zweierlei positiv auf sie gewirkt: daß ich zuerst nicht aus und ein wußte, dann aber jemanden fand und mich schließlich abgrenzte.

Insofern war das eine modellhafte Entwicklung für Viola, die zwar oft ratlos war, sich aber selten erfolgreich behaupten konnte.

Doch nach der Weihnachtspause kam es noch schlimmer: Ich hätte sie über Weihnachten nur abgeschoben, ich würde mit ihr sowieso nicht zurechtkommen, sie bald rauswerfen. Sie könne sich immer noch umbringen oder auch nicht, wolle dies jedenfalls selber entscheiden und verlange jetzt sofort die Tabletten von mir zurück, die sie mir freiwillig zu Beginn der Therapie zur Verwahrung gegeben hätte. Ich war fassungslos und wie gelähmt durch die Spannung im Raum. Meine Hilflosigkeit machte sie noch wütender, sie sprang auf und verlangte ultimativ die Tabletten zurück. Ich sprang auch auf, wir schrien uns gegenseitig an. Sie drohte mit Polizei wegen Diebstahl, ich drohte mit Klinikeinweisung wegen akuter Selbstmordgefahr. Da schleuderte sie mir entgegen: »Jetzt haben Sie Ihr wahres Gesicht gezeigt, in die Klapsmühle wollen Sie mich stekken.« Dann fuhr sie fast vertraulich fort: »Meinen Sie, ich schaffe es ohne Nervenklinik?« Ich bestätigte, daß ich es ihr zutraue, wenn sie sich weiter ambulant behandeln ließe.

Viola brachte sich zwar zumindest während des folgenden Jahres nicht um, brach aber die Therapie bei mir ab. Durch mein Engagement, für sie jemanden für die Verlassenheitsängste heraufbeschwörenden Feiertage zu finden, konnte sie mit sich mehr anfangen. Doch ich als Person hatte sie ihrem Gefühl nach im Stich gelassen. Sie gab mir noch eine herausfordernde Chance. Ich ließ mich auf ihren Vertrauenstest ein, statt ihn zum Thema zu machen, und fiel prompt durch. Viola hat mich genauso unter Druck gesetzt, wie sie es von ihrer Mutter erlebt hatte. Mein Verhalten spiegelte ihr zwar ihre eigene und meine Ohnmacht, zeigte aber keinen neuen Weg. Vertrauensbildend hätte gewirkt, wenn wir beide über unsere Ohnmacht und ihre Auslöser genauer ins Gespräch gekommen wären.

Wohin mit meiner Wut?

Wie Hunger, Durst und Sinnlichkeit ist Wut eine elementare Lebensäußerung, mit der wir bereits zur Welt kommen. Jemanden, der wütend wird, als unsachlich zu disqualifizieren, verrät Angst vor Lebendigsein. Wut ist vielmehr eine gesunde, überlebensnotwendige Reaktion. Nur unter bestimmten Bedingungen wirkt Wut negativ oder sogar zerstörerisch. Ich möchte drei Kriterien nennen, wie Wut auf natürliche Weise Spannung klären und lösen kann:

1. Jeder Mensch hat seine Empfindlichkeitsgrenze und seine Schwelle, an der er seine Kontrolle verliert. Bei gleich hoher Empfindlichkeit werden in gleicher Umgebung die einen schneller wütend, während die anderen ihre Wut mehr im Zaum halten können. Ein vergleichbares Maß an Selbstbeherrschung kann mit unterschiedlicher Empfindlichkeit gepaart sein, was sich auch auf Wutäußerungen auswirkt.

2. Wutanfälle kündigen sich bei den meisten Menschen vorher mehr oder weniger deutlich an. Sie können sich und andere oft sehr fein abgestimmt warnen. Meist ist nicht nur vorhersehbar, wann, sondern auch wie stark jemand in Wut geraten wird. Es baut sich eine Spannung auf, die auch andere im Raum mitbekommen, in dem sich dann die Wut entlädt.

3. Wenn die Wut abgeklungen, der Zorn verraucht ist, fühlen sich alle Beteiligten erleichtert. Entweder ist die Atmosphäre bereinigt, oder es ist wenigstens klar, warum weiterhin Spannungen bestehen.

Diese Abläufe zu erleben und sie richtig einzuschätzen, haben wir von klein auf gelernt. In einer Art Grundschule für Vertrauen buchstabiert bereits das zweijährige Kind Sicherheitsgefühle für später. Dazu gehört, daß ohne ein ausreichendes Maß an Wut weder persönliche Konflikte zu lösen noch schwerwiegende Trennungen zu bewältigen sind.

Alle drei Kriterien für Wut und die dazugehörigen Einschätzungsmöglichkeiten fehlen Borderline-Menschen gewöhnlich. Allerdings gibt es auch hier viele Übergänge und Nuancen. Wie wirkt sich das konkret auf das Wütendwerden aus?

1. Wut wird vermieden

Menschen, die mit tiefen seelischen Verletzungen leben – und das sind Borderline-Menschen –, fühlen sich schutzlos und durch andere nicht bewahrt, sondern manchmal gerade herausgefordert, wütend zu werden. Allenfalls meiden sie Menschen, die sie verunsichern könnten, um nur ja nicht wütend zu werden. Umgekehrt kann die total verdrängte Wut, z. B. auf den wütenden Vater, um ja nicht zu werden wie er, immer wieder in den Sog münden, andere wütend zu machen, also wüten zu lassen.

2. Selbstkontrolle heißt Impulssteuerung

Ist sie extrem niedrig – ebenfalls ein typisches Borderline-Merkmal –, so steht der Auslöser in keinem »vernünftigen« Verhältnis zum Wutausbruch. Wenn sich die anderen verteidigen oder zurückschießen, kann sich eine Situation dramatisch hochschaukeln. Stabile Ichgrenzen sind die Voraussetzung, sich auch im Affekt noch mit einem Rest von Energie zu beobachten und somit die Gesamtsituation zu überblicken. Das »ich platze vor Wut« ist für den Borderline-Menschen greifbar ernst. Die Sprengstücke seines Ichs samt verlorener Selbstkontrolle und erneutem Verletztwerden fliegen ihm und den Anwesenden buchstäblich um die Ohren, so daß oft andere beim Einsammeln der Scherben mithelfen müssen, bevor sie sich von dem erholen, was sie selber abgekriegt haben.

3. Schlußfolgerungen

Wutanfälle von Borderline-Menschen sind oft nicht vorhersehbar und unverhältnismäßig stark. Zum anderen kann sich aus verschiedenen Gründen nach dem Wutanfall die Spannung oft nicht abbauen. Das Sicherheitsbedürfnis der Angewüteten ist erschüttert.

Mitzuerleben, wie jemand die Kontrolle über sein Ich verliert, kratzt auch das Ichgefühl der anderen an. Am schlimmsten geht es dem Borderline-Menschen selbst, der nicht erleichtert sein kann, da die mehr aktivierte als ausgelassene Wut weiterhin in ihm brodelt, gepaart mit Angst und Schuldgefühlen. Es handelt sich zumeist um ein Kipp-Phänomen: In die gerade freundliche Stimmung kann aus heiterem Himmel der Blitz einschlagen. Man kann von einem Wakkelkontakt des Borderline-Menschen zu sich selbst, zum Nächsten und zur Wirklichkeit im ganzen sprechen.

In der Therapie von Borderline-Menschen gilt es oft zuallererst, die Selbstwahrnehmung zu fördern. Dieser Nachreifungsprozeß setzt viel Vertrauensarbeit voraus. Ein Zuwenig an genauer Selbstbeobachtung war ursprünglich eine Überlebensstrategie: Das kleine Kind flüchtet sich aus wütenden Angriffen seiner nächsten Umgebung in Selbstanklagen und Selbstverurteilung. Eine Wahrnehmung der Welt, wie sie ist, wäre für das Kleinkind noch schrecklicher gewesen. Es darf nicht »sehen«, was mit ihm geschieht. Schließlich ist ja ein Zweijähriges noch dringend auf eine von ihm selbst anerkannte Umgebung angewiesen. Typisch für Borderline-Menschen ist demnach eine aus so früher Zeit angestaute Vermischung von Wut und Trauer, die körperliche Hochspannung erzeugen, die nicht durch Denkarbeit abgebaut werden kann. Einen inneren Anwalt zu entwickeln, ist daher die zweite Aufgabe in der Therapie. Erst dank seiner wird sich der Borderline-Mensch von seiner Umgebung weniger bedroht und überwältigt fühlen. Er muß nicht mehr schwarz/weiß sehen, sondern kann zunehmend Abstand halten und situationsgerechter reagieren. Nur so kann ein Mensch seine Opferrolle Stück für Stück ablegen.

Wenden wir uns nun einem Menschen zu, der immer wieder vor Wut kochte und fast verging: *Ernestine*, eine knapp 50jährige Floristin, kam wegen massiver Rücken- und Bauchschmerzen und Schlaflosigkeit in sehr gereizter Stimmung zu mir, da sie sich auch mit ihrem Partner zerstritten hatte. Dabei wollte sie es jedem gut und recht machen und hatte ihr ganzes Leben auf Leisten und Verzichten aufgebaut. Ihr Motto war »alles verstehen ist alles verzeihen« – nur wurde Ernestine dabei immer kränker. »Mein Leben wird immer verkrampfter und verbissener. Eines Morgens konnte ich mich kaum mehr rühren, mein ganzer Körper, Gelenke und Muskeln schmerzten unsagbar. Spritzen und Unmengen von Tabletten halfen nicht. Ich mußte schließlich krankgeschrieben werden.« Zum erstenmal in ihrem Leben hatte es Ernestine gewagt – durch ihren Körper gezwungen –, Arbeit als Daseinsberechtigung ruhen zu lassen. In dieser Situation eröffnete ihr ihre Mutter, daß sie Krebs habe. Das versetzte Ernestine in Panik. Sie erinnert sich: »In mir brach eine Welt zusammen, und für mich kam nur eins in Frage – alle meine Kräfte zusammennehmen und meine Mutter unterstützen, nur für sie dasein.« Doch während es der Mutter erstaunlich gut ging (sie lebte noch sieben Jahre), ging es mit Ernestine seelisch und körperlich immer mehr bergab. »...schon folgte der erste Erstickungsanfall; seitdem habe ich Asthma. *Ich* kam ins Krankenhaus, und als es hieß ›alles psychisch‹, konnte ich gar nicht mehr zurechtkommen. Schwerste Depressionen wechselten mit starken Aggressionen, und ich hatte vor mir selber Angst.« Sie versuchte mit diesem Druck durch Beruhigungs- und Schlafmittel fertig zu werden, bis sie sich zur Therapie in einer Psychodramagruppe entschloß.

Hintergrund: Ernestines Lebensangst ist, die Mutter zu verlieren, die sie nie richtig gehabt hat. Schon den Vater hatte sie kaum gekannt. Sie wurde zu den Großeltern weggegeben. Ein Teppich von dunkler Angst liegt über ihrer frühen Kindheit. Sie erinnert sich, wie sie mit drei Jahren Angst hatte zu ersticken. Ernestine hatte Diphtherie und entging knapp einem Luftröhrenschnitt, bis sie aus eigener Kraft nach einem Hustenanfall wieder durchzuatmen begann – ein tief verankertes Symbol, das Leben selber in die Hand zu nehmen. Ihre Schwester starb im gleichen Jahr an dieser Krankheit.

»Meine Großmutter sah mich als ihr eigenes letztes Kind an. Meine Mutter ging arbeiten und kam nur besuchsweise. Ich habe gut verstehen können, daß meine Mutter immer wieder weg mußte. Dies geschah ohne Szenen. Die Hölle begann für mich, als meine Mutter sich entschloß, mich in eine kleine, enge Wohnung zu sich zu nehmen – damit es mir einmal besser gehen sollte als ihr. Ich war

14 Jahre alt. Mein Stiefvater haßte mich vom ersten Tag an und schikanierte mich, wo nur möglich. Meine Mutter unternahm nichts – denn auch sie hatte Angst vor ihm. Er war dem Alkohol verfallen. Es gab auch Schläge und nie Freizeit. Er hat mich nicht sexuell belästigt, auch nicht im Rausch, da hätt ich mich schon gewehrt oder eingesperrt. Aber für Zärtlichkeit oder Sex war sowieso kein Raum in der Familie. Das war kein Zuhause, das war die Hölle! Mit 17 habe ich zum erstenmal Selbstmord machen wollen. Ich litt unsagbar unter Heimweh und wußte nicht wohin. Als ich wieder einmal weinend aus dem Fenster raussah, dachte ich, wenn du jetzt springst, dann ist alles vorbei.«

Diese stockend berichtete Lebensgeschichte wühlt Ernestine auf. Noch jetzt, viele Jahre später, steht ihr von kindlichem Schluchzen geschütteltes und von eisernem erwachsenen Willen verhärmtes Gesicht vor mir. Weit riß sie ihre Augen auf und schrie ihren Schmerz heraus, daß wir beide nichts übersehen und nichts überhören. Sie konnte auch nur schwer Vertrauen zu mir fassen – kein Wunder nach der Kette von Enttäuschungen, die sich nach Ernestines Kindheit in der Ehe mit einem Alkoholiker fortsetzten. Sie konnte aber auch diese vergangenen Schicksalsschläge nicht in der nötigen Ruhe »aufarbeiten«, wie es so schön heißt, solange sie Angst hatte, auch von mir fallengelassen zu werden oder von der Gruppe, die auf eine Sommerpause zuging. Aber Ernestine hatte vorgesorgt und ihr Leben wiederum selber in die Hand genommen: Sie hatte sich von ihrem Hausarzt in eine Kurklinik einweisen lassen, genau zur Zeit der Gruppenferien, aus Angst vor Verlassenwerden und Einsamkeit.

Nach Wiederaufnahme der Gruppentherapie konnte Ernestine ihre Enttäuschung über die wochenlange Sommerpause nicht offen zeigen, sondern legte ein betont freundliches und wie immer verstehendes Verhalten an den Tag. Dadurch fühlten sich andere Gruppenteilnehmer gereizt, sie fanden es unecht. Die Spannung im Gruppenraum wuchs, als Ernestine erschreckt die Luft anhielt und niemand vorhersehen konnte, ob sie im nächsten Moment explodieren oder ihre Wut aus Angst vor Zurückweisung wieder verstecken würde. Zur Überraschung aller gab sich Ernestine jedoch innerlich einen Ruck und sagte, ja, stieß laut hervor: »Warum muß ich mich immer so zusammenreißen, muß alle mögen, darf nur ja keinem weh tun? Gerade heute war ich wieder scheißfreundlich zu einer Kollegin, die ohne Absprache mit mir ihren freien Nachmittag genommen hat, und ich wahnsinnig unter Druck gekommen bin...« Ernestine redete sich immer stärker in Rage bis an den Punkt, daß sie auch mir die Therapiepause übelnahm, »und wenn sie zehnmal abgesprochen war«. Das fanden alle sehr mutig. Erstmals offenbarte sich ihr Bedürfnis nach wütender Kritik stärker als die Angst, fallengelassen zu werden. Zuvor überwog in kritischen Situationen immer ihre Vorwegnahme, entweder abgelehnt oder gar »weggegeben« zu werden – wie als ganz kleines Kind zu den Großeltern.

Darüber zu reden, lockerte etwas in Ernestine, aber befreite sie nicht. Sie war körperlich zu sehr blockiert, und dies wiederum machte es ihr seelisch unmöglich auszudrücken, was sie empfand. Die herzliche Zuwendung der meisten anderen nahm sie nur gebrochen wahr, achtete um so mehr auf verunsicherte Gruppenmitglieder im Raum. Auf der Gratwanderung, ihr einerseits genügend Halt zu geben, andererseits Freiraum für ihre wahren Gefühle zu lassen, sprach ich ihr Mut zu, noch mehr von der körperlich steckengebliebenen Wut hier, gerade auch gegenüber Anwesenden, abzuladen. Ihre die ganze Zeit über schon wegwerfend gestikulierenden Arme schienen eher dazu bereit als ihr Verstand. Plötzlich packte Ernestine vorhandene Sitzkissen und schleuderte sie mit wütendem Elan gegen eine freie Wand im Gruppenraum und brüllte heraus, wem es jeweils galt: das erste mir, weil ich sie im Stich gelassen hatte. Die nächsten zwei Gruppenmitgliedern, denen sie sich bisher zu ängstlich entgegenkommend gezeigt hatte. Dann folgte die Kollegin, von der sie sich heute wie schon öfter ausgeschmiert vorkam. Mit mehreren Kissen schleuderte sie ihre Wut gegen ihren Stiefvater und ein letztes gegen ihre Mutter, nicht ohne Zögern, aber mit dem deutlichen Satz »nie warst du ganz für mich da, wenn ich dich gebraucht habe«. Ernestine war jetzt nicht nur erschöpft, sondern hatte – fast erwartungsgemäß innerhalb ihrer Erlebnismuster – Schuldgefühle *trotz* sichtlicher Erleichterung. »Habe ich mich nicht schrecklich aufgeführt? Was für ein Schwächling bin ich, daß ich mich so gehen lasse. Jetzt mag mich erst recht niemand mehr!« Wie ein zurückgespulter Film lief in uns allen nochmals ab, wie es eine halbe Stunde vorher in Ernestine gebrodelt hatte. Ob sie sich erlauben dürfte, etwas loszulassen, oder weiter alles in sich aufstauen müßte wie in ihrem Asthma. Sie schaute sich ängstlich um, ob jemand, schon bevor sie anhub, widersprechen würde. Klein war der Spielraum, ob sie sich in der Gruppe im ganzen geborgen genug fühlte, aber auch wiederum nicht erdrückt.... Über alles entscheidend aber war, wie Ernestine mit ihrer Angst fertig werden könnte, die äußerlich abwesende, aber innerlich beherrschende Mutter zu verlieren. Um diesen Bogen zu schlagen, brauchte sie in der Gruppe etwa zwei Jahre.

Für eine ichstarke Persönlichkeit kann so eine Technik, sich zu distanzieren, in einer dazu bereiten Gruppe als Einübung in wütendes Handeln enorm befreiend wirken. Für jeden, der so wie Ernestine unter der Angst leidet, den ersehnten *und* bedrohlichen anderen zu verlieren, geht es an die Substanz.

Das heißt: das Risiko, sich selbst zu verlieren, wird subjektiv viel stärker erfahren als die Chance, einen neuen Freiheitsgrad zu gewinnen. Dreierlei Ängste hat Ernestine schließlich erfolgreich bezwungen:

1. Ihre Angst, andere durch ihre Wut zu zerstören.
2. Ihre Angst, durch ihre Wut sich selber zu zerstören.
3. Ihre Angst, mutterseelenallein zu sein, nur noch eine Hülse.

Hinter Ernestines Angst steckt jedoch der nicht mehr länger bezähmbare Wunsch, zu leben und sie selber zu sein. Der entfaltet sich bei jedem Menschen am besten in Beziehungen, in denen wütend zu werden möglich ist, statt aus seinem Herzen eine Mördergrube zu machen.

Eifersucht aus Angst vor Verlassenwerden

Als sie gemeinsam zu mir kamen, waren die Eheleute *Brigitte,* 45 Jahre alt, und *Kurt,* 55 Jahre alt, in jahrelanger Haßliebe miteinander verstrickt. Sie waren ein kreatives Paar: er, der Musiker und Komponist, und sie, die Boutique-Verkäuferin und Modistin.

Brigitte trat mir in ihrem anmutigen, lebendigen Wesen spontan entgegen. Aber sie konnte auch rasch in Trübsinn stürzen, wenn sie sich überflüssig oder unwichtig vorkam. Dann verstummte sie und wartete, bis entweder ihr Mann oder ich sie ansprach. Bei ihr standen depressive Züge im Vordergrund. Ihn beherrschte aus meiner Sicht seine Borderline-Problematik. Kurt war ein baumlanger Kerl, ein etwas schwerfälliger, lautstarker Typ, der einen ständig fixierte und mit Blicken und Worten festnageln wollte. Zeitweise berührte er mich aber auch tief in seiner Zartheit und Sensibilität. Von einer Sekunde auf die andere konnte er lospoltern, wenn er sich von mir oder ihr übergangen oder falsch verstanden fühlte.

Sie fand anfangs festen Halt an ihm, während er sich vorübergehend in ihrer unbekümmerten Person auslebte. Aber mit der Zeit verkehrten die unerfüllbaren Erwartungen der beiden ihre Stärken in Schwächen: Sie erlebte den Halt nun als ihr Gefängnis. Er empfand ihren weltoffenen Charme als Tod seines absoluten Besitzanspruchs. Ihre gegenseitige Abhängigkeit war stärker als ihr Trennungswunsch. Natürlich bestimmten lebensgeschichtliche Bedingungen und unbewußte Konflikte auch Brigittes Partnerwahl. Doch werde ich schwerpunktmäßig seine Problematik betrachten. Bedrückender Anlaß für beide, sich in Therapie zu begeben, war seine enorme Eifersucht. In kritischen Situationen, in denen er seine Frau verdächtigte, konnte er sich nicht mehr kontrollieren und schlug sie. Er geriet in ohnmächtige Angst, seine Frau könnte ihn verlassen, und phantasierte damit gleichzeitig, seine Potenz, seine künstlerische Begabung und seinen ganzen Selbstwert zu verlieren.

Brigitte ließ sich von Kurt bevormunden. Sie konnte sich nicht abgrenzen und warf ihm gleichzeitig vor, ihr gegenüber eine Vaterrolle zu spielen. Sexualität war beiden wichtig, für Kurt darüberhinaus der spürbarste Beweis zu existieren. Wenn er allein in der Wohnung war und seine Frau im Laden, riefen sie sich an manchen Tagen gegenseitig wiederholt an, er noch häufiger, je nachdem wie unsicher er sich ihrer Zuwendung war. Es gab Tage, an denen er sie mehrfach nach Hause kommen ließ, um mit ihr zu schlafen, aus der ihn quälenden Vorstellung, sie könnte sonst mit einem anderen Mann schlafen wollen. Brigitte fühlte sich nicht körperlich, sondern seelisch überfordert, ihrem Mann das zu seinem Überleben nötige Maß an Präsenz und Aufmerksamkeit zu geben.

Wir vereinbarten eine Partnertherapie, die nicht nur Gespräche, sondern auch Rollenspiele der beiden einbeziehen sollte. Die insgesamt 20 Sitzungen erstreckten sich über ein Jahr. Nach ersten, mit Vorwürfen gespickten Erzählungen aus ihrem gemeinsamen Leben lud ich die beiden zu einer Begegnung auf der Bühne ein: Sie sollten sich an eine beeindruckende Film- oder Theaterrolle erinnern, sie verkörpern und sich darin gegenübertreten. Kurt stellte sich als ANTHONY QUINN in der Filmrolle des »Barrabas« vor. Brigitte schlüpfte in eine gräfliche Theaterrolle CHRISTIANE HÖRBIGERS als »Dame von Welt«. In der spontanen Szene begrüßte er sie schulterklopfend mit grobem, aber herzlichem Naturburschencharme. Sie ließ das geschehen, ohne ihm ihrer Rolle gemäß Grenzen aufzuzeigen. Die Rollenbeziehung der beiden war also nicht stimmig. Dabei war unklar, ob Kurt aus seiner Filmrolle schon ausgestiegen war. Kurt wollte Brigitte gleich als Stern in seine Hosentasche stecken. Im gleichen Atemzug nannte er sie geringschätzig ein »leichtes Mädchen«. Als er merkte, daß er sein Gegenüber so nicht für sich gewinnen konnte, schlug Kurts Verlustangst in den Versuch um, Brigitte zum unverlierbaren Objekt zu machen. Durch sein krasses Entwerten hätte er ihre deutliche Zurückweisung leichter verschmerzt. Sie machte ein gekränktes Gesicht, ohne sich jedoch zu wehren und zu behaupten. Jetzt kamen ihm die Tränen. Daraufhin lief er sofort kurz hinaus. Bemerkenswerterweise ließ sich Kurt anschließend gleich auf sein widersprüchliches Verhalten ansprechen und war selber betroffen von seinen unvereinbaren Empfindungen.

Nun brannte Kurt darauf, doch seine Rolle als »Barrabas«, die aus mehreren Gründen eine Schlüsselgeschichte für ihn war, auszuphantasieren. »Barrabas heißt auf deutsch ›Sohn des Vaters‹«, erklärte Kurt als erstes – aber ein Vater kam weder in dem Film vor noch in Kurts Leben, sondern fehlte. Von Barrabas hieß es, er sei ein Aufständischer und ein Mörder. Auch er, Kurt, hat mörderische Phantasien und macht eifersüchtige Aufstände, wenn er Verlassensangst bekommt. Geradezu leidenschaftlich mit Barrabas identifiziert, beschreibt Kurt sich in der Rolle genauer: »Ich bin ein grober, ungeschliffener Stein, aber voller Hoffnung, Liebe und Glaube. Ich verstehe meine Zeit nicht, aber ich überlebe sie alle. Er zweifelt und hilft den Geschundenen. Auch ich war und bin ein Mensch durch und durch mit Gut und Böse. Er steht immer am Rande der sogenannten Gesellschaft, ich auch, aber er wird gebraucht von ihr wie ich.« Die Gegenspielerin im Film sei Maria Magdalena, eine – so Kurt – »Sünderin oder Tochter des Vaters«. Sind wir das nicht alle?... »Als die Söldner Magdalena zu Tode steinigen, stellt sich nur der Barrabas ihnen entgegen. Er kommt in die Schwefelminen, die keiner lebend verließ. Er wird immer wieder an neue Partner gekettet, die er überlebt. Sein letzter Partner ist ein Christ, der Barrabas töten will, weil er lebt und Jesus nicht. Barrabas läßt sich für den Jüngeren schlagen und bestrafen. Der Christ wird immer hinfälliger und Barabas arbeitet für zwei. Durch ein Erdbeben stürzen alle Minen ein. Sie überleben als einzige und werden Günstlinge von Frauen, die ihnen wie Engel vorkommen. Es gab auch Neider, so halt wie heute. Das Leben heißt Kampf, auch das geschenkte Leben bezahlt man irgendwie. Ich freue mich, daß die Dornen Rosen haben...«

Aus seiner Rollenwahl und szenischen Darstellung zog Kurt einen doppelten Erkenntnisgewinn: Erstens dachte er über seine besondere Rolle als Retter nach und warum er sich auch im Leben gleichzeitig mit dieser Retterrolle entweder als Zwangsarbeiter oder als Nichts fühlte. Zweitens beschäftigte ihn der Widerspruch, daß er sich von Frauen bevorzugt, manchmal geradezu erwählt vorkam, aber gleichzeitig von Mißtrauen und Haß Frauen gegenüber erfüllt war.

Hinter seiner Hoffnung auf die Gunst der Frauen steht Kurts enormes Bedürfnis nach Zuwendung, die ihm seine Mutter versagt hatte. Als Kind fehlte ihm eine Atmosphäre von Geborgenheit, zärtlicher Nähe und Vertrauen. Der Vater war weg, die Mutter gefühlsmäßig auch nicht da. Sie habe viele Männer gehabt – ein leichtes Mädchen? Für Kurt jedenfalls gab es keinen verläßlichen Platz. Ein dramatisches Beispiel, das deutlich macht, wie sehr Sicherheit und Vertrauen gefehlt hatten, war eine Situation nach Kriegsende, als seine Schwester vergewaltigt wurde und er das als Achtjähriger mit ansehen mußte. Erst habe er sich nur hilflos und ohnmächtig gefühlt, dann aber sei er so wütend geworden, daß er eine Eierhandgranate in den Bunker geschleudert habe, wohin sich die Vergewaltiger zurückgezogen hatten – ohne bis heute zu wissen, ob er jemand getötet hatte. Diese mörderischen Phantasien verließen ihn nie. Aber schlimmer traf Kurt, daß für ihn niemand da war, an den er sich damals in seiner Angst hätte wenden können. So schrecklich das Erlebnis des Achtjährigen als solches war, ich halte es nicht für die alleinige Ursache seines Wütend-und-Eifersüchtigwerdens. Dies hat tiefere Ursachen, nämlich die mörderische Angst, wieder und wieder von einer Frau verlassen zu werden und niemals genug zu bekommen, wie schon früher zu Hause.

Auch von mir wollte Kurt zunächst alles oder nichts. Bald machte er mir Komplimente, es gefiele ihm so gut bei mir. Bald fühlte er sich innerlich blockiert und unverstanden von mir. Ich würde seiner Frau viel mehr Raum geben und ihn nur in die Schranken weisen. Zeitweise kam ich mir als Therapeut wie zwei Menschen vor, von denen er den einen in den Himmel hob und den anderen verdammte, um dann wieder zu seufzen, »Ach könnte ich doch Vertrauen haben!«. Seine Zerrissenheit machte Kurt nicht nur eifersüchtig, sondern riß ihn auch in tiefe Selbstzweifel an seinem Künstlertum. So blockierte er seine tatsächlich vorhandenen kreativen Fähigkeiten. Mit einer neuen Komposition, die für mich gedacht war, gelang ihm ein überraschender Erfolg, über den er sich kindlich freute. Ein andermal kam er aus Verärgerung über mich nicht mit und *drohte* wiederholt mit Abbruch der Paartherapie. Das war die für die Therapie im Grunde fruchtbarste Phase, in der sich seine Auseinandersetzung mit seiner Frau auf mich verlagerte. Er hatte sich immer einen Ansprechpartner gewünscht, bei dem er auf Gehör *und* Grenzen stößt, der ihn versteht, ohne sich zu sehr irritieren zu lassen. Am Schluß schränkte er allerdings wieder ein, ich hätte das Böse noch viel mehr aus ihm herauslocken müssen.

Als sich das Ehepaar wieder einmal in gegenseitigen Beschuldigungen wegen seiner Eifersucht und ihrer Offenherzigkeit verbiß, schlug ich den beiden vor, sich auf der Bühne des Therapieraums in einer Eifersuchtsszene aus Theater oder Oper zu begegnen. Sie einigten sich sehr rasch auf VERDIS Oper »Othello«.

Unter den sparsamen Requisiten im Gruppenraum fanden beide intuitiv, was ihren Rollencharakter betonte. Brigitte kehrte durch einen weißen, wehenden Umhang die stets hingabebereiten, stumm aufopferungsvollen Seiten einer Desdemona hervor. Sie wehrte sich nicht und redete nicht, als noch Zeit war. Ja, selbst im Moment der

Todesgefahr war ihre Selbstaufgabe aus Verzweiflung stärker als ihr Wille, um ihr Leben zu kämpfen.

Kurt vereinte schon in seiner Kostümierung (schwarzer Mantel und rotes Tuch) die jeweils mörderischen und leidenschaftlichen Seiten des Verräters Jago und seines Werkzeugs Othello. »In meinem Herzen sind gleichviel Liebe und Haß, aber sie wissen nichts voneinander.« Von mir aufgefordert, als Othello zu sprechen: »Ich will sie ganz haben! Nein, Sie muß sterben!« – als Jago: »Ich will sie tot sehen! Nein, Sie muß mein werden!« »Ich bin beide und will beides!« schrie Kurt, gleichzeitig flehentlich an seine Frau gewandt: »Du mußt dich mit mir, dem Jago auseinandersetzen, bevor du dich zu mir als Othello legst, sonst bring ich dich noch um!« Von da an wurde seine Frau tatsächlich selbstbewußter und aktiver, womit sich Kurt aber auch schwer tat. In ihm brodelte es und zehrte auch körperlich an seinen Energien, die zwischen maßloser Wut und abgrundtiefer Traurigkeit hin- und herschwappten. Denn es ist anstrengend, was einen innerlich aufreibt, unter Verschluß zu halten und keinen Weg zu finden, es angemessen zu leben. Vielleicht wollte Kurt sagen: »Wer mir so nah ist und nicht ganz für mich da ist, – den bring ich um!«

Zu tief in seiner Familiengeschichte wurzelte Kurts Angst, verlassen zu werden. »Ich hab das nicht ausgehalten, die verschiedenen Männer, die meine Mutter hatte. Mein Bruder hat mich noch angestiftet, ich solle die doch rausschmeißen...« Hier warf Brigitte überraschend ein: »Dein kindlicher Egoismus – wie heute!« »Nein, der Jago in mir!« konterte Kurt. So konkret greifbar und doch so schwer zu vermitteln war die Verschränkung beider Lebensgeschichten: Brigitte war von ihren Eltern nach dem Motto erzogen worden, »ein Kind darf nicht an sich denken, sonst ist es egoistisch«. Kurt war vaterlos, von der Mutter zu wenig beachtet aufgewachsen, nun stets vergeblich bemüht, einmal jemanden ganz für sich zu haben. So war es für ihn auch unerträglich, daß seine Frau so viele Freundinnen hatte und auf gute Beziehungen zu ihrer eigenen Familie großen Wert legte. Kurt dagegen fühlte sich am wohlsten und sichersten allein mit Brigitte. Seine Familie war für ihn gestorben, teils real, teils symbolisch.

In der letzten gemeinsamen Sitzung bat ich die beiden, ein »Experten«-Paar zu spielen, das seine Eindrücke von Brigitte, Kurt und ihrem Therapeuten zusammenfaßt. Sie über mich: »Dr. Gneist hat den beiden helfen wollen, sich mehr zu respektieren. Er hat besonders der Frau gezeigt, daß sie für sich selbst sorgen muß, statt sich zum Opfer zu machen.« Das ist eine für Depressive typische, dankbar vorgetragene Einsicht. Bis zuletzt ungehalten, innerlich zerrissen äußert er sich über mich folgendermaßen: »Dr. Gneist ist zu feinsilbrig für diesen Kerl. Er hat den Mann abgehalten, das Böse auszudrücken, was er fühlt, hätte sagen müssen: ›Such dir einen anderen Therapeuten, der's aushält.‹ Ich denke, gut daß er Kurt nicht weggeschickt hat, das ist ihm ja bis jetzt immer passiert, oder er selbst hat vorher Schluß gemacht!«

Diese letzte Therapiesitzung zeugt noch einmal von gegenseitiger Anziehung und Abstoßung und von dem Bemühen dieses Paares, sich und andere in ihren Grenzen wahrzunehmen und vor allem lernen zu müssen, mit Kompromissen zu leben. So kam Kurt aus seinem ausweglosen Kreislauf von Idealisierung und Entwertung heraus.

Rückblickend ziehe ich das Fazit: Ich war fasziniert von seiner leidenschaftlichen, echten Suche nach verläßlicher Beziehung. Ich erschrak vor ihm, wenn er mir oder seiner Frau gegenüber in Wut geriet. Seine Eifersucht und die Versuche, über andere Kontrolle zu gewinnen, waren nur die Spitze des Eisbergs seiner Angst, mutterseelenallein gelassen zu werden. In diesem Sinne ist er eigenständiger und unabhängiger geworden. Das sexuelle Pflaster für entgangene Zuwendung in der Kindheit mußte nicht mehr so groß sein, weil er nachlassende Potenz weniger als Selbstverlust erlebte. Ich war ihm zu »feinsilbrig«, das heißt zu edel und zu empfindlich. Er hat Grenzen, auch die meiner Belastbarkeit und Angst gespürt. Er wagte das auszusprechen und erlebte – vielleicht zum erstenmal – daß er *nicht* weggeschickt wurde. Kurt konnte Gut und Böse besser in Verbindung bringen anstelle seines Schwarz/Weiß-Denkens und hat dadurch mehr Boden unter den eigenen Füßen bekommen. Mir half er, bei mir genauer zu unterscheiden, wo meine Möglichkeiten und Grenzen als Therapeut liegen.

Eifersucht ist nicht gleich Eifersucht. Einen Hauptunterschied sehe ich in Eifersucht aus Besitzwünschen oder aus Angst vor Verlassenwerden, obwohl sich beide Motive manchmal zu vermengen scheinen. Das Grundmuster beim Kind ist, daß es eine andere Person in seinem Leben wirklich ganz zur Verfügung haben will. Wenn aber jemand als Kind nie ausreichend ver-läß-liche Nähe gespürt, erlebt und bekommen hat, dann besteht ein Leben lang die Gefahr, daß er mit Eifersucht aus Angst vor dem Verlassenwerden reagiert. Und das gehört zum Schicksal von Borderline-Menschen.

Verlassen – sich finden

Als die Welt noch voller Wonne und ein Urmeer war,
Ging der Strom des Lebens durch mich durch.
Wachsen konnt ich darin ganz nach Lust –
Bis der Tag der Trennung kam und jähen Eintritts

In die Welt jetzt voller Gift und Unrat.
Gefangen bin ich nun in einem Schmutzmeer,
Das durchölt ist und verstrahlt. Was mir fehlt,
Von der allzu nahen Sonne fast verbrannt,

In mein Herz schreiben will ich's ohne Haß:
Liebe find ich sehnsuchtsweise nur. Leben
Kam schon immer aus dem Schlamm. Fern und bruchstückhaft
Erinn're ich jene Welt, die ein bergend Urmeer war.

Gestrandet bin ich, spür noch keinen festen Boden.
Die Welt statt Mutterleib zum Greifen nah!
Schon immer da, nur übersehen von mir, schöpf ich
Mit meinen Händen dankbar aus des Lebens Strom.

Ein ganz un/gewöhnlicher Sonntagabend

Das Seelenleben des Borderline-Menschen ist nicht nur zwiespältig (»Zwei Seelen wohnen, ach, in meiner Brust!«), sondern – schlimmer noch – zerrissen, so daß oft keine Seite der anderen zu Hilfe kommen kann. Überwältigt vom Sonnenuntergang in einer fremden Stadt könnte sich das so anhören:

Die Lichter von Laternen spiegeln sich im Wasser
– wie Nägel ins Fleisch gerammt
– wie Blätter, die vom Wind getragen werden

Der Schatten der Hügel verliert sich am Horizont
– wird verschluckt von einem Ungeheuer
– hüllt die Lichter der Stadt in einen warmen Mantel

Die Geräusche vom abebbenden Verkehrslärm wehen herüber
– zerschneiden und verstümmeln alles Lebendige
– breiten einen sanften Klangteppich über die zur Ruhe gehende Stadt

In die Nase steigt ein fremdartiger Geruch
– Gestank läßt den Atem stocken, vergiftet und erstickt
– das geheimnisvolle Aroma einer fremden Welt erfüllt mich

Sonntagabend in einer fremden Stadt
– irritierend, ängstigend, zerstörerisch
– prickelnd, geheimnisumwittert, Neugier entflammend

Bin ich ausgeliefert, ein gequältes, gefoltertes Opfer meiner Eindrücke?
Kann ich meinen Erlebnishunger stillen und gelassen bleiben?

Allein?

Eben noch habe ich BACHMANNS *Malina* gelesen. Ich bin auf Seite 111.
Da spüre ich ein großes ausgezacktes Loch. Wo?
Ich kann nicht sagen, ob es um mich herum ist, in mir drin oder ob ich Loch bin.
Es klingt, wie wenn jemand Papier oder einen Stoffetzen herausreißt.
Weh tut's furchtbar.
Schwarz ist das Loch, ich sehe und weiß:
sein Name ist Einsamkeit.

Ich bin der einzige Gast im Café – und das an einem Nachmittag um drei! Es trübt sich ein. Der Ober, höflich: »Entschuldigen Sie, mein Herr...« Da ich hier jeden Nachmittag sitze, verstehe ich sofort: »Aufstehen!« Jetzt wird der große Sonnenschirm eingeholt, – nicht daß er mir auf den Kopf drischt! Wie besorgt der Ober ist. Also doch *ein* Mensch, der sich Gedanken macht um mein Wohl. Aber sein Ton war neutral.
Er liebt mich nicht.
Das gerade bräuchte ich; denn niemand liebt mich, merke ich.
Ich bin allein.

Ich stehe auf. Denn plötzlich ertrage ich's nicht mehr, der einzige hier zu sein. Vorher konnte ich für mich existieren, lesend und Tee trinkend. Mechanisch klappe ich mein Buch zu. Ich werde aufgestanden. Auf die Straße könnte ich gehen, um nicht wieder allein zu sein. Doch warum grüßt mich niemand? Nein, niemand erwidert mein Lächeln. Ist es nicht echt? Bin ich nicht echt, bin ich aus Papier oder Stoff? Scheiße, denke ich und gehe schnell weiter. Davonrennend spüre ich mich wieder als jemand. So kehre ich atemlos in meine Pension zurück. Ich finde mich auf der Toilette wieder. Dort lese ich auf dem WC-Papier: »Natürlich grau – konsequent – 100 % Altpapier«. Das klingt nach einer starken Persönlichkeit. Unwillkürlich frage ich mich:
Habe ich irgendeine natürliche Eigenschaft?
Wann war ich zuletzt konsequent?

War ich je 100 %?
40 wäre wunderbar, schon an der Grenze zu »daseinsberechtigt«.
Über 66 % dürfte es für »bedingt liebenswert« reichen.
Aber ich bin kein Prozent, 0. Das Loch füllt mich, nein, leert mich immer mehr. Ungeliebt hasse ich mich selbst.

Warum verlaßt ihr mich, Agathe, Thea und wie ihr guten Göttinnen sonst noch geheißen habt? Ihr reißt dieses Loch in mich; denn ihr wart mein Leben. Jetzt bin ich tot. Ich bestehe nur noch aus Haß gegen euch und mich.
Es treibt mich wieder hinaus. Unterwegs werden die Ritzen zwischen den Pflastersteinen zu Abgründen. Aber in Räumen begraben mich Decken und Wände. Die Luft ist zu dünn für mich, seit ich Luft bin für euch.
Wenn ihr wenigstens traurig wärt, daß ihr mich verlassen mußtet, wie ihr sagt.

Ich werde immer unruhiger, also bin ich. Erneut ganz verbraucht haste ich zurück in die Pension. Vielleicht hilft ein Cognac? Heute nicht. Hin und her gerissen halt ich mich in Trab: Hol ich mir noch eine Tasse Kaffee oder nicht? Wenn ich sie mir erst zubereiten müßte, das wäre eine Konzentration und Zeitverbrauch fordernde Handlung! Aber Kaffee aus der Thermoskanne – charakterlos wie mein Lebensüberdruß. Lieber keine Bewegung! Nicht atmen! Zeit vergeht von selbst. Aber sie steht still.

Draußen höre ich einen Vogel zwitschern. Wie wundersam! Ich horche hin, es ist immer die gleiche Melodie. Langweilt ihn das nicht? Tut er das für sich oder um gehört zu werden? Das ist es: leben, um zu leben.
»Lehre mich, lieber Vogel, mich zu lieben, daß ich bin, wie ich bin!«

5. Kapitel
DER GEIST

Denken und Vertrauen

Schreiben oder Textverarbeitung

Schreiben hinterläßt Spuren. Die Schrift ist etwas unverwechselbar Persönliches mit allen Schwankungen des Tages und der Lebensperiode. Jeder Buchstabe freudig, verhalten, wütend geschrieben nimmt sich anders aus, zeigt meine Individualität und etwas von meiner Augenblicksverfassung. Schreiben hinterläßt auch Gedankenspuren. Ein einmal geschriebenes, wieder gestrichenes Wort ist noch da. Es zeigt den Weg zu dem, was stehenbleibt. Ein Satz entwickelt sich von innen. Kleine Veränderungen, große Umstellungen, Ausbesserungen, Verschlimmbesserungen zeigen und bewahren mein Gewordensein. Schreiben erhellt. Geschichte macht durchsichtig. Fröhliche, manchmal ängstigende Gewißheit: nichts geht verloren!

Textverarbeitung löscht, was nicht stehen bleiben soll, was nicht wert war geschrieben, geschweige denn wieder gelesen zu werden. Hurra! Es gibt sie doch, die Tabula rasa – statt Spuren der Erinnerung nun eine neue Matrix, so oft wir wollen. Es gibt kein Mutterrecht beim Computer, nur geltendes Recht. Der Drucker zeigt's dir schwarz auf weiß, gelasert besonders gestochen scharf und verwechselbar: gleiche Buchstaben gleich. Kein Ausrutscher, kein Atemholen. Kein wehmütiger Rückblick auf verheißungsvolle Anfänge. Gelöscht! Keine befreiende Nachlese von etwas, was uns einmal zwingen wollte, uns ganz anders als jetzt auszudrücken. Ein »bit« hat's verschluckt, kein Bock darauf, wie's entstand. Kein bißchen Geschichte. Was zählt, ist hier und jetzt.

Mein Leben – ein Schreiben oder Textverarbeitung? Ich möchte mich erneuern, aber nicht runderneuern wie einen Autoreifen.

Die Urteilskraft

Von Beginn seines Lebens an erlebt der Mensch nicht nur, er nimmt auch wahr. Aus Wahrnehmungen setzen sich erste Erfahrungen zusammen. Dann bilden sich Urteile, in denen Erlebtes abrufbar gespeichert ist. »Ein Urteil ist intuitiv, persönlich, umfassend und konkret: Wir sehen die Beziehung der Dinge zueinander und zu uns selbst. Das Urteilsvermögen ist die erste Fähigkeit, die eine höhere Daseinsform oder ein höheres Bewußtsein ermöglicht.«*

In ständiger Abfolge von Fühlen, Wahrnehmen, Urteilen und Reagieren im Sinne von Zuordnen und Aussortieren verwandeln wir uns vom Computer in ein bewußtseinsfähiges Wesen. Unser eigenes Spiegelbild zu erkennen, ist eine besondere Probe unserer Urteilsfähigkeit. Es kann schwierig oder selbstverständlich für uns sein. Es kann uns Freude oder Schrecken bereiten. Es kann oberflächlich oder gewissenhaft und genau geschehen. Wenn jemand einen Arm oder ein Auge verloren hat, weiß er das. Es gibt Momente, wo er oder sie sich des Verlustes nicht bewußt ist. Zu Unrecht sprechen wir dann von »es vergessen haben«. Etwas ganz anderes ist es, wenn jemand dauerhaft sich selbst vergißt, das Bewußtsein ihrer / seiner selbst verloren hat. Aber was empfindet dann ein Mensch von sich »selbst«, der sich »selbst« verloren hat? Ein Mensch, dem ein Bein amputiert wurde, kann lebenslang unter körperlichen Phantomschmerzen leiden. Einer, der seine Seele verloren hat, leidet unter nicht minder gräßlichen seelischen Schmerzen. Manchmal empfindet er sich als Prothesen-Selbst! Er kann es mit seinem verlorenen Selbst verwechseln und hat oft mehr Angst, diese Prothese zu verlieren, als Hoffnung auf die Chance, sein wahres Selbst wiederzuerlangen. Das vertraute falsche Selbst wird nicht so fremd und unbehaglich empfunden wie das unvertraute wahre Selbst.

Leben beginnt also mit der Wahrnehmung unserer selbst: Unser Körper gehört unzertrennlich zu uns, mit seinen Umrissen (Haut), Gliedmaßen, Organen und Sinnen. Kann es Situationen oder Umstände geben, die die Körper-Gewißheit in Frage stellen oder gar

* O. SACKS, »Der Mann, der seine Frau mit einem Hut verwechselte«, 1993, S. 37

aufheben? Es kann zunächst einen Zwang zur Überprüfung, von allem, was mit dem Körper zu tun hat, geben, dann ein vorübergehendes, später anhaltendes Gefühl von unendlicher Fremdheit gegenüber dem eigenen Körper, das schließlich in Gefühllosigkeit und Verlust von jeglichem Körper-Gefühl gipfelt. Was zum Weiterexistieren verbleibt, sind Prothesen, By-Pässe, Implantate unbestimmter Lebensdauer oder noch kürzer wirksame Transfusionen... Alles, was die Medizin erfunden hat, um Leben zu erhalten, erleben manche Menschen als seelische Entfremdung am eigenen Leibe, ohne jeden Eingriff von außen. Was wird dann aus der Selbstwahrnehmung? Manchmal erscheint sie bestechlich und trügerisch, so als fragte sich jemand: »Bin ich das oder bin ich das nicht?« Diese Menschen kann grenzenloser Schmerz über das Verlorene, das nicht Mitteilbare, das selber nicht mehr Empfindenkönnen und natürlich von niemandem dafür Verständnis oder Mitgefühl Bekommen beherrschen. Der Blinde hat seinen weißen Stock und der Taubstumme seine Gebärdensprache. Aber der Ichlose hat kein körperlich sicheres Reich. Wenn sich jemand auch nur eines Körperbereichs innerlich ganz sicher ist, kann er diesen zum Ausgangspunkt nehmen, um sich selbst und die übrige Welt wahrzunehmen und zu beurteilen. Das Grundlegendste an diesem Unterscheidungsvermögen ist die Gewißheit: »Ich lebe und bin nicht tot! Ich bin, der ich bin!« Borderline-Menschen er»leben« sich mit einer Seelen-Prothese ausgestattet, die sie zum Sterben zu viel, zum wirklichen Leben zu wenig spüren läßt.

Durch jahrelange Begegnungen mit Borderline-Menschen war ich gewissermaßen gezwungen, über unser scheinbar voraussetzungsloses Dasein hinauszudenken; denn nichts ist selbstverständlich. Ja, Borderline-Menschen fordern durch ihre Identitätsunsicherheit ihre Mitmenschen heraus, sich damit auseinanderzusetzen, daß wir mehr sind als ein Klumpen Fleisch und Knochen mit elektrochemischem Austausch.

Was ist, wird erst zum Sein durch Bewußtsein. Sich bewußt sein heißt, daß wir eine Geschichte haben und zugleich jede Sekunde eine Neuschöpfung sind. Dies denken zu können, verschiebt die Grenze (Borderline!) zwischen »nur« Gedachtem und »wirklich« Seiendem, verlebendigt ein ganzheitliches Weltverständnis, wie es

PARMENIDES vor 2500 Jahren formuliert hat: »Denken und Sein sind eins«. Es sind die Borderline-Menschen, die uns in ihrer Art, nach Echtem und Verbindlichem zu suchen, und in ihrer Sorge, daß es in der Beziehung zu ihnen selber und zu anderen nicht stimmen oder etwas verlorengehen könnte, wachrütteln und uns selber nahebringen. Dazu gehört das Erkennen, Benennen, Aushalten oder Verändern von Widersprüchen, von denen unsere Welt voll ist. Der Borderline-Mensch zeigt den Menschen in seinem Widerspruch schlechthin. Als der Überlebensdenker in äußerster innerer Gefährdung fühlt er sich bedroht, in Bruchstücke zu zerfallen, und erlebt Katastrophen vorweg, die andere erst ahnen. Sich nicht mit dem Schein (griech. doxa) zufriedenzugeben, sondern auf dem Para-doxen zu bestehen, löst die Widersprüche des Lebens aber nicht auf, sondern verschärft sie. Die dumpfe Zerrissenheit gleicht einem Urzustand des Menschen, der hellwaches Bewußtsein erst entwickeln muß und innere Gegensätze überbrücken möchte. Borderline-Individuen machen dies der Menschheit unserer Epoche erst bewußt. Wieviel Ängste gilt es zu bestehen, wieviel Vorurteile zu überwinden, bis wir intensiv genug wahrnehmen, klar genug denken und schöpferisch abwägen und urteilen? Dieser Prozeß beginnt im Säuglingsalter, wenn nicht schon im Mutterleib, und endet erst mit unserem Tode. Meine Erfahrung mit Borderline-Menschen kann ich am einfachsten mit einem Vergleich NIETZSCHES veranschaulichen: »Man lügt wohl mit dem Munde, aber mit dem Maul, das man dabei macht, sagt man die Wahrheit.« Für jeden Tonfall, jeden Gesichtsausdruck, ja für jede äußere und innere Körperhaltung haben Menschen mit beschädigtem Selbst wohl ein besonders feines Gespür und suchen unser Herz darin. Das Herz aber ist nach einem Satz von A. De Saint EXUPERY nicht Ausdruck von Gefühlsregungen oder etwas der Vernunft Entgegengesetztes, sondern eine Erscheinungsform des Geistes.

Antennen

Stellen wir uns einmal vier, von jedem Menschen erfahrbare Situationen vor:

1. Auf einer Parkbank in der Sonne sitzen, etwas anschauen, lesen oder einfach da sein.
2. In einer aufgebrachten Menge, die wütend aus dem Stadion / einem Saal drängt, eingezwängt sein und die eigene Widerstandskraft spüren.
3. In einem Bus in der Rush-Hour unter lauter müden Fahrgästen einen Sitzplatz ergattert haben und sich dösend heimwärts schaukeln lassen.
4. In einem Zahnarztsessel angespannt liegen, aufgefordert, ruhig durchzuatmen, und der Eingriff beginnt.

Solche Situationen können uns mehr oder weniger Lust oder Streß bereiten. Auch Sie können sich vorstellen, während Sie das lesen, wie Sie körperlich, gefühls- und stimmungsmäßig reagieren würden. Normalerweise reicht unser Verhaltensrepertoire auch aus, das Beste aus jeder dieser Situationen zu machen. Damit meine ich, auch wenn wir intensiv mit uns selbst oder mit unserer Umgebung befaßt sind, reicht unsere Aufmerksamkeit auch noch so weit, daß wir z. B. nichts verlieren, nicht beklaut werden, – es sei denn wir sind sehr zerstreut oder haben Pech.

Alle vier Alltagssituationen können den Borderline-Menschen an den Rand der Verzweiflung oder sogar um das Gefühl für sich selbst bringen!

1. Er kann sich im sonnendurchfluteten Park verbrannt und eingeschmolzen, nicht nur verlassen oder angestarrt fühlen.
2. In der Menge kann er sich nicht nur fürchten, an die Wand gedrückt, sondern auch von Panik fortgerissen zu werden oder die anderen erdrücken zu wollen.
3. Im Bus auf der Heimfahrt kann er verzweifelt einem vermeintlich verlorenen Tag nachhängen. Die entspannten Gesichtszüge der anderen ringsum können ihn zusätzlich aufregen. Die Kontrolle über die Verkehrssituation an den Busfahrer abzutreten, kann ohnmächtige Wut hervorrufen.
4. Beim Zahnarzt kann sich dieses Gefühl, hilflos ausgeliefert zu

sein, bis zum sich Persönlich-angegriffen-Fühlen und Panisch-davonlaufen-Wollen steigern.

Wie wir solche Situationen und mit welchem Energieaufwand bewältigen, hängt mit unserer Grundausstattung und von prägenden Erfahrungen mit *Nähe und Distanz* ab. Seit dem Strampel-, Krabbel- und Lauflernalter haben wir an unseren inneren Antennen gebaut und bauen ein Leben lang daran weiter, um Eigenes und Fremdes richtig anpeilen zu können.

Alle vier Beispiele sind Beziehungsaufgaben, die je nach unsrer Geschichte einfach, schwierig oder gar nicht zu lösen sind. Nähe und Distanz sind mit Geschwistern verglichen worden, die im Innern eines jeden Menschen liebevoll bis zerstörerisch miteinander umgehen. Aber es ist noch komplizierter: Nähe kann einfühlsam oder verschlingend erlebt werden, Distanz wohltuend oder als Einsamkeit. Wie Geschwister im Leben, so können auch Nähe und Distanz in uns produktiv miteinander streiten: Sie kämpfen um unser richtiges Maß von Anlehnung und Abgrenzung in jeder Situation. Aber wehe, wenn sie sich, wie Geschwister im Leben auch, gegenseitig oder selbst zerfleischen? Dann wird aus Nähesucht geklammert und gesaugt und/oder aus Distanzzwang auf Teufel komm raus abgewehrt.

Nähe- und Distanzwünsche nicht ausbalancieren zu können, es aber lebenslang zu versuchen, erscheint mir so zentral für Borderline-Menschen, daß ich dieses Thema in vielen Beispielen aus verschiedenen Bereichen in diesem Buch immer wieder aufgreife. Der Mensch verdankt es seinen ausgebildeten Antennen in der Eltern-Kind-Beziehung, in der Mann-Frau-Beziehung, am Arbeitsplatz und in der Verantwortung gegenüber der Gesellschaft ebenso verbindlich wie selbständig, ebenso bindungsfähig wie autonom zu werden. Nähe und Distanz sind nicht einfach zu beherrschen, sondern eher spielerisch zu leben. So können sie ein Leben lang sinnvoll wachsen.

Wenn sie aber zu weit auseinanderklaffen, kann *ein* zerrissener Mensch sich in multiple, also mehrere Persönlichkeiten in einer Person aufspalten.

Seelisch-geistige Blutungen

Wie läßt sich die Wunde beschreiben, aus der Borderline-Menschen bluten? Sie kann mehr oder weniger offen liegen. Wenn wir uns in einen Borderline-Menschen hineinversetzen, begegnen wir in seiner äußeren Schicht zunächst Unsicherheit, Minderwertigkeitsgefühl und Weder-Noch-Logik: Nichts scheint stimmig zu sein. Auf solche Zustände bei anderen können sich viele Menschen gefühls- und verstandesmäßig noch gut einstellen. In einer zweiten Schicht treffen wir bei Borderline-Menschen auf eine merkwürdige körperliche und geistige Ungreifbarkeit, die einen beziehungslos und ratlos machen kann. In einer dritten, aber noch längst nicht der innersten Schicht bekommen wir es mit einer emotionalen Lähmung zu tun, die unmittelbar auf jemand übergehen kann. Eine Lähmung, die andere zeitweise sogar stärker ankommen kann als den Borderline-Menschen selbst.

Dahinter steht sein unerträglich schmerzhaftes Gefühl grenzenloser Verlassenheit. Nicht nur in dem üblichen Sinne: z. B. ohne Eltern oder Partner zu sein. Nein: »*Ich* bin nicht mehr, mein Sein ist nur noch Verlassenheit, mein Dasein ist nichtig, mein Sein ist Nichtsein!«, so drücken es Borderline-Menschen aus.

Wer schon in frühestem Alter seelisch zu verbluten drohte, hat sich von klein auf innerlich zu wehren versucht – aber um den Preis der Abschottung nach außen bis hin zur Selbstverleugnung nach innen. Nur so wird manchmal ein Rest von Selbstschutz gewahrt. Wie können wir das verstehen? Normalerweise sind wir gewöhnt, mit teilweise beunruhigenden Widersprüchen zu leben: zum Leben gehört die Todesseite, kein Geist ohne Körper, verbunden und doch *ganz* für sich sein können, lieben und hassen. Aus Chaos ist der Kosmos entstanden und kann wieder zerstört werden und wieder neu entstehen, – so wie der Mensch. All diese Gegensätze verleihen unserem Leben eine gesunde Spannung und Tiefe – aber nur dann, wenn in uns eine eigene Instanz unser Fühlen und Denken so regulieren kann, daß wir das aushalten. Da gilt es eine vielleicht sogar länger dauernde Unordnung zu ertragen. Zum Vergleich: wir erkennen normalerweise unser Zimmer, auch wenn es ganz unaufgeräumt ist. Unaufgeräumt kann auch ein Ich sein und kann sich in sich selbst verlieren! Um seiner nackten Existenz willen verleugnet der Borderline-Mensch seinen wahren Zustand vor sich selbst, strahlt aber zugleich aus, daß er eben nicht in Ordnung ist. Das ist kein passiver Vorgang. Borderline-Menschen haben eine Art inneren Sehens entwickelt, daß einem alltägliches Hören und Sehen vergehen kann. Sie sehen mit den Augen des in die Enge getriebenen und verängstigten Kindes, das sie vor sich selber verstecken. Aber ein aufmerksamer, nahestehender Mensch kann es spüren.

Wenn dem Borderline-Menschen erlaubt wird, z.B. in einer stimmigen Partnerschaft oder Therapie, sich zu zeigen, wie es ihm im Innersten zumute ist, läßt er etwas von seiner tiefsitzenden (Verlassenheits-)Angst und unerhörten Wut an die Oberfläche dringen und auf uns überschwappen. Ich wähle diesen Ausdruck für einen körperlichen und seelischen Vorgang in einem ganz ungewöhnlichen Kontakt. Partner oder Therapeut des Borderline-Menschen lassen unbewußt Anteile von ihm in sich eindringen und wirken. Man hat sich vielerlei Beschreibungen dieses einzigartigen Vorgangs ausgedacht: Es wird ein Übergangsraum mit mehr angstfreier Entwicklungsmöglichkeit geschaffen. Der Mitmensch wird gleichsam zu einem Container, einem Gefäß, in das elementare Ängste des Verlassenseins ausgeschüttet werden können, aber auch ungebrochene Wünsche und Sehnsüchte aus unverletzter Zeit. Nicht nur Angehörige, auch Therapeuten versuchen sich vor ihnen zugemuteten Ausbrüchen von Wut, Verzweiflung, Hunger und Neid zu verschanzen. Ich selbst bin oft vor dem anbrandenden Chaos von Haß, Schmerz und Orientierungslosigkeit in Versuche rein gefühlsmäßiger Beschwichtigung und rein gedanklicher Klärung geflüchtet. Eine Abgrenzung ist sowohl zum Selbsterhalt notwendig, als auch zur erwähnten Gefäßbildung sinnvoll. Nur so behalten wir den wohltuenden Charakter eines unzerstörbaren Modells und bleiben auf heilsame Weise Ansprechpartner. Und doch reicht das nicht zum Verstehen und klingt zu schön, um wahr zu sein. Der Kern ist, daß wir es in dem Moment, in dem Angst den Borderline-Menschen überflutet, selber mit einer Grenze (border!) zwischen oberflächlichem Abstandhalten und strudelartigem Sich-hineinziehen-Lassen zu tun bekommen, – beides wirkt für den Borderline-Menschen neu verletzend wie bei einem zur Unzeit gelüfteten Geheimnis.

Nicht zuletzt mit der Diagnose »So ein Borderline-Patient!« kann ich mich meterdick abgrenzen und diesen »unerträglichen Patienten« meine geballte Macht spüren lassen. Und nichts fürchten Borderline-Menschen mehr als das.

Ein Beispiel: *Carola*, eine 59jährige Malerin, kam häufig in freundlicher Stimmung zu ihren Einzeltherapiestunden und fühlte sich im Sitzen bei einem mittleren Abstand von mir wohl. Sie erzählte Träume, phantasierte zu ihnen, malte und modellierte. Aktuelle Erlebnisse kamen zur Sprache, Erinnerungen an früher tauchten auf... Bei all dem behielt sie mich äußerlich im Blick, sah mich aber »zusehends« mit von innen her geöffnetem Wesen an. Dann passierte es mehr als einmal, daß ihre Traurigkeit zu einem unüberbrückbaren Strom absoluter Verlorenheit zwischen ihr und mir anschwoll. Sie fühlte sich dann (was Carola mir aber erst in der nachfolgenden Stunde mitteilen konnte!) kilometerweit von mir entfernt, war unfähig, mir über diese Distanz hinweg zum Abschied die Hand zu geben.

Wie verweht hörte sie noch meinen Abschiedsgruß und ließ mich in ihrer Phantasie mit der an dem betreffenden Tag von ihr ausgeflossenen Angst zurück. In der Anfangszeit bereitete ihr das zusätzliche Schuldgefühle bis hin zu der Befürchtung: ich würde sie nicht mehr »sehen« können und wollen – in des Ausdrucks doppelter Bedeutung. Wenn ein Borderline-Mensch Ängste aus seiner abgrundtiefen Verlassenheit aufsteigen läßt, sie dem Therapeuten preisgibt, kann das neue Angst, nämlich die vor völliger Vernichtung auslösen. Carola meinte im Nachhinein: »Es war erlösend für mich, daß einer endlich hält und verwahrt, was ich überhaupt nicht halten konnte, bis ich richtig begreife. Dann packen wir's nochmals aus. Aber eine Verunsicherung blieb bis zum Schluß der Therapie, wenn auch Vertrauen und neuer Boden schon gewachsen waren.«

Sobald Carola eine tieferliegende Tür zu in sich gespeicherter Wut und Enttäuschung zu öffnen wagte oder ein Fenster sorgsam gehüteter Sehnsucht und Liebe, verlor sie leicht den Kontakt zu ihren Körpergrenzen, zu ihrem Alter und ihrem Geschlecht: Sie konnte dann gleichzeitig stecknadelkopfgroß oder raumausfüllend sein, aber sich dabei nicht »einkriegen«. Sie konnte ein Baby und steinalt, vielleicht noch ungeboren und jahrhundertealt sein... »wo beginne, wo höre ich auf, wann bin ich ganz?!« Für Carola war es enorm wichtig, einen eigenen Weg zurück in ihren Körper als Frau und Mutter zu finden, um sie selbst zu werden, sich auszuhalten und zu halten, sich ihres Körpers zu erfreuen und Intimität neu genießen zu können. In meiner Person und Eigenart ängstigten mich solche Begegnungen manchmal sehr, und ich bin bis hinein in das Schreiben dieser Sätze versucht, mich auf einen unverrückbaren Standpunkt des Nicht-Verrücktseins zu stellen.

Dazu meinte Carola später: »Wenn Sie sich auf einen scheinbar oder anscheinend unverrückbaren Standpunkt stellten, hat mich das zugleich erzürnt und Ihnen verbunden. Einerseits fand ich Sie aus meiner hilflosen Perspektive klar und richtungsgebend, andererseits autoritär und überlegen. Letztlich mußte und wollte ich das als Instanz in mir selbst kräftigen, so klar zu denken und zu fühlen wie Sie. Es dauerte lange, bis ich mir genau das herausholen konnte, was mir guttat.«

Was mich immer fasziniert hat, sind die wahrhaft sensiblen Fähigkeiten von Borderline-Menschen, andere Menschen und ihre Geschichte unbewußt in einer Tiefenschärfe und Vielgestaltigkeit zu erfassen. Dank des »Sehens« von Borderline-Menschen habe ich – auch wenn wir uns vorübergehend aus den Augen verloren – von jedem von ihnen über mich dazugelernt.

Worauf basiert diese fast übersinnliche Gespürigkeit?

Versetzen Sie sich doch einmal in die Weltsicht eines kleinen Kindes, das noch nicht sprechen kann, liebe Leserin und lieber Leser! Wie wird Ihnen zumute? Eine Flut von Sinneseindrücken, Tausend kleine Erlebnisse, vieles davon zum allerersten mal, durchpulst Sie, wird von Ihnen gefiltert und verarbeitet. Es entsteht ein wahres Kunstwerk von Zuordnungen und Durcheinander, Bewertungen, Vermutungen, Erwartungen – ein ganzer Kosmos. Wie sehr Babys auch pressen und zischen, vor Wonne stöhnen und glucksen, niemand versteht sie eindeutig und so »ganz richtig«. Alles in ihnen webt und wabert, aber sie geben keine Erklärung ab, stellen keine tiefschürfenden Betrachtungen an. Außer Fotos und Videos nichts für die Nachwelt. Beginnt das eigentliche Leben, wenn ich sprechen kann, oder ist das Leben von Anbeginn an Sprache?

Mit der gesprochenen Sprache geht schrecklich viel von dem verloren, was wir niemals werden ausdrücken können. Auch Dichter und Schriftsteller können mit Worten nur einen Bruchteil der Erlebnisfülle vermitteln, die ein kleines Kind durchströmt, weil es erlebt und zugleich Teil des Erlebnisses ist. Ein kleines Kind macht sich noch nicht zum Subjekt gegenüber einem mit Abstand betrachteten Objekt, sondern taucht völlig in es ein. Schauen Sie sich mit den Augen eines Kleinkindes ein Gemälde von Rembrandt oder Picasso an! Es geht nicht um die Analyse der Farben, Linien und mutmaßlichen Abweichungen von der Realität. Daß uns im späteren Leben ein solches Bild erschreckt, ergreift oder erfreut, wurzelt in unserer Fähigkeit, uns von vorsprachlichen Schichten in Bildern berühren zu lassen. Bilder »sprechen« uns am stärksten an, wenn die Grenze zwischen unserem Wahrnehmen und dem wahrgenommenen Bild zeitweilig aufgehoben ist. Sprache ist definiert (Abgrenzung!) durch die Spaltung von Subjekt und Objekt. Bilder und Musik leben aber von der Nicht-Abgrenzung zwischen ich innen und außen. Die Verbindung können auch Erwachsene wieder erleben und können so zur höchst lebendigen Beziehungsaufnahme zur Welt wie als Kleinkind gelangen.

Es scheint so, daß sich Borderline-Menschen ein Gutteil mehr aus diesen vorsprachlichen Weltbezügen erhalten haben als der Durchschnittsmensch. Was ihnen an verstandesklarem Durchblick, an angstfreier, objektiver Stellungnahme fehlt, haben sie anderen an atmosphärischem Gespür, an Eingebung überraschender Zusammenhänge und an einer Fülle sicher nie katalogisierbarer innerer Bilder, an Zwischentönen und besonderen Akzenten voraus. Warum erinnern unter Kunstsinnigen und künstlerisch Schöpferischen etliche wesensmäßig an Borderline-Menschen? Vielleicht sind sie durch ein Leben, das gezwungenermaßen aus Gründen der inneren Haltsuche mehr außerhalb ihrer selbst gelebt wird, sogar lebendiger, offener, schwebender und origineller geblieben als manche andere. Das ist die großartige Seite und Botschaft dieser seelisch-geistig blutenden Borderline-Menschen. Mitunter sind sie Künder eines Denkens, das im Zentrum Überlebenschancen bedenkt. Sie sind geistige Warner vor Sinnverlust in materialistischer Zeit. Einerseits ist ihr Leben ein Schrei nach Beziehung. Andererseits leben sie alltäglich mit der Angst vor Verschmelzung. Diesen

Widerspruch auszuhalten, kann an die seelisch-geistige Substanz, ja bis an die Grenze des innerlichen Verblutens gehen.

Dies ist nicht nur ein persönlicher Vorgang. Ich sehe ihn parallel zu einem weltweiten kulturellen Aufbruch, durch Öffnung nach innen und außen, uns in unseren Wertvorstellungen und (Vor-)Urteilen erschüttern zu lassen und neu zu orientieren, ohne die Balance zwischen Verbundenheit unter den Menschen und Respekt vor Bedürfnissen des einzelnen zu verlieren.

Vom Ahnen zum Wissen

Ein Talmud-Kommentator erzählt, »daß das Kind bei seiner Geburt ein universelles Wissen besitzt; doch ein Engel erscheint, legt seinen Finger an die Oberlippe des Neugeborenen, und dessen Wissen fällt dem Vergessen anheim«*.

Diese Legende läßt etwas von der Fülle schlummernder Erkenntnis, die jedem Menschen innewohnt, aufleuchten. Geweckt wird sie durch den Austausch zwischen Innen- und Außenwelt. Entscheidend wirksam dabei sind nicht die bewußten Einstellungen, sondern unbewußte Phantasien, die das Kind beeinflussen. Schritt für Schritt erobert es – mißtrauisch oder vertrauensvoll – verlorenes Wissensterrain, je nach Verläßlichkeit von Mutter- oder Vaterboden.

Im zweiten Lebensjahr holt das Kind seine Betreuer um einen weiteren, großen Schritt ein: Es kann sich von ihnen und von sich selbst eine eigene Vorstellung machen. Erlebtes, Gedachtes, Wünsche und Befürchtungen kann es nun benennen und ausdrücken. Jetzt wird Sprache sinnvoll und möglich, wenn auch ein Meer von Bildern verlorengeht, die nicht versprachlicht werden können. Wenn ein Kind etwas formulieren kann, das heißt durch Sprache zu symbolisieren beginnt, erwirbt es einen ganz neuen Status: Es kann zu sich und der Welt Stellung nehmen. Es bleibt lebenslang teilnehmender Beobachter von sich und seiner Umgebung. Wenn aber vor der Spracheinführung das Kleinkind in seinem Entfaltungsspiel-

* Zit. nach J. CHASSEGUET-SMIRGEL, »Zwei Bäume im Garten«, 1988, S. 2

raum stark eingeschränkt wurde, wie werden dann die Eltern erst auf seine freie Selbstäußerung reagieren? Bewußte und unbewußte Phantasien der Eltern sind in der Beziehung zum Kind stark wirksam. Sie möchten an ihrem Kind vielleicht wiedergutmachen, was ihnen selbst angetan oder was bei ihnen versäumt wurde. Aber auch unerkannte, übermächtige Ansprüche vorhergehender Generationen können weit über deren Tod hinaus in den Nachkommen wirksam werden. Sich dieser unbewußten Aufträge bewußt zu werden und dazu persönlich Stellung zu nehmen, ist meiner Meinung nach eine zentrale Aufgabe im therapeutischen Prozeß. Dieser findet aber nach meiner Beobachtung und der vieler Familienforscher auch zwischen Kind und Erwachsenen statt. Die Eltern werden vom Kind ständig gefragt – zunächst indirekt, später gelegentlich auch sehr direkt: »Was wollt ihr wirklich von mir? Meint ihr, was ihr sagt? Handelt ihr aus euch selbst heraus, oder seid ihr Handlanger, und ich werde Opfer eurer Phantasien?« Manchmal sollen Kinder verstorbene Geschwister oder erwachsene Familienmitglieder ersetzen und deren Eigenschaften oder in sie gesetzten Erwartungen erfüllen, vielleicht noch überbieten. Falls die Elternbeziehung zu diesen gerade oder längst Toten zwiespältig war, kann solcher Zwiespalt das Kind innerlich spalten. Ungelöste Aggressionen oder Klammertendenzen der vorhergehenden Generation gegenüber können von den Eltern auf ihr Kind verschoben werden. Das kann sich zum Beispiel durch ein aggressives Unterbrechen beim Spielen ausdrücken, wie wir es bei Josef (S. 42) gesehen haben, oder durch eine Verhaltensmischung, das Kind einerseits sich selbst zu überlassen und es andererseits zu vereinnahmen, wie wir es jetzt von *Clemens* erfahren werden.

Clemens war 33, als er zu mir kam, noch ledig, gebeutelt von »mörderischen Beziehungskämpfen«, wie er sagte. Als Architekt konnte er sich kaum mit einer Aufgabe, die ihm gestellt wurde, identifizieren, fand seine Kollegen unerträglich spießig und war gerade wieder drauf und dran zu kündigen. Seine knabenhaft schlanke Erscheinung wirkte auf mich zerbrechlich und zäh zugleich. Sein meist offenstehender Mund drückte Staunen und Erschrecken aus. Blitzschnell konnte er ihn schließen und Lippen und Kiefer minutenlang aufeinanderpressen. Mal riß er seine Augen angstvoll weit auf, mal waren sie von einem kindlichen Lächeln umspielt, mal funkelten sie wütend aus einem zusammengekniffenen Schlitz. Unwirsch fuhr er sich mit beiden Händen durchs Haar und streckte wie zum Abstoß seine Beine von sich.

Beim ersten Gespräch mit mir äußerte er sich knapp und präzise, aber unterbrach mich mehrfach hektisch – aus Angst, von mir unterbrochen zu werden, wie er auf meine Rückfrage hin bemerkte. Dann klagte er sich an: »Ich bin so destruktiv, mache mir alles kaputt. Die letzte Stelle habe ich aus Wut über eine Kollegin gekündigt. Sie war mir vorgesetzt, traute mir zu viel zu, blieb immer freundlich, das konnte nicht gut gehen...« Ich wollte wissen: »Warum eigentlich nicht, was war der Haken?« Clemens fuhr fort: »Weil ich eine Anleitung beim Denken brauche, aber Angst habe, daß meine Ideen untergebuttert werden.« Ich meinte dazu: »Sie fühlten sich also allein gelassen und...« »Nein«, schnitt er den Satz ab, »diese Frau ist mir zu nahe gekommen mit ihrem Gelaber, das fürchte ich auch bei Ihnen!« – »Ah!« griff ich das auf, »Sie erleben mich aufdringlich?« Nach einer erstmaligen kurzen Pause fuhr Clemens ruhiger fort: »Ja, wie meine Mutter, die auf mich einredete, ohne zu wissen, was ich denke. Ich wußte es ja selber nicht. Und so geht es mir ständig.«

Obwohl es niemals Sinn und Ziel einer Therapie sein kann, die Eltern oder andere Bezugspersonen aus Vergangenheit oder Gegenwart zu beschuldigen, sondern die Nachwirkungen zu untersuchen, erscheint es oft unumgänglich, daß Menschen, die so unter Druck stehen, erst einmal Dampf ablassen, d. h. subjektiv ausbreiten, was ihnen aus ihrer Sicht angetan wurde. Diese Sicht ist oft sehr ungeordnet. Wenn Gefühle in einem Menschen Chaos hervorrufen und keine innere Klarheit vorhanden ist, um diese Gefühle gedanklich zu ordnen, kommt es in jedem nahen Gegenüber, sei es Partner oder Therapeut, zu einer Zwickmühle: Appelle wie »Hör auf damit, reiß dich zusammen!« haben oft den gegenteiligen Effekt. Aber ohne Begrenzung, gegebenenfalls Konfrontation mit den Tatsachen und Wirkungen überschießender Äußerungen geht es auch nicht. So war auch der Weg mit Clemens eine Gratwanderung, ihn als Ansprechpartner zu begleiten, aber ihn auch sich zurückziehen zu lassen, wenn er das brauchte. Bevor Clemens zu innerer Ausgeglichenheit fand, mußte er erst einmal einiges loswerden... »Ich bin fast ertrunken in einem Mischmasch aus Milch und Pisse, mit denen man mich überschüttet hat. Denken lernte ich aus den sich oftmals widersprechenden Aussagen meiner Mutter. Sie konnte mit der gleichen Inbrunst verkünden: ›Salat mit Essig kräftigt die Magennerven – erzeugt Krebs. Architektur ist ein brotloses Studium – da kannst du berühmt werden!‹ – Und wehe, ich nahm sie nicht jedesmal ernst. Das war tödlich! Ich will mir nichts sagen lassen und habe doch Angst, auf mich allein gestellt zu sein. Niemand nimmt mich als Person ernst, aber ich lasse auch niemand mehr in meine Gedanken eindringen. Meine Freundin und ich verstehen uns am besten, wenn sie strickt, und ich koche etwas, oder wenn sie an einem Artikel arbeitet, und ich bastle an einem Entwurf. Aber jetzt stellen Sie sich mal uns im Bett vor: Wir haben nie gleichzeitig Lust auf dasselbe. Es endet immer im Streit. Tödlich ist das!«

Als wir therapeutisch tiefer einstiegen, trat immer deutlicher zu Tage, daß keine Beziehung bisher »funktioniert« hatte, weil Kompromisse »undenkbar« waren. Dementsprechend suchte Clemens als Architekt seines inneren Denkens nicht eine Perspektive aus Licht und Schatten, sondern endete oft: »So geht's nicht – so aber auch nicht!« Nichts ging ohne Infragestellung, nichts verstand sich von selbst, auch das Gegenteil nicht. Dieses hartnäckige Weder-Noch ist kein laues »Jein«, sondern angstvoller Ausdruck dafür, durch Sich-festlegen vereinnahmt zu werden. So schleuderte mir Clemens allein schon in seiner Mimik und Gestik immer wieder ein wuchtiges »ich glaub Ihnen nicht, aber lassen Sie mich nicht fallen!« entgegen. Mich faszinierte seine Art, etwas unerbittlich zu Ende denken zu wollen, so daß ich immer wieder in den Strudel von gedanklichen Höhenflügen und Zusammenstößen mit ihm geriet. Eine Linie zu finden war auch deshalb schwierig, weil Clemens seiner Mutter immer noch erlaubte, sich einzumischen. Seine Angst, von ihr fallengelassen zu werden, überwogen lange Zeit seine Zweifel, was er ihr wirklich glauben könne. Sie schien gern allein zu leben und machte mit ihrer Einsamkeit Clemens doch Druck. Offenbar war dies für die Mutter die einzige Form, mit ihrem und Clemens' »Lebenstrauma« fertig zu werden: Sein Vater hatte sich kurz nach

Clemens' Geburt von einer Brücke gestürzt. Clemens kommentierte das so: »Meine Mutter wollte mich damals zurückgeben oder ihm nachwerfen, wie sie später im Zorn ausrief und gleich wieder dementierte. Ich fühlte mich immer als Last für sie, daß ich ihre Freiheit beschnitt und ihr andere Partner vermieste.«

Wie die Eltern-Ehe wirklich war, blieb für Clemens eine »black box«. Nie hatte er die Mutter weinen sehen, und von seinem Vater sagte sie nur: »Er war halt sehr krank, Rheuma, weißt du, er hat's gut gemeint.« – Mehr war nicht von der Mutter zu erfahren. Ohne Trauer und mit um so wilderen Phantasien in bezug auf den Vater war Clemens aufgewachsen. Erst in der Therapie kam immer mehr Wut gegen ihn auf, gefolgt von Traurigkeit, als seien Wut und Trauer Zwillingsgefühle. So konnte er in einem Atemzug auch mich anbrüllen »Ich hasse Sie!« und den Kopf senkend hinzufügen, »es tut mir echt leid, daß ich heut so aggressiv bin!« Wenn er jemanden verachtete, fühlte er sich sofort minderwertig. Sobald er jemanden bewunderte, stieg Arroganz in ihm auf. Er konnte dem Vater, dem Väterlichen in sich einfach keinen Platz einräumen – bis er, Clemens, selber Vater wurde. Etwa ein Jahr nach Therapiebeginn wurde er »schwanger«, wie er es in einer ihm eigenen Mischung aus Stolz und Kleinmut nannte. Sechs Jahre hatte es mit seiner Freundin ein ständiges Trennen und Wiederfinden gegeben, beide verzweifelt und besessen von Bindungssehnsucht und Bindungshorror. In dem Maße, wie er zu akzeptieren lernte, »meine Eltern haben mir das Leben gegeben, den Rest muß ich selbst besorgen«, konnte er Vater *werden* – und die neun Monate vergingen ihm eigentlich zu schnell. Wenn seine Freundin ihn früher zurückstieß, oder wenn ich in Urlaub ging, erlebte er das als schreckliches und unabwendbares Naturereignis einerseits und als eigene Schuld andererseits. Als er Vater wurde, hörte Clemens auf, darüber zu grübeln: »Warum hat mein Vater es mit mir nicht ausgehalten? Warum konnte meine Mutter mit mir nichts anfangen?« Seine befreiende Erkenntnis, die ihm sein eigener Sohn vermittelte, war, »es muß an ihnen gelegen haben«. Er war davor gewarnt, Kinder als Kitt einer zerbrechenden Beziehung zu benutzen. Aber dieser Junge dachte gar nicht daran, Kitt zu spielen. Er war so auf sich und seine Umgebung zentriert, daß er sich holte, was er brauchte, und gab, was nur möglich war.

Manchmal brachte Clemens, zwischendurch nicht ungern arbeitsloser Hausmann, ihn mit, entschuldigend und froh zugleich. Dieses Kind konnte Clemens' Zweifel »bin ich ein genügend guter Vater?« mit einem Lächeln immer wieder besiegen und sich selbst Aufmerksamkeit und Orientierung verschaffen. »Jonas, mein Walfischkind«, wie Clemens liebevoll ihn in der Luft nachzeichnete, wurde unabgesprochen und unersetzbar mein Co-Therapeut in der Behandlung seines Vaters. Dessen Denkvermögen und Gedankenfülle zerbarsten nicht mehr zwischen Mißtrauen und Angst. Schritt für Schritt, mit seinem Sohn mitwachsend, konnte Clemens seine Energien in Arbeit und Beziehungen einströmen lassen und trotzdem zu sich finden und bei sich bleiben. An seinem Sohn erlebte Clemens zwei heilende Vorgänge, wie er es selber später nannte: Erstens konnte er sich gar nicht genug wundern und freuen, aber auch ärgern und fürchten, wie autonom sein Sohn von Geburt an war, wo er es seinen Eltern leicht machte, ihn zu lieben, und wo er sie in die Enge trieb, daß sie ihn vorübergehend haßten! Genau darauf einzugehen, empfand Clemens als nachträgliche Chance, etwas für das kleine Kind in ihm selber nachzuholen. Zweitens akzeptierte Clemens innerlich zunehmend, daß es für ihn als Erwachsenen heute nur die Wahl gab, sich und seine Umwelt zu verdammen oder sich selbst Vater und Mutter, Geschwister und Partner zu werden, wie er sie in der jeweiligen Lebenssituation gerade benötigte. Dies ließ sich auch am Wandel unserer Beziehung ablesen. So schwer er sich oft mit mir als realer Person getan hatte, so erstaunlich autonom konnte er von mir als innerem Begleiter profitieren.

Was ich im Laufe der Jahre häufiger mit *Müttern* erlebte, die während ihrer Psychotherapie kleine Kinder hatten oder auch erst bekamen, trat in beglückender Weise auch bei Clemens ein: Erst standen zwar die Schrecken der eigenen Kindheit nochmals qualvoll auf. Dann aber verblaßten die Schatten der Vergangenheit und ans Licht traten angesichts des unbefangen lebendigen eigenen Kindes frühere glückliche Erlebnisse von Clemens als Kind selbst. Ein großes inneres Aufräumen und gedankliches Umbauen setzte ein. So konnte Clemens im Zusammenleben mit einem Liebe ausstrahlenden und ausreichend geliebten Kind etwas an sich selber gutmachen. Wie von selbst entfaltete auch seine Freundin immer positivere Seiten, indem sie zugleich beweglich und gut abgegrenzt auf Clemens einging.

Ich habe viel vom Unterscheidungslernen des Kindes im zweiten Lebensjahr geschrieben: zwischen ich hier und er da/sie da, zwischen wahrem und falschem Selbst, zwischen dem Eigenen und dem Fremden. Was läuft eigentlich in dieser Beziehung in einer Therapie ab? Nichts anderes als was im zweiten Lebensjahr fällig gewesen wäre, möchte ich etwas zugespitzt sagen: Der Therapeut pendelt zwischen zwei Verstehenspositionen. In der einen nimmt er am Erzählten und am frei in der Therapiesituation Gespielten des Patienten teil. Der Therapeut wird sich dabei mit dem Erleben des Patienten identifizieren, ohne darin aufzugehen, ohne etwas zu werten oder vorschnell zu deuten. Er stellt sich dabei auf sein eigenes Unbewußtes ein, in dem oft mehr Platz für alles Fremdartige im Gegenüber zur Verfügung steht, als er im gedanklichen Bewußtsein für einen so schwierigen Patienten zulassen kann. Er kann versuchen, das, was hinter dem Gesprochenen entsteht, unverstellt ins Bewußtsein aufsteigen zu lassen. Dadurch wird das zuvor Erfahrene benannt, ein Prozeß von Vertrauen und gedanklicher Klarheit entsteht, und Patient und Therapeut können sich auf diesen zwei Ebenen austauschen. Erinnern wir uns an die Entfaltung des kindlichen Selbst im Austausch mit den Eltern, die aufmerksam und intensiv genug das Kind begleiten, bis es sein eigener mutiger und verläßlicher Beobachter geworden ist. Nicht mehr und nicht weniger ist auch in einer Therapie möglich und nötig. Solche Nachreifung ereignet sich natürlich auch in erfüllten nahen Beziehungen anderer Art.

Gedanken nach dem Absturz

So könnte ein Borderline-Mensch die nachfolgenden Gedankenfetzen meiner Phantasie nach in seinem Tagebuch überschreiben. Welt und eigene Person werden ja nicht nur verzerrt wahrgenommen, sondern bis zur Erträglichkeit mißtrauisch bedacht. Überwach und hellsichtig werden Gefahren im Innersten vorweg erlitten, gegenüber denen sich andere Menschen frühzeitig vorbewußt mit ihren

Filtern und Antennen abschirmen. Dabei handelt es sich um äußere Vorgänge, die gewöhnlich für andere zu keimhaft unscheinbar oder zu global aussichtslos sind, als daß sie viele Gedanken darauf verschwenden. Sind Borderline-Menschen Vordenker in einer bedrohten Welt oder Nachdenker unserer Realitätsverleugnung?

Wer bin ich? – Gott, Teufel, nichts, alles!
Ich kann mich nicht in Worte fassen, ich kann mich nicht fassen.
Alle Vorübergehenden sind. Ich weiß nicht, ob ich bin.
Ich weiß nicht, was das ist »ich bin«, und zwar in dem Augenblick, wo ich endlich meine, ich bin.
Wenn ich Schmerzen habe, spüre ich mich. Bliebe doch ein Gefühl ohne Schmerz!
Wenn ich Liebe mache, lebe ich, danach bin ich ganz leer, tot.
Wenn ich liebe, sterbe ich, das heißt: bevor ich sterbe, habe ich eine Chance zu leben.
Ich darf nicht an das Schöne, das Angenehme, an das Leben der andern denken, sonst geht es weg, sonst vergehe ich.
Ich darf nicht vertrauen, denn vertrauen heißt, sich zum Abschuß freigeben und abstürzen.
Ich denke, also bin ich noch.

Ich gehe nicht zurück auf die Schaukel.
Die Sonne scheint fahl.
Die Berge erheben sich drohend.
Die Flüsse erstarren.
Der Mond raubt mir den Schlaf.
Frauen sind wie Glas und zum Zerbrechen da oder sie zerbrechen einen.
Männer sind das Brot, das sie verdienen, und werden aufgegessen.
Der bewunderte Kreislauf des Lebens ist in Wahrheit der Kreislauf des Todes.

Vertrauenssplitter

Nachdem ich immer wieder vom Bruchstückhaften im Denken und Dasein des Borderline-Menschen schreibe, möchte ich eine Lanze für das Wertvolle an Gedankensplittern brechen. Kinder lieben Puzzles – und wehe, man hilft ihnen im unrechten Moment, statt mit ihnen die Spannung zu teilen, wie das Fehlende aussehen könnte. Auch wenn es schon ziemlich klar ist, was das Ganze darstellt, sind es in der Phantasie vielfältigere Farben, Linien und Inhalte als dann in der einen, tatsächlichen Ausführung. Dieses Gefälle zwischen winzigen konkreten Anhaltspunkten und scheinbar unbegrenzten Möglichkeiten ist um so größer, wenn fast alles fehlt. Genau in dieser Ausgangslage ist es ja das Kind, das zu sprechen beginnt. Der Erwachsene darf weder zu früh ein fehlendes Wort nennen oder einen vom Kind begonnenen Satz vollenden. Er darf es aber auch in seinem »Sprachlabor« nicht alleine schmoren lassen, bis es den gedanklichen Faden verloren hat. Wir alle kennen umwerfende Neuwortschöpfungen, abgekürzte Redeweisen, genial vereinfachte Grammatik und bildhaftes Umschreiben von Abstraktem! Und wiederum geht mit zunehmender regelhafter Benutzung der Sprache ein Stück aus dem vorsprachlichen, viel umfangreicheren Puzzle der Ausdrucksmöglichkeiten verloren. Hier einige Beispiele:

»Mama haut nicht« bedeutet: Mama ist nicht gegen mich, soll nicht dagegen sein; benannt wird die schärfste Form mütterlichen Dagegenseins.

»Mama da«: Mama ist da, Mama war da, Mama soll da sein, Mama wird da sein. Zeit und Ewigkeit verschmelzen.

»Mama Egon«: Mama ist für Egon da, Mama meint Egon, Mama liebt Egon, Mama wird Egon nie verlassen.

In solchen Zwei- oder Dreiwortsätzen ist Gefühl und Beziehung alles. So kurz und knapp gefaßt wird Vertrauen gesammelt und nicht durch Vielwörterei schnell wieder entleert.

Das Märchen vom Fenster

Es war einmal ein Fenster. Sein Glas schien durchsichtig und war ziemlich dünn. Der Kitt in den Fugen zwischen Rahmen und Glas war weich und etwas wenig, der Rahmen ungreifbar.

Es dauerte nicht lange, da rissen die Menschen das Fenster auf und schlugen es zu. Plötzlich fiel ein Teil der Scheibe heraus. Das wurde so schnell wie möglich mit Pappe ersetzt. Pappe ist besser als sein Ruf: zwar undurchsichtig, aber auch undurchlässig und vor allem unzerbrechlich. Später wurden diesem Fenster andere ganze Glasfenster vorgehalten: »Schau mal, der oder die ist nicht von Pappe.« Ein andrer Teil bekam schon in ganz jungen Jahren Sprünge. Das wurde zunächst interessant gefunden. Später störte es die andern zusehends und das Fenster selbst natürlich auch.

In einen weiteren Teil wurde ein Stein geworfen, es bekam auf einmal ein Loch. Man ließ es so. Scheibe raus, neue rein, wozu? Durch das Loch pfiff der Wind, und es ließ sich gut hindurchspukken. Einmal schnitt sich jemand an seiner Öffnung und blutete, da wurde es überklebt. Das gab Halt. Wenn man einem Kind den Mund zuklebt, stabilisiert das seine Gesichtszüge.

Auf einen noch heilen Fensterteil kackte ein Vogel, natürlich unabsichtlich. Er muß sich fürchterlich erschrocken haben, als er mit seinem spitzen Schnabel anstieß. Wer könnte er gewesen sein?

Später hieß es dann: »Halt den Schnabel!« An dieser Stelle bekam das Fenster einen blinden Fleck. Der blieb auch, nachdem Regen und Wind sich freundlich zusammengetan hatten, die Vogelscheiße abzuwaschen. Der Regen lockerte sie rhythmisch trommelnd auf. Der auf und ab singende Wind wusch sie sanft ab. Einem Kinderpopo könnte nichts Liebevolleres geschehen. Wen wundert's, daß es zu den schönsten Fenstererinnerungen gehört? Der Regen, der Wind und das Fenster, die drei sangen zusammen. Wenn der Wind alleine ein Wiegenlied summte, dann erschimmerte das Fenster und sein blinder Fleck leuchtete. Wenn der Regen ungestört ein Liebeslied plätscherte, erklirrte es so stark, daß es um sein Fensterleben fürchtete.

Später hörte das Fenster nur noch Weihnachts- oder Abschiedslieder. Sein Kitt begann, kaum hart, schon bröselig zu werden und unaufhaltsam zu bröckeln. Jetzt, da es erstmals leben wollte, da spürte es, wie es mit ihm im Nu zu Ende ging. Jemand muß es ausgewechselt haben. Es gibt nur noch Scherben:

- eine Scherbe zum Schaben, sehr nützlich!
- eine Scherbe zum Schneiden, Vorsicht!
- keine Scheibe zum Durchschauen; denn der Rest kam in den Container für Weißglas (eigentlich nur für Flaschen) zum Recycling. Das sind ja Aussichten.

Wenn es wieder auf die Welt kommt, möchte das Fenster ein Brennglas werden – oder die Scheibe eines Feuermelders. Ist das wirklich alles? Nein, es möchte eigentlich der Alarmknopf hinter den Scheiben von Feuermeldern werden. Oder – wenn das nicht zuviel verlangt ist – das Feuer selbst, aber eins, das wärmt.

6. Kapitel
BEZIEHUNG

Intimität und Sexualität

Dialog

A: Vergiß mich!
B: Ich kann dich nicht vergessen.
A: Vergiß mich nicht!
B: Ich verspreche nichts.
A: Betrüg mich doch, wenn du kannst!
B: Willst du gehen?
A: Verlaß mich nicht!
B: Ah, jetzt hab ich dich.
A: Nein! *Ich* gehe.
B: Vergiß es!

Urlaubsträume einer Grenzgängerin

Die verstaubten Fenster des Großraumbüros sind nicht zu öffnen. Auch heute, an einem schönen Sommertag, kommt Kunstlicht von der schallschluckenden Decke. Entsprechend niedrig ist der Geräuschpegel, sogar die Faxe rattern gedämpft vor sich hin. Es piept aus vielen PCs. Vor einem sitzt die blasse, hochgewachsene *Irene.* Sie dürfte Mitte 20 sein. Vornübergebeugt streicht sie immer wieder mit einer Hand aschblonde Strähnen aus ihrem Gesicht. Mit der andern Hand spielt sie nervös mit der Maus ihres PCs, starrt und sinniert vor sich hin:

»Ich möchte auch in Urlaub fahren. Na, wozu eigentlich? Es wird bloß eine Pleite. Alle hatten schon Urlaub, bevor ich jemanden fragen konnte. Ach, es hätte ja doch niemand mit mir fahren wollen, oder so jemand wie diese Ziege letztes Jahr, die nur in Museen und Kirchen latschte. Sie ist nicht *einmal* mit mir zum Tanzen ausgegangen. Aber wer weiß, ob jemand mit mir getanzt hätte, so wie ich drauf bin. Außerdem gab es in diesem Kaff lauter langweilige Typen; die haben mich überhaupt nicht angemacht. Diesmal geht's anders lang: Ich werd alleine fahren! Um Gottes willen, das ist ja ein Untergangsprogramm! Nein, es darf keine einsame Insel und auch kein überfüllter Strand sein, sonst krieg ich Platzangst!

Auf nach N., da soll's toll sein! Was heißt schon toll...«

In N.

Am ersten Abend erlebt Irene den Untergang der Sonne, vor die sich immer wieder Wolken schieben, als böses Vorzeichen, und denkt, daß sie in diesem Urlaub baden gehen wird. In der Nacht hat sie einen Traum: Es ist eiskalt, das Meer spiegelglatt. Sie sitzt oder vielmehr liegt in einem weißen Motorboot, das von niemandem gesteuert über die See dahinflitzt. Sie versucht sich mit beiden Händen krampfhaft festzuhalten, weil das Boot immer wieder wie im Fluge abhebt und hart aufkommt. Auf einmal überschlägt sich das Boot, und Irene wird herausgeschleudert. Sie kann nicht schreien und bekommt keine Luft, fällt ins Bodenlose, erwacht voller Angst. Trotzdem schläft sie bald wieder ein und träumt nochmals: Wieder ist sie allein im selben Boot, aber diesmal steuert sie es. Sanft hebt und senkt sie sich mit den Wellen. Das Steuer hängt an einer Hand, die andre bewegt sie in der warmen Brise. Da erkennt sie in der Ferne einen Felsen aus dem Meer aufragen und hält darauf zu. Eigentlich möchte Irene wenden oder wenigstens vorbeifahren. Aber wie magisch angezogen rast sie auf das Hindernis zu und erwacht, kurz bevor sie mitsamt dem Boot aufprallt. Nach diesem zweiten Traum kann sie nicht mehr einschlafen, zündet sich eine Zigarette nach der anderen an und geht entnervt zum Frühstück, nur um aus ihrem »Alptraumzimmer« rauszukommen. Auf dem Weg aus ihrem Hotel schwört sie sich, auf keinen Fall Boot zu fahren.

Nun will sie so schnell wie möglich jemanden kennenlernen, um nicht allein zu sein. Jemanden anzusprechen ist Irene noch nie schwergefallen, solange es nicht ernst wird. Wie wär's mit dem – etwa gleichaltrig, gutaussehend, freundlich, nicht in Eile, nicht ohne Ziel. Sie schaut ihn von der Seite an, kein Mißtrauen regt sich bei ihr. Sie rückt ihre Sonnenbrille zurecht, versucht sich von ihrer Hast auf sein mittleres Tempo zurückzuschrauben und fragt ihn, wo's Sonnenöl gäbe, ob das Wasser warm sei, ob er's wirklich nicht eilig habe. Der junge Mann blickt sie lächelnd fragend an und spricht etwas in Italienisch, was sie nicht versteht. Sie fragt ihn nach seinem Namen, den er auf einen Zettel notiert, und sie kritzelt ihren dazu. Sie starrt auf den Zettel. Viele Menschen um sie herum. Irene weiß: »Ich muß jetzt dranbleiben oder…« Sie hält sich immer noch an dem Papier fest, hat Angst vor ihrer eigenen Courage. Der andere ist einen Moment stehen geblieben, geht ein paar Schritte, schaut zwischen ihr und einem ankommenden Bus hin und her, springt auf, winkt noch einmal zurück und weg ist er. TOMMASO liest Irene, indem sie mechanisch die Buchstaben entziffert und große Mühe hat, das Bild des Schreibers festzuhalten. Sie empfindet die Menge der Leute jetzt wie ein belebendes Bad. Für Irene steht fest: »Der ist's, der muß es sein!« Wozu jetzt Sonnenöl kaufen? Sie wiederholt seinen Namen, versucht sich an seinen Blick zu erinnern. Sie ist ungeübt, sich jemand auf Anhieb einzuprägen. Normalerweise schaut sie weg, wenn jemand sie anblickt. Sein Gesicht nimmt vielerlei Gestalt an. Schön war's jedenfalls. Aber er kann doch nicht weit sein! Sie nimmt den nächsten Bus an der gleichen Stelle, aber der biegt ganz anderswohin ab, also wieder raus, aber wohin jetzt?

Die Leute scheinen hier alle jünger und freundlicher zu sein als zu Hause, viele lächeln wie Tommaso, kommt ihr vor, aber keiner ist so schön wie er. Die Tausende von Menschen, die jetzt in der Mittagszeit unterwegs sind, schwellen für Irene auf Millionenstärke an. Obwohl sie seit Stunden in der ihr unbekannten Stadt umherirrt, verspürt sie weder Hunger noch Durst. Den Zettel fest in ihre Hand gepreßt, klebt ihr die Zunge am Gaumen, wenn sie seinen Namen aussprechen will. Ihre Beobachtung zersplittert sich auf ein Dutzend »Tommasos«.

Der könnt es sein. Nein, der dort ist ihm noch ähnlicher. Aber der Mann da geht wie Tommaso. Sie versucht nun seinen Gang zu erinnern und nachzuahmen. Sie hebt ihre Beine anders. Ja, so geht ein Tommaso. Sie wächst. »Schließlich ist er fünf (oder zehn?) Zentimeter größer als ich.« Wenn sie so bewußt als Tommaso schlendert, fühlt sie sich fremd und vertraut zugleich. Jemand schaut sie bei ihren Gehversuchen komisch an. Obwohl sie sonst vor solchen Blicken in den Boden versinkt, fühlt sie sich jetzt stark in Tommasos Haut. Die Angst, ihn nicht zu finden, verflüchtigt sich. »Er ist ja da, ich bin's«, spürt sie umrißhaft. Nein, sogar etwas von Irenes innerer Leere ist Tommaso gewichen. Er füllt ihren Körper mehr und mehr aus. Er ist es, der jetzt freundlich lächelnd einen Cappuccino bestellt, schlürft, genießt, ja, in vollen Zügen genießt. Wo hat es das zuletzt gegeben? Aber Irene erlebt nicht Ort, nicht Zeit, nur Tommaso.

Es geht auf fünf Uhr zu. Seit vormittags ist sie ununterbrochen auf den Beinen: sie, die doch meist hinter der Schreibmaschine sitzt. Der Stuhl im Café lädt zur Entspannung ein. Sie streckt die Beine etwas aus und fühlt den Atem, die Brust hebt und senkt sich, »ich lebe«. Einen Moment lang, aber einen wunderbaren, steigt das Bild von ihrem Vater beim Mittagsschlaf auf: Sie kann höchstens drei gewesen sein. Damals beobachtete Irene, wie sich Papas Brust hob und senkte, wie von selbst, und warmer Atem strich leise durch seine erhabenen Nasenflügel. Er lebte. Vorsichtig hatte sie ihren Finger in Papas Atem gehalten, es kitzelte. Das also war »Leben«. Hatte schnell den Finger vor ihre eigene Nase gehalten: nichts. Abwechselnd ihr Händchen auf seine und auf ihre Brust gelegt. Bei ihr wieder kein Lebenszeichen. Tränen waren ihr herabgestürzt, sie hatte versucht, keinen Ton von sich zu geben; denn Papa konnte fürchterlich aufbrausen, wenn er beim Mittagsschlaf gestört wurde. Nun war er doch aufgewacht und hatte sie ausgelacht, als er von ihren »dummen Experimenten« hörte.

Plötzlich fuhr Irene hoch. Hatte sie nur gedöst oder geträumt? Der Ober stand vor ihr und fragte, ob sie noch einen Wunsch habe. Da schrie sie »Nein!!!«, daß er verstört einen Schritt zurückwich. Irene knallte das Geld hin, sprang auf und begann zu rennen, erst ziellos, dann Richtung Strand. Ihre fast den ganzen Tag über gehobene, wenn nicht abgehobene Stimmung war wie ausgewechselt. Wut stieg in ihr auf: »Ja, ich lebe. Ist das Leben??? Ich bin Irene, ein Nichts, kein Hauch von Tommaso, und überhaupt werde ich niemals eine Beziehung haben, die mir erfüllt, was ich mir verspreche. Wenigstens werde ich nicht weiter Tommaso suchen.«

Inzwischen war Irene zum erstenmal am Strand angekommen. Das Meer war starr wie ein unendlicher, chaotischer Bretterhaufen. Die rotglühende, untergehende Sonne würdigte sie keines Blickes. Irene musterte nur die vielen Motorboote. Die hatte sie sofort gefunden, als wäre sie heute nacht im Traum schon hier gewesen. Ihr Plan stand fest, sie brauchte jetzt nur noch ein weißes Boot – den Felsen würde sie schon so treffen, daß es diesmal kein böses Aufwachen und keine gauklerischen Tagträume mehr gäbe! Entschlossen schritt sie auf ein bestimmtes Boot zu. »Habe ich darin nicht schon heute nacht gelegen?« Der Besitzer trat gemächlich herzu: »Meine Dame, wir haben schon geschlossen, morgen wieder, kommen Sie morgen wieder.« Irene hörte ihn wie von weit draußen vom Meer und versteinerte. Aus ihrem Augenwinkel, der zur Felsspalte geworden war, wagte sie einen Seitenblick, und der Bootsvermieter fuhr fort: »Aber was ist denn, geht's Ihnen nicht gut? Darf ich Ihnen ein Glas Wein anbieten? Ich heiße Tommaso.«

Intimität und Mutterbindung

Hans ist ein attraktiver und erfolgreicher Enddreißiger, Kaufmann von Beruf, ist verheiratet und hat eine 9jährige Tochter.

Nach mehrjähriger Psychoanalyse wurde ihm Gruppentherapie, und zwar Psychodrama, empfohlen. Gründe, teilzunehmen, nannte er genug: Obwohl er sein Geschäft erfolgreich führte, wollte er jeden Tag »den Laden am liebsten hinschmeißen«, weil er sich beruflich nichts zutraute. Wenn er seiner lebhaften Tochter zum falschen Zeitpunkt etwas verbot oder erlaubte, konnte er sich das tagelang nicht verzeihen. Mit den schlimmsten Selbstvorwürfen aber quälte er sich, ob er zu irgendeinem Zeitpunkt seine Tochter konkret oder indirekt sexuell mißbraucht haben könnte. Auch seine Frau, die in diesem Punkt sehr kritisch und aufmerksam war, konnte Hans nicht beruhigen. Er selbst – Einzelkind – war von seiner Mutter sexuell mißbraucht worden. Wie ihm unter größtem Schmerz bewußt wurde, hatte sie ihn nicht nur mit einer Stricknadel abtreiben wollen, sondern hatte ihn als Kleinkind bis zum Alter von vier oder fünf Jahren masturbiert, teils unter dem Vorwand der Reinigung (dies konnte angeblich eine Stunde dauern), teils um zu prüfen, ob sein »Schwänzchen schon gewachsen« sei. Lange Zeit hatte er nur eine diffuse Mischung von Sehnsucht, Angst, Wut und Schuldgefühlen der »starken« Mutter gegenüber verspürt, die ihn als Rivalen des »schlappen, unmännlichen« Vaters aufgebaut hatte.

Bei dieser Vorgeschichte war besonderes Augenmerk auf seine Beziehungen zu den Frauen in der Therapiegruppe zu richten. Zunächst fiel auf, wie er die Frauen in der Gruppe spaltete. Die einen ärgerten sich, daß er sie ansprach, aber nicht anhörte, fühlten sich stehen gelassen oder gar verachtet. Die andern spürten seine erotische Anziehungskraft und fühlten sich teils verunsichert, teils angenehm verwirrt. In dieser Untergruppe Frauen entstand nun alsbald weibliche Rivalität um ihn, gepaart mit Angst vor ihm.

Die Gruppenarbeit förderte ganz verschiedene Überraschungen zutage: Nach kurzer Zeit ging seine kindlich erwartungsvolle Sehnsucht, in mir einen idealen Vater zu finden, in Beschimpfungen über meine »unmännliche Schlappheit« unter. Ich würde den starken Frauen in der Gruppe zuviel Raum geben und dadurch ihn, Hans, ausliefern. Ich sei unfähig, ihm da einen Weg herauszuweisen. Seine Wut gipfelte in dem Vorwurf an die Gruppe und an mich: »Ihr geilt euch an mir auf, und Sie merken und tun nichts!«

Das erschreckende Muster seiner Familiensituation spiegelte sich in seinem gegenwärtigen Bild von der Gruppe als mißbrauchender Mutter und von mir als unfähigem Vater wider. Bei aller Verzerrung gab es Wahrheitskerne im Gruppengeschehen: Nicht nur waren einige Frauen sexuell, fast alle Gruppenmitglieder waren von Hans gefühlsstark angezogen. Und ich als Leiter griff in diesem Stadium wenig steuernd oder deutend ein. Durch ein Märchenspiel entdeckte Hans selber wesentliche Zusammenhänge: Nicht ohne Angst wünschte er sich den Hänsel in »Hänsel und Gretel« zu spielen. In dem von der gesamten Gruppe sehr frei nachgespielten Märchen überließ er sich auffällig der Führung Gretels, verteidigte seltsamerweise die Stiefmutter, hinderte aber niemanden, daß sie von anderen ins Feuer gestoßen und verbrannt wurde. Die Gruppe führte außer dem leiblichen Vater, der im Märchen vorkommt, noch einen Gott-Vater ein, den Hans als »Schlappschwanz« titulierte. Sichtlich enttäuscht wandte er sich vom Vater in beiden Gestalten ab.

War ich auch mit meiner Person verwickelt und konnte den Knoten gar nicht früher lösen, so war es doch günstig gewesen, die besonderen Beziehungen zwischen Hans und den Frauen so lange anwachsen zu lassen, bis er und die übrige Gruppe gemeinsam anhand des selbstgewählten Märchenspiels die Wurzeln der Beziehungsstörung auffinden konnten. In diesem Prozeß wurde ich auch daran erinnert, daß nirgends so stark wie in der Arbeit mit Borderline-Menschen beim Therapeuten sowohl eigene Wünsche nach Macht als auch Gefühle von Ohnmacht erweckt werden und reflektiert werden müssen. Erschüttert verstand Hans, wie er im Märchenspiel getreu seiner Biographie drei Müttern begegnet war: in »Gretel« der Mutter, die ihn nie Verantwortung übernehmen ließ, in der »Stiefmutter« der Mutter, die ihn seelisch verhungern ließ, und in der »Hexe« der, die ihn mit ihrer perversen Zuwendung sexuell mißbrauchte. Der »Vater« – Fehlanzeige im Märchen wie in seiner Realität.

Meiner Beobachtung nach sind es gerade Märchen und Mythen

mit ihrer urwüchsigen »archaischen« Kraft, deren Nacherleben befreien kann. Es türmt sich etwas auf wie Urgestein, das auf einmal zu Tal stürzt – und ganz unerwartet löst sich etwas Entscheidendes auf in großer Erschütterung und Erleichterung.

Doch wollen wir auch unsere eingangs gestellte Frage nicht aus dem Auge verlieren, wie ein Mensch nach so viel Enttäuschung, Wut und Angst doch Intimität leben kann. Worunter Hans besonders litt, war sein ihm zutiefst zweifelhaftes Erleben als Mann. Nicht daß er sich über Mangel an Potenz beklagt hätte. Aber erstens fürchtete er, sie zu verlieren. Zweitens wuchs seine Angst vor jedem »Nachspiel«: Zwar erlebte er das Zusammensein mit seiner Frau als lustvoll, aber hinterher spürte er Leere statt Befriedigung. »Nach jedem Orgasmus stirbt etwas von mir, und nie weiß ich, ob ich jemals wieder ganz werde.« Mit der Zeit fand Hans heraus, daß er für jeden Geschlechtsverkehr mit seiner Frau symbolisch seiner Mutter tributpflichtig blieb. In früheren Beziehungen mit Frauen war er die Phantasie nie losgeworden, seine Mutter sei im Raum und kontrolliere, ob sein Schwanz stark genug sei, ob er's den Frauen richtig besorge, daß sie stolz auf ihn sein könne, eben nicht verächtlich wie bei seinem Vater, dem »Schlappschwanz«. Zunehmend merkte er, daß diese Kontrollphantasie in ihm selber saß, er als der verlängerte Arm seiner Mutter funktionierte und sich maßlos unter Druck setzte. Im Unterschied zu ihren intimen Vorgängerinnen konnte er bei seiner Ehefrau Halt und Geborgenheit spüren, etwas bergend Mütterliches, wie er es sich immer gewünscht hatte. In seinem Inneren tobte nun aber auch ein Kampf, den Kontrolleur in sich loszuwerden und ihn seiner Ehefrau anzulasten. Dies war jedoch kein bewußter Vorgang. Er erlebte sie so bevormundend, und je mehr er ihr das vorhielt, um freier zu atmen, desto stärker geriet sie in den Strudel der Verteidigung und Gegenvorwürfe, er sei entscheidungsunfähig und schwach. Um sich einen Rest von Intimität zu bewahren, verließ Hans sich nicht nur auf ihre Führungsrolle in der Ehe, sondern machte sich immer kleiner. Das entsprach mehr seinem Wunsch nach kindlichem Versorgtwerden als seiner verantwortlichen Rolle als Ehemann und Vater.

Durch die lebhafte Auseinandersetzung mit verschiedenen Frauentypen verschiedenen Alters und Wesens in der Gruppe konnte Hans im Laufe der zwei Jahre viel klarer erkennen, was er früher unvorhersehbar an Ausbrüchen und Wiederholungsmustern produziert hatte. Natürlich reagierten die Frauen auch aufgrund ihrer Geschichte auf ihn. Hans gewann an Selbstsicherheit und Erlebnistiefe in sich selbst, in partnerschaftlicher, väterlicher und beruflicher Hinsicht. Das klingt, so geschrieben, womöglich glatt. Wie schmerzhaft sich sein bruchstückhaftes Ich an allem rieb und verletzte, was liebevoll oder gewaltsam auf Hans zukam, war schwer vorstellbar, aber wirklich. Nicht nur Hans lernte sein Ich-Puzzle besser ordnen. Viele in der Gruppe entdeckten durch ihn und dank seiner Auseinandersetzung neue Seiten und Zusammenhänge bei sich selber. Ich fühlte mich in meiner Gruppenleitung durch Hans produktiv herausgefordert. Mir übertrug sich seine Angst, ihn ja nicht zu übersehen oder »in die Pfanne zu hauen«.

Hans war ein verläßlicher Warner vor Grenzüberschreitungen in der Gruppe. Auch Anflüge von Mißbrauch und Manipulation durch den Therapeuten oder andere Gruppenmitglieder sprach er dank seines »Frühwarnsystems« an. Nach Beendigung der Gruppentherapie drückte Hans selber es folgendermaßen aus: »Die Grundeinstellung meiner Mutter, daß ich das größte Unglück war, das ihr passieren konnte, hat mich in produktivster Weise verunsichert.«

Sexueller Mißbrauch, Inzest und Ausbeutung von Gefühlen

Über den Zusammenhang von Mißbrauchserfahrungen und Borderline-Entwicklungen von Frauen wurde in einem Forschungsbericht 1988 folgendes festgestellt: »81 % der Frauen, die als Borderline diagnostiziert worden waren, hatten in der Kindheit traumatische Erfahrungen mit Gewalt gemacht. Je früher der Mißbrauch begann, desto dramatischer ist die Realitätsprüfung gestört...«*

Inzestbetroffene, die erst in der Pubertät sexuell ausgebeutet worden sind, müssen viel seltener so massiv verdrängen. Sie ver-

* U. WIRTZ, »Seelenmord«, 1990, S. 150

leugnen nicht das Ereignis als solches, sondern nur die Bedeutung, die es für sie hat. »Man ist ohne das Leben davongekommen.« D.h. diese Menschen haben überlebt, aber wie leben sie?

Je gestörter (infantiler und beziehungsunfähiger) die Täter sind (über 90 % sind männlich), desto jünger und unausgereifter in ihrem Ich und Weltbild sind die Kinder, an denen die Mißbraucher sich vergehen. Mißbraucht wird zunächst das Vertrauen der Kinder. Denn meist handelt es sich bei den Tätern um die nächsten Angehörigen, Freunde oder Nachbarn der Familie. Reife sexuelle Beziehungen mit Erwachsenen aufzunehmen, macht den Tätern oft Angst. Mit Kindern nutzen sie ihre Machtüberlegenheit auch in den Fällen, in denen sich ein Kind widerstandslos ergibt oder gar auf Zärtlichkeit hofft. Die Folgen sind unübersehbar! Viele sagen: »Meine Kindheit ist mir gestohlen worden.« Als Jugendliche und Erwachsene fühlen sich diese Menschen oft unfähig, ihre eigenen Gefühle oder die Vertrauenswürdigkeit eines Gegenübers einzuschätzen. Da es ihnen meist unmöglich ist, Zärtlichkeit mit Sexualität zu vereinbaren, ersticken sie entweder das eine oder das andere oder beides in sich oder spalten ihre Gefühle auf unterschiedliche Personen auf.

Sie können sich in bestimmten Lebenssituationen, die unbewußt an die Schrecken des Mißbrauchs erinnern, seelisch oder körperlich gelähmt fühlen. Schon ein bestimmter Geruch, ein Tapetenmuster oder ein Tonfall können das auslösen. Das Ergebnis: extreme Selbstunsicherheit bis zu totaler Entfremdung! Auffällige Gedächtnislücken, eventuell ausgestanzt für bestimmte Personen oder Szenen, dienen dem Selbstschutz, blockieren aber auch die psychosexuelle Entwicklung. Um so beunruhigender wirken dann blitzartige Erinnerungen oder Alpträume oder das Erleben, mehrere Personen in einer zu sein. Selbst wenn unerträgliche Mißbrauchs- und Gewalterfahrungen scheinbar »vergessen« sind, kann manchmal nur noch süchtiges Verhalten mit Mitteln aller Art einschließlich Süchtigkeit nach Sex oder selbstzerstörerische Handlungen bis hin zum Selbstmordversuch (ab)gelebt werden. Nicht selten wählen Mißbrauchte einen sozialen Beruf oder wollen beruflich gar nichts mit Menschen zu tun haben.

Wenn ein homosexuell mißbrauchter Jugendlicher später Altenpfleger in einem Männerheim wird oder eine sexuell ausgebeutete Jugendliche später als Sozialpädagogin in einem Frauenhaus arbeitet, ist beides nachvollziehbar. Sich und die Anvertrauten zu verstehen und zu beschützen, sind hier oft die bewußten Motive. Nicht selten kommt es aber zur Selbstüberforderung, wenn mißbrauchte Menschen in ihrem Berufsalltag wiederum mißbrauchten Kindern, Jugendlichen oder Erwachsenen begegnen. Eine sorgfältige Prüfung des Berufswunsches und eine reflektierte Haltung während der Ausbildung und praktischen Tätigkeit können hier vorbeugen, in wiederkehrenden Gefährdungssituationen nicht zusammenzubrechen. Natürlich besteht eine gewisse Gefahr, daß es einem früher mißbrauchten Menschen unterläuft, sich unbewußt mit dem Täter zu identifizieren und so selbst zum Mißbrauch fähig zu werden. Doch sollen weder Opfer zu potentiellen Tätern bzw. Täterinnen umgedeutet, noch soll etwa Täterverhalten gerechtfertigt werden.

Hilfe benötigen aber auch mißbrauchte Menschen, die sich aus Angst oder Resignation eine berufliche Nische suchen, in der sie so wenig Kontakt wie möglich mit anderen aufnehmen müssen und dadurch in noch schrecklichere Einsamkeit und gefühlsmäßige Isolierung geraten. Das Leben gibt den Betroffenen auf, mit ihrer Geschichte und mit sich ins reine zu kommen und sich dadurch selbständiger und beziehungsfähiger zu erfahren. Dieses innere Versöhnungswerk bleibt oft bruchstückhaft.

Unter der lähmenden Nachwirkung solcher Schreckensereignisse und Fehlentwicklungen begeben sich Opfer oft erst nach jahre- und jahrzehntelangen Qualen in Therapie oder in eine Beratung, z. B. wenn es zu chronischen, auch körperlich niederdrückenden Verstimmungen, Beziehungskonflikten, vielleicht mit Erfahrungen, erneut ausgebeutet oder völlig isoliert zu sein, gekommen ist.

Typisch für einen durch sexuellen Mißbrauch zum Borderline-Menschen Gewordenen ist eine Mischung aus gestörter Identität (»Was bin ich für eine Frau? Was bin ich für ein Mann?«), Ohnmachtsgefühl, Vertrauensverlust und untergründiger Wut. Wie kann es eine innere Befreiung für ehemals Mißbrauchte geben? Manche leiden bis zur Psychose oder wie Silke, von der im folgenden berichtet wird, buchstäblich bis zum Erbrechen. Sie fragte:

»Wann hört das auf, in jemandes Macht und Bann zu bleiben – noch Jahre nach dem Mißbrauch – ein Leben lang??«

Mit 30 Jahren suchte mich *Silke*, eine ledige Grundschullehrerin, auf. Sie war schwer zu begreifen, bis ich erkannte, daß genau dies für sie lebenswichtig war: sich weder anfassen noch fassen zu lassen. Sie litt unter Freß- und Brechanfällen, Schlaflosigkeit und Stimmungseinbrüchen, die sie zeitweise für Stunden oder Tage verstummen ließen. In diesen Phasen, oder auch unabhängig davon, traten Phantasien auf, sich zu verletzen oder zu töten. In ihre Arbeit mit den Schulanfängern konnte sie sich gut einfühlen, aber schlecht Grenzen setzen. Private Kontakte blockte schon ihr Körper ab. Sie klagte über Unterleibs- und Bauchschmerzen, sobald ihr ein Mann gefiel. Sie mußte dann regelrecht wegrennen. Falls das nicht möglich war, wurde sie blaß und bleich vor Wut und »vertrieb«, wie Silke sich ausdrückte, »jeden, der so verrückt war, wahres Interesse an mir zu zeigen«. Silke hatte noch nie mit einem Mann geschlafen – seit sie im Alter von 8 bis 18 Jahren mit einem älteren Bruder Geschlechtsverkehr ausüben mußte.

Silke stammte aus einer kinderreichen Familie. Die Eltern hätten sich wenig um die Kinder gekümmert. Es gab Ohrfeigen und Klapse, aber keine zärtlichen Körperkontakte. Einfach wunderschön sei gewesen, im Arm des Bruders zu liegen und von ihm gestreichelt zu werden. Die Schmerzen, als er mit seinem Glied in ihre Scheide eindrang, habe sie in Kauf genommen. Schlimmer sei der Ekel vor seinem Geruch, seinem Samen und seinem Schweiß gewesen. Mit zunehmendem Alter habe sie sich als der letzte Dreck gefühlt und vor sich selber geschämt. »Da habe ich gelernt, mich tot zu machen, reglos alles über mich ergehen zu lassen, womit ich nichts zu tun haben wollte.« Mit diesem »Totstellreflex«, wie Silke es selber nannte, habe sie Männern auch später bei der geringsten Annäherung einen Riesenschrecken einflößen können. Sie verstand das mit der Zeit auch als unbewußte Rache am Bruder: »Schau, was du angerichtet hast!«

Daß sie sich der Mutter nicht anvertraute, hatte tiefere Gründe in einer frühen Entfremdung und im Gefühl, nicht wichtig, nichts wert zu sein. Eine schlimme Lehre war Silke auch ein Vorfall mit der

2 Jahre älteren Schwester, an der sich der Bruder ebenfalls verging. Als ein anderer Bruder das beobachtete und der Mutter berichtete, habe diese ihre Schwester verprügelt, tagelang eingesperrt und sie als Schlampe und Hure beschimpft. Der Vater erklärte dem Bruder lediglich, er solle sich vor ihr hüten! Diese maßlose Ungerechtigkeit schüchterte Silke total ein, und sie fühlte sich noch minderwertiger und einsamer als zuvor. War sie doch um zwei Illusionen ärmer, nämlich daß die Eltern sie beschützten, wüßten sie nur davon, und daß ihr Bruder nur sie allein begehrte.

Silke fühlte in der Therapie ihre damalige Ohnmacht wieder aufsteigen, erinnerte sich aber auch an ihren Selbsthaß, wie sie sich schon als Kind umbringen wollte und nach jedem Zusammensein mit dem Bruder für sich steigernde Strafen durch Hautschnitte, mit dem Kopf gegen die Wand rennen u. ä. ausdachte. Anlaß, sich in Therapie zu begeben, waren Silkes Bulimie (Freß- und Brechsucht) und ihre gefährlich zunehmenden Selbstverletzungen und Selbstmordphantasien, sobald sich ein Mann ernsthaft für sie interessierte.

In drei längerdauernden Therapieschritten gelang es ihr, sich von einem Teil ihres inneren Drucks zu befreien, sich selber zu verzeihen und anzunehmen und schließlich erstmals erfreuliche intime Beziehungen eingehen zu können. Im ersten Abschnitt ging es ums Zuhören des Therapeuten, der für sie präsent ist, ohne etwas zu wollen, auch ohne Vertrauen zu erzwingen. Sie ließ bei mir erst einmal Wut und Haß auf die Männer ab, die Gefühle mißbrauchen, innere Notstände ausnützen und Schuld- und Schamgefühle, Verzweiflung, Einsamkeit und Selbsthaß hinterlassen. Im zweiten Teil kamen neue Dimensionen von Vernachlässigung und Enttäuschung ans Licht ihres Bewußtseins: Schon die kleine Silke schien den sich bekämpfenden Eltern ein Spielball gewesen zu sein. Ohne ausreichenden Halt vom Vater fühlte sich Silke von der zu wenig schützenden Mutter als ganzer Mensch verlassen. Auf dem mühevollen Weg, sich weder durch Selbsthaß zu zerstören, noch im nachträglichen Haß gegen die Familie aufzureiben, kam ihr ein intuitiver Zwischenschritt sehr zu Hilfe: Silke gab vorübergehend ihre Stelle als Lehrerin auf und lebte in einer neuen Familie, wo sie liebevoll und heiß geliebt zwei kleine Kinder mütterlich versorgte und in deren Mutter als großes Kind ganz viel Zuwendung und Nachreifung in ihrem äußeren und inneren Wesen erfuhr. Schließlich löste sie sich in einem dritten Therapieschritt auch von mir, kam nur noch in größeren, selbst gewählten Abständen und kehrte in ihren alten Beruf erfolgreicher zurück.

Befriedigt stellte Silke von sich fest: »Meine Arbeit mit den Kindern ist fruchtbarer geworden. Ich muß mich nicht mehr manipulieren lassen und kann das ›Nein!‹-Sagen echt vermitteln. Auch verstehe ich andere besser, einschließlich Kolleginnen und Kollegen, und kann mich, wenn nötig, behaupten.«

Silke gehört also zu der Gruppe von Patienten, die es geschafft haben, durch die Bearbeitung ihres persönlichen Leidensweges die Ergebnisse ihrer Therapie auch für ihren pädagogischen Beruf nutzbar zu machen. Erst mitten auf ihrem Berufsweg ist ihr Lebensthema, mißbraucht zu werden, in die positive Erfahrung gemündet: »Ich kann mich einlassen *und* abgrenzen.« Dabei kam ihr in der Not ihre Intuition zu Hilfe, sich eine Zweitfamilie mit beglückendem Austausch zwischen allen zu suchen. Trotzdem hat es noch lange gedauert, bis sie ihre Bulimie ganz aufgeben konnte, im wahrsten Sinne nichts Unverdauliches mehr aufnehmen mußte und damit auch keine Möglichkeit mehr brauchte, etwas auszuspucken.

Lustvolle Erotik und echte Hingabefähigkeit entdeckte Silke zunächst in der Liebesbeziehung zu einer 10 Jahre älteren Frau, mit der sie 5 Jahre zusammenlebte. Dies flößte ihr ganz viel Selbstbestätigung und Selbstvertrauen ein. Gleichzeitig besuchte sie eine Frauenselbsthilfegruppe. Dort fühlte sie sich von der Gruppe ganz wie von einer alles verstehenden Mutter aufgehoben und ernstgenommen, berichtete sie in der Therapie. Nachdem sie genügend aufgetankt hatte, entwuchs Silke auch dem Bedürfnis, mit einer älteren Partnerin zusammenzuleben, und schlief erstmals mit Männern, ohne Angst, zerstört zu werden.

Dieses Einzelschicksal darf nicht auf jegliche Liebe unter Frauen übertragen werden. Nicht alle Frauen, die Frauen lieben, sind mißbraucht worden oder haben zwangsläufig negative Erfahrungen mit Männern hinter sich. Silke war es aufgrund ihrer bisexuellen Neigungen möglich, zunächst auf den sexuellen Kontakt mit Männern, aber deshalb nicht auf sexuelle Begegnung überhaupt zu verzichten.

Zu ihrer Partnerin entwickelte Silke eine seelisch heilende Beziehung, deren Zeit aber irgendwann abgelaufen war. Umgekehrt scheitern Frauen unter Umständen in Liebesbeziehungen mit Frauen, wenn sie vom Kopf her oder mit Hilfe feministischer Argumente lesbisch sein wollen, aber emotional gar nicht bereit sind. Es fließen immer viele Faktoren zusammen, wann für einen Menschen ein gleichgeschlechtlicher Partner in Frage kommt und wann nicht. Das gleiche gilt auch für die Therapeutenwahl. Manche Betroffene würden nie zu einem Mann, manche nie zu einer Frau gehen. Für Silke war beides auf beiden Ebenen möglich und sinnvoll.

Anfangs spaltete sie ihre Gefühle gegenüber Männern lange Zeit auf: Mit den einen ging sie romantisch-zärtliche, erotisch nur angehauchte Beziehungen ein, mit anderen stürmische sexuelle Verbindungen bis zur körperlichen Erschöpfung. Mit wieder anderen unternahm sie Theater- und Galeriebesuche und genoß den geistig-platonischen Austausch. Unmerklich wuchsen ihre Wünsche nach einer ganzheitlichen Beziehung über ihre tiefsitzenden Ängste, mißbraucht zu werden, hinaus. Aus bruchstückhaft glücklichen Erlebnissen baute sich Silke ganz allmählich, wenn auch mit vielen Rückschlägen, eine erfüllte Partnerschaft auf.

Nähe und Distanz in der Liebe

Luise ist 30 Jahre alt, verheiratet mit einem gleichaltrigen, beruflich gleichgestellten Mann und in einem sozialen Beruf tätig. Sie kommt wegen ihrer Angst, die Kontrolle über sich selbst zu verlieren, wenn es ihr zu nah wird. Obwohl sie in ihrer Ehe erstmals in einer Liebesbeziehung guten Boden unter den Füßen spürt, hat sie Angst einzubrechen, eben den Boden unter den Füßen wieder zu verlieren. »Mein Problem ist nicht der Geschlechtsverkehr, da fühl ich mich oft toll, sondern das Gestreicheltwerden, da entsteht schnell zuviel Nähe.« Im Hautkontakt kann sie sich schlecht abgrenzen, geschweige denn genießen. Luise bevorzugt das Kämpfen mit einem Mann. Aber gerade da hatte sie in letzter Zeit etwas erschreckt, und Kindheitserinnerungen waren aufgewühlt worden. Auf einmal spürte sie wieder ihren geschlagenen Körper, der sich nicht wehrt.

Damals waren Seele und Geist ausgestiegen, so daß Luise gerade dann nichts mehr gefühlt, gesehen und gehört hatte, wenn ihr besonders weh getan wurde.

Einige Monate vor Therapiebeginn hatte Luise an einem auswärtigen psychologischen Seminar teilgenommen, in das ein Leiter folgende Übung einflocht: »Einer versucht den anderen an die Wand zu drücken. Wer an die Wand gedrückt wird, ist tot.« Luise hatte sich für die Übung einen Partner ausgewählt, der ihr kraftvoll und sympathisch erschien, und wollte sich ganz gut spüren. Doch an die Wand gedrückt zu werden, löste bei Luise Gefühle von Verzweiflung und Wut aus. »Ich haßte ihn auf einmal und hatte den Wunsch, ihn umzubringen. Mir war danach, blindlings auf ihn einzuschlagen, ihn zu vernichten, und gleichzeitig wurde ich verzweifelt traurig und hilflos, wie nach einer Vergewaltigung. Als Person fiel mir mein Vater ein. Dabei bin ich mir sicher, daß mein Vater mich nicht vergewaltigt hat, und daß ich nie sexuell vergewaltigt worden bin. Woran ich mich gut erinnere, ist die Erfahrung, verbal vernichtet zu werden. In mir endlos erscheinenden Moralpredigten machten mir meine Eltern meine Wertlosigkeit deutlich. Ich kam mir als Kind total unliebenswert vor. Wie konnten's meine superfleißigen Eltern nur mit so einer Tochter aushalten?« Dann fällt Luise ein, wie der Vater sie mit 5 Jahren verhauen hatte, »damit ich lerne, mich zu wehren«. Zuvor hatte mich ein Nachbarsmädchen geohrfeigt. Ich hatte beides wehrlos zugelassen, als müßte es so sein. Auch die Schläge meines Vaters ließ ich über mich ergehen, zog mich in mich selber zurück, bis es vorbei war, und resignierte: ›Mir gehört es ja nicht anders!‹ Als Geschlagene wollte ich mich nur noch verkriechen und nichts mehr hören und sehen…«

Da waren wieder diese Stichworte. Bei der Durcharbeitung der Geschichte bringt Luise jetzt aus der Fassung, daß sie mehr Verständnis für die Situation des Vaters aufbringt als für ihre eigene. Luise erkennt ihn auch als geschlagen, weil mit seiner Frau, Luises Mutter, »sexuell nichts läuft«. Ob er sich an ihr, Luise, abreagiert habe? Sie wird jetzt nicht wütend, sondern fällt in Selbstverachtung zurück – ein ihr vertrautes Muster. Aber sie erkennt auch, wie sehr sie es damals, als Fünfjährige, gebraucht hätte, in den Arm genommen und gestreichelt zu werden. Sie fügt hinzu: »Da fürchtete er wohl, seine Autorität als Vater zu verlieren. Sich auf mich einzulassen, hätte ihn selber geschwächt und ihn seinen Schmerz spüren lassen. Diese Luise muß er sich vom Leib halten, später würde ich ihm gefährlich werden können als Frau!«

Ihr dämmert nun, daß ihr Grunderfahrungen an Zärtlichkeit fehlen. Durch Berührung in guten Kontakt kommen, Gestreicheltwerden ohne sexuelle Absicht, macht ihr Angst. Um das zu verstehen, müssen wir mit Luise noch einmal in die Erfahrungen körperlicher und gefühlsmäßiger Nähe in den ersten Lebensjahren eintauchen. Es ist Luises Körpergedächtnis, das allmählich die Erinnerung preisgibt, wieviel Vertrauen *sie* der Mutter vorstrecken mußte. Sie erinnert ihre Mutter als bedrückt, überfordert, rasch verstimmt und zurückgezogen. Dann habe die Mutter wieder überfallartig Forderungen an sie, das Kind, gestellt. Luise sei in keiner Trotzphase gewesen, sollte sich der Mutter und ihrem Zuwendungsbedürfnis fügen. Ihre Angst vor Nähe hat also eine väterliche und eine mütterliche Wurzel. In der Beziehung zu mir erlebe ich, beide Gefahren zu verkörpern und besonders darauf achten zu müssen, Luise in keiner Weise zu bedrängen oder zu übersehen. Luise signalisiert mir das zunehmend klarer. Für mich wird unsere Zusammenarbeit in der Therapie zur Schule der Wahrnehmung. Luise wollte gern mit einem Mann arbeiten, »auch wenn es mir schwerfällt«, und hat auch den Eindruck, daß ich sie nicht dränge, aber hat gleichzeitig Angst, von mir entlarvt und durch Kritik vernichtet zu werden! Ich lasse sie Gegenstände aussuchen, um sich mit ihrem Bild von mir auseinanderzusetzen. Sie wählt drei scheinbar rein männliche Stabpuppen:

- einen zupackenden »Teufel«: wütend, zähnefletschend,
- einen mäßig interessierten »Doktor«: klug, überlegen,
- einen vitalen »Holzfäller«: sexuell, animalisch.

Bestürzend wird Luise klar, wie sie hinter wohlwollendem und verständnisvollem Gebaren Wut, Unverständnis und Begierde bei mir wittert. Negative Seiten beider Eltern blitzen für Luise durch mich auf. Bisher waren ihre Gefühle häufig schwarz/weiß gespalten gewesen: Entweder hatte sich Luise vergewaltigt und ohnmächtig oder übersehen und verlassen gefühlt. Eine dritte Haltung drückte Luise selber so aus: »Ich bin eine Meisterin darin, zu verdrängen, mich selber zu lähmen und zu blockieren.« Auch in ihren Träumen taucht das Thema Gewalt auf, vielfach verbunden mit sexuellen Attacken.

Weder allein durch die Verarbeitung von Erinnerungen und Träumen noch durch die Klärung der Beziehung zu mir gelingt ihr der entscheidende Durchbruch. Da verliebt sie sich wieder in einen gleichaltrigen Mann und versucht seine Liebe zu gewinnen, ohne die ihres Ehemannes verlieren zu wollen.

Zwei Jahre, bevor sich Luise bei mir in Therapie begab, war es ihr Mann gewesen, der eine Freundin hatte. Teilweise überraschend sind Luises Gefühle dazu, wiederum zweischneidig, wie sie sich erinnert: »Auf der einen Seite hatte ich sehr darunter gelitten, auf der anderen Seite hab ich es fast resigniert hingenommen. Einerseits war ich erleichtert und froh, der Last der Nähe zu zweit entronnen zu sein. Andererseits kämpfte ich wütend dagegen an, aus dem Wunsch heraus, die einzige zu sein. Eigentlich ist für mich ein Dreieck lebendiger als die intime Zweierbeziehung!« Nun bahnt Luise selbst eine solche Dreiecksbeziehung an, und das beginnt so: Sie nimmt beruflich an einem geselligen Abend teil. Beim Betreten des Raumes begrüßt sie ein ihr weitläufig bekannter Kollege. Nun beschreibt sie den zündenden Kontakt: »Es war ein Stuhl frei, und er hatte den Arm auf der Lehne. Als ich da saß, gab mir die Berührung das Gefühl, hier ist gut sein. Der ganze Abend war dann eine Entfaltung von dieser Begegnung und diesem Gefühl.«

Auf der einen Seite wird die Beziehung in den nächsten Wochen immer intimer und zärtlicher. Auf der anderen Seite fürchtet Luise das Ende ihres intensiven Erlebens, wenn sie erstmals mit ihm geschlafen hätte. Aus innerer Notwendigkeit weiht sie gewollt/ungewollt ihren Mann und die Frau des Freundes in die Affäre ein. Ihr Mann kämpft um sie und betont, nur ein Willensakt könne so eine Beziehung auch wieder beenden. Aber Luise will die Frau des Freundes und seine Wohnung kennenlernen. »Damit unsere Beziehung mehr Erdung bekommt und nicht so in den Wolken schwebt«, klingt es fast beschwörend.

In dieser Zeit träumt Luise einen ihr zutiefst aufschlußreichen Traum von einem Christbaum, einem kleinen Jungen und seiner Mutter. »Der Christbaum war ein schöner Baum, noch grün und voll Saft und unten weit ausladend. Der Junge hatte Lust, den Baum anzuzünden. Er wollte wissen, was dann passieren würde. Die Warnungen und die Panik der Erwachsenen beeindruckten ihn nicht. Er zündete den Christbaum an der Spitze an...« Luise versetzte sich in einem Rollenspiel in die drei Figuren hinein und berichtet: »Als Christbaum spürte ich, wie das Feuer von oben durch den ganzen Körper drang und mich erfüllte und wärmte. Es war schön zu brennen. Eigentlich war ich ja am Schluß verkohlt, im wörtlichen und im übertragenen Sinn: Indem ich verbrannte, wurde ich ja auch vernichtet, aber ich kam mir nicht so vor. Ich fühlte mich auch abgebrannt noch ganz lebendig. Für mich als Mutter war es ein Gefühl von Glück, den Jungen in die Arme zu nehmen. Nicht nur, weil ich erleichtert war, daß ihm nichts passiert war, sondern weil ich mich über ihn freute und mich ihm nahe fühlte.« Luise hatte schon vorher vermutet, der Traum habe mit ihrer Verliebtheit zu tun. Durch den Traum und ihr Nacherleben kann Luise zur Gefahr und Chance ihrer Dreieckssituation klarer Stellung nehmen. Sie befürchtet, das Gewachsene und die Verbundenheit ihrer Ehe könne verbrennen. Dem steht der Wunsch von dem Feuer-und-Flamme-sein gegenüber, dem Hingerissen- und Begeistertsein, abgespalten in der Beziehung zum Freund.

Die Arbeit an dem Traum markiert den Übergang zu einer neuen Beziehungsfähigkeit, mit der Luise ihre Gefühle von Zärtlichkeit und das sexuelle Erleben in sich miteinander in Verbindung bringen und dadurch mit *einer* Person leben konnte. In dem unbefangenen und unbeirrbaren Traum-Kind hat sie eine Brücke zu ihrem wahren Selbst geschlagen, hat Feuer für sich selbst gefangen. In einem späteren, verwandten Traum begegnet ihr ein vierjähriges Mädchen, während der Junge im anderen Traum doppelt so alt war. Luise erzählt: »Ich unterhalte mich mit dem Mädchen und nehme es in die Arme. Es erzählt, daß es massive Schwierigkeiten in der Familie hat. Aber sie kennt auch einen Psychotherapeuten, zu dem sie gehen kann. Das freut mich, und ich bin ganz angerührt. Das Mädchen wirkt sehr selbständig, aber auch sehr einsam. Ich mag sie noch fester in die Arme nehmen, aber das will sie nicht. Sie entzieht sich. Sie ist einverstanden, mit dem Rücken zu mir auf meinem Schoß zu sitzen.«

In diesem Traum geht es einerseits um Kontakt *und* Abgrenzung zu mir, dem realen Therapeuten. Andererseits ist es Luises Thema, ihr eigener Therapeut zu sein, und diese Rolle liebevoll und respektvoll sich selbst gegenüber auszubauen. Luises überwältigender Einfall zu ihrem eigenen Traum war: »umarmt zu werden, ohne erdrückt zu werden«. Das Kind Luise und die erwachsene Luise waren in eine gute Verbindung gekommen. »Ich konnte sowohl das sich Anschauen und Umarmen, als auch das einander Halten und in die gleiche Richtung Schauen genießen. In nahen Beziehungen ist mir beides wichtig.«

In ihrer letzten Therapiesitzung bitte ich Luise, nochmals die wichtigsten Stationen ihres Entwicklungsprozesses in der Therapie psychodramatisch aufzubauen. Sie stellt drei Bilder mit Hilfe von Requisiten, die sie im Therapieraum findet, nebeneinander: 1. das Bild der toten, an die Wand gedrückten Luise und dazu die total wütende Luise, 2. das kleine Mädchen Luise auf dem Schoß der erwachsenen Luise; das Kind fühlt sich geborgen und frei zugleich; 3. Luise als souveräne, verständnisvolle Beobachterin beider Szenen. Sich selber zugewandt und mit gutem Überblick kommentiert Luise aus dieser Position: »Ich wollte immer wahrgenommen werden. Jetzt nehme ich wahr – und ich mag mich!«

Schwulsein – für wen?

Friedrich, ein 54jähriger Lebensmittelgroßhändler, körperlich untersetzt, seelisch hochsensibel, kam nach einem Selbstmordversuch zu mir, den er, wie er mir berichtete, aus dem Gefühl heraus unternommen hatte: »Vierzig Jahre habe ich versucht, als Mann mit Männern zu leben, in früheren Jahrzehnten auch mit Frauen, jetzt habe ich die Orientierung verloren, ich bin ein Nichts.« Friedrich gehört zu jenen Schwulen, die sich ihrer homosexuellen Identität nie sicher sind, aber auch keine befriedigenden Liebesbeziehungen mit dem anderen Geschlecht erleben können. Hinzu kam bei Friedrich die Angst vor den »Wechseljahren des Mannes«, die er fürchtete nicht bewältigen zu können. Wie sich in unseren Gesprächen ergab, steckte dahinter eine massive Angst vor einem Lebensabend ohne Sex. Nur über Sex aber war für Friedrich auch Zärtlichkeit und Geborgenheit vorstellbar. Die Befürchtung, seine Potenz könne bald versiegen, machte ihn rasend. Seine zentrale Angst war aber die vor dem Tod, und bei seinem mutigen Schritt, wie er es nannte, »dem Tod *auf* die Schaufel zu springen«, sei er gestrauchelt.

Von seiner Kindheit sprach er nur zögernd. Sie sei unterkühlt und frustrierend verlaufen. Seine Eltern hätten angeblich keinen Jungen, sondern nur Mädchen gewollt. Er war der einzige Sohn und hatte je zwei ältere und jüngere Schwestern. Obwohl sich mit der Zeit herausstellte, daß er eher verwöhnt worden war, hielt er an seinem Konzept fest, er sei zu kurz gekommen, – und dies sei bis heute sein Gefühl in Beziehungen. Auf seine Art hatte Friedrich damit recht; denn er hatte als kleiner Junge keine wirkliche Zuwendung und echtes Interesse an seiner Person gespürt. Er durfte sich als Junge nicht unbekümmert laut oder frech zeigen und konnte seine natürlichen Aggressionen in der Familie nicht leben. »Durchsetzung ist mir gründlich ausgetrieben worden in diesem Leisetreter- und Harmonieladen.« Zweierlei dürfte Friedrich lebensentscheidend geprägt haben: Er habe nie die Liebe und Aufmerksamkeit seines Vaters gewinnen können, der sich nur für seine Töchter interessiert habe. Das hat Friedrich maßlos enttäuscht. »Darum bin ich zeitlebens Männern hinterhergelaufen, die älter waren als ich. Meine Glanzzeit war in meinen 20er Jahren. Was meinen Sie, wie beliebt ich in der Schwulenszene war! Aber jetzt geht nichts mehr.« Noch unerreichbarer als der Vater sei ihm die zweifellos überforderte, auch von ihrem Mann im Stich gelassene Mutter vorgekommen. Das Sprechen über Intimität und Sexualität war in der Familie tabu. Darum sei auch keine sexuelle Aufklärung erfolgt. Noch mit 10 Jahren habe er geglaubt, die Mutter habe ihre Kinder vom Storch bekommen.

Dies habe sich schlagartig geändert, als er mit der Lebensweise seiner die Geschlechtspartner häufig wechselnden 4 Jahre älteren Schwester in Kontakt kam. Sie sei mit 18 auf den Drogenstrich gegangen, was er aber zunächst nicht gewußt habe. Als sie ihn einmal im Bad beim Onanieren ertappte, habe sie ihm »aus Geldnot« angeboten, mit ihm zu schlafen, wenn er ihr sein Taschengeld abtrete. So habe sie ihn verführt, und er habe sich benutzen lassen, wenn sie

Geld brauchte. Er habe Frauen dafür gehaßt, daß sie ihm das Gefühl gaben, für sie austauschbar und nicht persönlich gemeint zu sein. »Ich konnte es schließlich aufgeben, eine zu finden, weil ich mit der Zeit mit Frauen sexuell immer weniger empfand.«

Es macht Friedrich sehr traurig, zu erkennen, wie *er* aus unbewußter Rache gegenüber Mutter und Schwestern Frauen in seinem Leben austauschte und schließlich ganz verwarf. Diesen Zusammenhang zeigt ein Traum Friedrichs: Er hatte eine große Steige Obst vor sich, die er begierig sortierte. Er biß einige Pfirsiche an, wohlschmeckende verzehrte er halb, welche mit Faulstellen warf er gleich fort. Am Boden der Steige fand er einen Zettel »Handelsklasse...« mit dem Namen seiner Schwester, von der er sich hatte verführen lassen. »Hört das nie auf?«, war seine wütende Reaktion. Die Traumbotschaft traf Friedrich um so tiefer, als er damals sehr isoliert lebte. Vorher hatte er oft seinen Schmerz über das Einsamsein mit dem Umkehrschluß verleugnet: »Für Menschen, die mich verlassen, muß das sehr schlimm sein.« Mich schmerzte, daß er auch mich nicht für verläßlich hielt, ich könnte ihn nicht in Ruhe seine fleischigen Traum-Pfirsiche genießen lassen, ihn stattdessen jederzeit vor die Tür setzen. Ungehalten warf ich ihm das vor, was ihn natürlich kränkte. Vorauseilend hatte ich Friedrichs Groll auf mich gegen ihn gewendet. Erst jetzt, als er mich im Unrecht sah, konnte er ärgerlich werden und aus seiner unterwürfigen Haltung mir und anderen gegenüber heraustreten.

Hinter der Wut war jedoch spürbar, daß er mich mochte und sich von mir ernst genommen fühlte. Dennoch überraschte mich, daß er sich sogar in mich verliebte! Zum erstenmal hatte er – und das mit über 50 Jahren – einen, wenn auch professionellen, aber freundlichen und bedingungslos aufmerksamen Zuhörer gefunden, sozusagen einen späten Vater. Ich war für Friedrich auch ein Phantasie-Partner annähernd gleichen Alters. Und diese Konstellation hatte er bisher immer vermieden, sogar gefürchtet, weil er sich einem gleichaltrigen, gleichberechtigten Partner nicht gewachsen fühlte.

In der Psychotherapie mit Friedrich bestätigte sich mir eine wichtige Erfahrung: Die Liebeswünsche eines Patienten sind freudig zu begrüßen und wie in einem Gefäß für eine Zeit zu sammeln, wenn er oder sie reif für eine qualitativ neue Partnerschaft außerhalb der

Therapie ist. Bevor er tatsächlich einen zu ihm passenden Freund fand, hatten wir beide – immer am Rande des Scheiterns – noch viele Wellen von Anklagen und Selbstanklagen, von wütendem Mißtrauen und aggressiver Verzweiflung zu überstehen. Erst in der festen Partnerbeziehung entfaltete Friedrich sowohl seine warmherzigen als auch seine robusten Erwachsenen-Seiten. Doch ein neues, altes Problem verdüsterte den Himmel. Bisher hatte Friedrich sich mit allen Mitteln, auch dafür war der Selbstmord ein »Ausweg« gewesen, dagegen gewehrt, in Deutschland seßhaft zu werden. Nach vielen Berufswechseln und Umschulungen war er als Einkäufer in der Lebensmittelbranche relativ zufrieden. In seinem Beruf wurde er als ein Mann geschätzt, der etwas Gutes zu einem guten Preis haben will. Er hatte außerdem einen Arbeitsplatz gewählt, der es ihm ermöglichte, sich viele Wochen und Monate in Südeuropa aufzuhalten, das für ihn Wärme, Lebensfreude und spontane Kontakte bedeutete. Seine Firma wollte ihn aber schon lange auf einen Posten in der »kühlen, harten Heimat« versetzen. Nun stieß sein Freund in das gleiche Horn. Da fing Friedrich an, die zuvor überschwenglich begrüßte Beziehung zu verteufeln. Sein junges Vertrauenspflänzchen brauchte tatsächlich sehr viel Wärme und Geduld.

Rückblickend fällt mir bei Friedrich wie bei anderen Borderline-Menschen auf, daß sie Kompromisse oft als Niederlagen empfinden, weil ihr seelisches Gleichgewicht so »empfindlich« ist. Darum bleibt oft nichts anderes übrig, als sie mit dem Für und Wider ihrer Situation und der Art, wie sie sie handhaben, zu konfrontieren und alles weitere offen zu lassen.

Manche Leserin, mancher Leser mag sich fragen, ob es nicht ein Therapieziel sein müsse, »jemanden umzudrehen«, das heißt, seine homosexuelle Tendenz heterosexuell auszurichten, um so mehr, wenn jemand bisexuell gelebt hat. Abgesehen davon, daß das gar nicht geht, sind Psychotherapeuten keine Seelen-Orthopäden, die etwas »gerade richten«. Ein Vergleich mag dies verdeutlichen: Was wir bei einem Baum bewundern, wie er sich auf seine Art, z. B. an einem Steilhang oder im Dauerwind, hält und stellt, das sollten wir erst recht bei Menschen respektieren. Jede, jeder hat für sich eine einzigartige Ausdrucksform auch für ihr oder sein Sexualleben gefunden. Veranlagung und Prägung, Selbstentwicklung und Erziehung vernetzen sich zu einem Feld, das Therapeut und Patient gemeinsam betreten. Gerade bei Borderline-Individuen haben wir es nicht mit seelischen Konfektionsgrößen, sondern mit maßgeschneiderter Vielfalt zu tun. Seelische Normabweichungen mit ihren ganzen Variationsbreiten, soweit sie niemandem persönlich schaden, sind das faszinierende sexuelle Entwicklungspotential der Menschennatur.

Parabel von Liebe und Haß

Opfer:	Sohn
Täter:	Vater
Tatort Welt:	Mutter

Sohn:	Du hast mich umgebracht, Vater, sobald ich laufen, also weglaufen konnte. Als ich meinen Mund nicht nur zum Lallen und Essen, sondern auch zum Reden und dich Anspucken aufmachte. Heute weiß ich, ich bin dir damals zu eigenständig geworden und bin es noch heute!
Vater:	Nein! Ich mußte dich für deine Mutter opfern. Sie ist eine sehr, sehr böse Frau.
Mutter:	Wer hat mich denn benutzt, dadurch kaputt gemacht und obendrein schuldig gesprochen? Du, Aasgeier von Ehemann!
Sohn:	Und ich mußte dran glauben.
Vater	Ja, du warst gehorsam bis zu deinem Tode.
Mutter:	Wie du klein warst, mein Sohn, fand ich dich so zärtlich. Mit dir war's viel schöner als mit ihm, nicht mehr dem großen Herrn eine Sexmaschine zu sein.
Sohn:	Deshalb hast du dich also so um mich gekümmert. Ich empfand es, als würdest du einen Sumpf trockenlegen, nicht mich, und Milch hast du an mich verfüttert, wie man düngt. Das reichte zum Wachsen, aber nicht zum Gedeihen.
Mutter:	Undankbarer Kerl! Du hast ja keine Ahnung, wie

schlecht's mir ging und wie nötig ich dich zum Leben brauchte.

Vater: Zu einer andern Art von Beschäftigung war deine selbstsüchtige Mutter ja nicht fähig.

Mutter: Wie ich dich geliebt habe, mein Gott, als wir uns kennenlernten und heirateten auf deinen Wunsch. Aber du hast mich gequält, als elendes Arbeitstier und Sexsklavin behandelt. Du, mein Sohn, warst und bist mein ein und alles. Leider konnte ich dich vor den Schlägen und Folterungen deines Vaters nicht schützen, und für seinen grausamen Plan, dich umzubringen, gibt er mir die Schuld.

Sohn: Erst hast du dich also an mir aufgegeilt, dann hast du mich fallengelassen.

Vater: Sie hat unsere Ehe zerstört. Dein Tod hat deine Mutter zur Vernunft gebracht. Es geschah aus reiner Liebe zu ihr. Außerdem hab ich dich zu neuem Leben erweckt.

Sohn: Ja, so wie du mich haben wolltest. Ich bin nicht mehr ich selbst!

Mutter: Du beklagst dich noch, unverschämter Sohn? Dein Vater war drauf und dran, *mich* umzubringen. Längst war ich ihm nicht mehr gut genug, eher eine neue Sintflut wert. Ein Tieropfer wie zu alten Zeiten hätte ihn diesmal nicht besänftigt.

Sohn: Du hast mich zu deiner Lust und zu deiner Selbsterhaltung mißbraucht. Heute habe ich Angst vor der ganzen Welt. Vor jeder Frau und vor jedem Mann fürcht ich mich.

Vater: Unsinn, du bist mein Universalerbe!

Sohn: Und was hab ich davon?

Mutter: Herrschaft über die Frauen, haha! Du kannst sie dir gefügig machen, sie als Hexen verbrennen oder sie vergewaltigen und Kopftücher tragen lassen. Frauen sollen sich schämen, das ist ihr Lebenssinn.

Vater: Liebst du mich jetzt, mein Sohn, für alles, was ich dir ermöglicht habe?

Sohn: Nein, wirklich nicht! Aber falls du noch auf der Welt bist, spuck ich dir ins Gesicht und nehme mein Leben unwiderruflich selbst in die Hand. – Aber wie!?

7. Kapitel
AUTONOMIE

Freiheit und Bindung

Mein Nicht-Platz

Wo gehöre ich hin?
Wo ist Platz für mich?
Wo störe ich nicht?
Wo stört mich keiner?
Gibt es eine menschliche Lösung, in der ich mich nicht auflöse?
Wo ist die Menge, in der und von der ich nicht untergemengt werde?
Wann ist jemand ganz für mich da, ohne mich zu vereinnahmen?
Wo komme ich an, ohne mich zu stoßen?
Wer antwortet mir, ohne mich zu »ent-worten«?
Wo falle ich nicht? – Wo fliege ich nicht?
Keine Hölle? – kein Himmel?
Wo sind Haut, Hülle, Halt, Um-geb-ung?
Ich suche den Boden ohne Löcher,
die Decke, die mir nicht auf den Kopf fällt,
Wände, die mich nicht einzwängen,
ein Fenster, das ich selber öffnen und schließen kann.

Wiederkehr des Gleichen

Ich wurde betrogen – und war unglücklich.
Ich habe betrogen – und war unglücklich.
Wenn ich unglücklich war, konnte ich nicht unglücklich werden.
Wenn ich glücklich bin, habe ich Angst, abzustürzen.

Das Fremde in uns selbst

In einer Geschichte aus 1001 Nacht begegnet Harun Al Rashid eines Nachts sich selbst und gerät dabei in Panik und Verwirrung. Nichts macht mehr Angst, als dem Fremden außerhalb von sich zu begegnen, das bisher im eigenen Inneren verborgen war. Nichts Fremdes, das aus der »falschen« Himmelsrichtung kommt, kann so erschrekken wie das Fremde in uns selbst. Daher müssen wir es verleugnen und nach außen verschieben. Wir lernen und lehren, rational zu denken. Wo aber lernen und lehren wir, mit irrationalen Elementen in uns und anderen umzugehen? Im Borderline-Menschen ist die Grenzlinie (Borderline) zwischen rational und irrational beängstigend verschieblich. Ebenso kann Persönliches und Überpersönliches in ihm auf verwirrende Weise verwoben sein. Nicht selten empfinden wir eine tief verankerte Scheu, uns Unbekanntem zu stellen. Wir versuchen statt dessen, Bekanntes einzugrenzen und zu bestätigen. Wo lernen wir Neugier, wann haben wir zuletzt eine neue Sicht der Welt erfahren? Wie ermutigen wir uns zu neuem beziehungsgerechtem Handeln? Der Borderline-Mensch, wenn ich diese Verallgemeinerung wagen darf, *muß* immer dazu bereit sein, weil seine innere Unsicherheit ihn zu ständig neuem Ausbalancieren auf schwankendem Boden zwingt. Er lebt insofern in einem permanenten Notstand. Diese leidvolle Erfahrung gehört zum Überlebensgepäck des Borderline-Menschen und hilft ihm, mit dunklen, ganz ungeordneten Seiten des Lebens besser fertig zu werden. Aber diese Erfahrung ist auch seine Richtschnur, wieviel Freiheit gerade nötig und wieviel Bindung gerade möglich ist. Das Fremde in uns selbst ist auch der Borderline-Mensch in uns. Damit knüpfen wir an ein tiefes Wissen alter Kulturvölker an, die das Dämonische nicht vom Alltagsleben getrennt haben.

Wie eigene und fremde Gefühle zueinander passen, erleben Menschen als Säuglinge schon im ersten Lebensjahr. Tendenzen, etwas wahrzunehmen, sind dem Menschen ganz offensichtlich angeboren. Sein mit Abstand interessantestes Wahrnehmungsfeld sind Gesichter. Durch sie wird auch unsere Grundorientierung gebahnt. So drehen Säuglinge ihr Köpfchen in die Richtung, aus der eine Stimme kommt. Eine Grundsicherheit bildet sich aus, wenn Mutter und Vater stets mit der gleichen Stimme sprechen, die so immer vertrauter wird. Eine Fülle von Erlebnissen, die ein Kind im ersten halben Lebensjahr macht, wird ihm durch andere vermittelt und dadurch erst für ihn selbst erlebbar. Neugierverhalten, Interesse an der Welt, einfach Lust auf alles, wird durch die ersten Bezugspersonen angebahnt, beeinflußt, entfaltet oder unterdrückt. Das heißt, es ist ein ungeheures Potential da, aber es muß geweckt werden. Damit Urvertrauen entsteht, dürfen kleine Kinder weder unter- noch überfordert werden. Allerdings scheint der zuträgliche Spielraum enorm groß zu sein. Ihrer Verwundbarkeit und Manipulierbarkeit sind schon natürliche Grenzen gesetzt. Säuglinge haben ein offenbar angeborenes Interesse daran, in ihrer Umgebung etwas zu bewirken. Mit großer Lernlust nehmen sie Licht, Bewegung und Laute wahr. Der Rahmen, den die Eltern mehr oder weniger günstig zur Verfügung stellen, ermöglicht reizvolle Welterkundung.

Die Nachahmungsfähigkeit auch noch so kleiner Kinder ist bezaubernd. Was ist aber, wenn Vater oder Mutter ihre Gesichter unbewegt zeigen, die Mimik starr, die Stimme tonlos bleibt, die Hände nicht mitreden? Säuglingsbeobachter haben mit Erstaunen registriert, daß die Kleinen sich daraufhin energisch vor der Person bewegen, sie anlächeln. Erst wenn dann immer noch so wenig oder gar nichts erfolgt, schlägt der positive Versuch um in Verzweiflung, Wut, jammervolle Abwendung und schließlich in passiven Rückzug. Um den Fluß seiner Gefühle und Reaktionen aufrecht zu erhalten, sie nicht in Bruchstücke zerfallen zu lassen, bedarf der Säugling eines ausreichend liebevollen und stimmigen Kontakts. Sonst wird er selber einen Wackelkontakt zu sich und seiner Umgebung entwickeln. Denn auch Fremden gegenüber reagieren so mangelhaft angeregte Säuglinge eher lustlos. Es verwundert nicht, daß sie ihren nächsten Bezugspersonen gegenüber »aggressiv« werden, gleichzeitig aber der gesamten Umwelt gegenüber ratlos und hilflos. Dieselben Verhaltensmuster kann ein Kind ausbilden, das in so früher Zeit es bedrängenden oder sogar sexuell mißbrauchenden Menschen ausgeliefert war. Den Kopf abzuwenden, ist ja das einzig Aktive, was einem Kind im ersten Lebenshalbjahr zum Schutz vor »Verfolgern« möglich ist. Wir bewegen uns hier im Keimfeld eines Weltbezugs, der beim Borderline-Menschen so rätselhaft und erschreckend ist.

Als Beispiel mehr leidvoller als erfreulicher erster Welterfahrung möchte ich von *Helga* berichten.

Mit Anfang 30 kam sie aus eigenem Antrieb zu mir in Behandlung. Sie hatte ein Jahr zuvor ihre Arbeitsstelle verloren. In einer Buchhandlung hatte sie in die Kündigung eingewilligt, nachdem sie sich von dem Besitzerehepaar gemeinschaftlich bedroht gefühlt hatte. Der Mann habe ihr erst mit anzüglichen Bemerkungen, dann mit Betatschen unverhohlen sexuell nachgestellt. Als sie all ihren Mut zusammengenommen und sich der Frau offenbart habe, habe diese nur scharf erwidert: »So jemand wie Sie sollte man sich vom Halse schaffen!« In dem Ehepaar hatte Helga die eigenen Eltern erlebt. »Sie waren es, ich habe mich nicht nur erinnert gefühlt, glauben Sie mir!« Helga hatte ein klares, offenes Gesicht, nur die Augen blieben undurchdringlich und spiegelten dem Gegenüber nichts zurück. Die zusammengepreßten Zähne und die von einer eckigen Frisur noch betonten Backenknochen sowie ihre burschikose Kleidung gaben Helgas Aussehen eine männliche Note. Ihre Stimme dagegen hatte einen mädchenhaften Klang. Erst später verstand ich, daß diese männliche Verkleidung weiblicher Grundzüge ihrem Schutz vor Übergriffigkeit dienen sollte.

Ihren Ehemann beschrieb sie sehr distanziert. Weil er im Außendienst tätig war, bekam sie ihn nur selten zu Gesicht. Im intimen Zusammensein fühlte sie sich von ihm gezogen wie eine Schachfigur, aber gleichzeitig unfähig zu eigener Initiative. Sie litt unter Herzjagen, Atembeklemmung, Nägelbeißen, »bis es weh tut«, Eßstörungen, Verstopfung und Durchfällen. Sie hatte deswegen auch schon Dutzende von Ärzten aufgesucht, war in mehreren Kliniken »durchgecheckt«, »quer durch die Rote Liste« mit Medikamenten behandelt worden – ein Wunder, daß sie nicht süchtig geworden war! Geholfen habe ihr bisher gar nichts. Das letzte, arbeitslose Jahr war sie kaum aus dem Haus gegangen, um etwas für sich zu unternehmen – außer zu Arztbesuchen –, und wenn, dann immer mit ihrem kleinen Hund, mit dem sie sich sicherer auf den Beinen fühlte.

Ihre Haltung mir gegenüber war anfangs und phasenweise auch später abwehrend, als müsse sie etwas verbeißen oder sei auch hier in höchster Gefahr. Darauf von mir angesprochen äußerte Helga:

»Ich empfinde mich nur, wenn ich mir weh tue, z. B. die Zähne zusammenbeiße, bis der Kiefer schmerzt. (Mehrere Zahnärzte waren schon gescheitert, ihre immer neu beschädigten Zähne und Kronen dauerhaft zu reparieren.) Ich lege es manchmal darauf an, daß mir andere schaden. Ich möchte etwas tun, z. B. Sie schlagen und verwunden, daß Sie mich rausschmeißen müssen.« Ich erschrak und reagierte spontan mit deutlicher Abgrenzung: »Da würde ich mich wehren!« Dann sprachen wir darüber, daß ich mich körperlich real bedroht fühlte. Helga mit sichtlich erleichterter Stimme, was auch meine Spannung abbaute, noch bevor sie ihre Antwort laut werden ließ: »Damit nehmen Sie mir meine Schuldgefühle, ich hätte sonst von mir aus die Therapie abgebrochen!« Wie entspannt sie jetzt dasaß, als hätten wir uns die ganze Stunde prächtig unterhalten! Aber etwas lag in der Luft, was die gute Beziehung im nächsten Moment wieder aufheben konnte.

Warum hatte Helga auf meine Verteidigung so erleichtert, ja liebenswürdig reagiert? Sollte sie sich etwa besonders geliebt fühlen, wenn sie angegriffen wurde? Plötzlich fielen mir verstreute Bemerkungen Helgas über ihre Kindheit ein: Von einer Tante hatte Helga erfahren, sie hätte sich als Baby die Lunge rausgeschrien und wund gelegen »für ein bißchen Zuwendung«. Schmerzen überbrückten dieses Loch. Wenn sie keine empfand, kniff oder rieb sie sich selber wund – und spürte sich. Wenn sie als kleines Kind den Wunsch geäußert hatte, auf den Arm genommen oder spazieren gefahren zu werden und die Mutter »nein« sagte, hatte sich Helga »umgepolt«, wie sie das jetzt nannte, und sich gefreut! Der zuvor empfundene Haß war verschwunden. Helga konnte wütend werden, wenn ich von ihren Eltern unbefangen von Mutter und Vater sprach. In ihrem Sprachgebrauch waren das der Mann und die Frau, die das und das mit ihr gemacht hatten. Manchmal – nämlich bei noch unerträglicheren Erinnerungen – sprach Helga auch von sich selber in der 3. Person: »Wenn die Frau (Helgas Mutter) sagte, sie hätte viel lieber einen Jungen gehabt (ein älterer Bruder Helgas war nämlich als Säugling gestorben), dachte sie (gemeint ist Helga), Jungen werden doch geprügelt. Und da die Frau sie prügelt, wird sie also liebgehabt wie ein Junge.« Ich weiß nicht, ob mich der Inhalt oder die distanzierte Ausdrucksweise Helgas damals mehr erschüttert hat. Unangenehme Gefühle entschärfte sie durch die Sprachregelung, von der eigenen Mutter als »die Frau...« zu sprechen. Angenehme Gefühle aufkommen zu lassen, erreichte sie mit Hilfe einer Privatlogik.

Hatten solche seelischen Verrenkungen vielleicht Helga erst überleben lassen? Auch ein Therapeut muß sich seelisch verrenken, wenn er gleichzeitig um Ehrlichkeit *und* Natürlichkeit bemüht ist. Die Gefahr der Verhaltensstörung beim Therapeuten, der das nicht fühlt und gleichzeitig reflektiert, liegt auf der Hand. Wieviel schwerer ist solche Orientierungssuche für Babys! Ich kann diese Weisheit der Allerkleinsten nur tief bewundern und bin doch zugleich betroffen von dem Preis der Selbstverleugnung und von dem Zurückweichen hinter eine Grenzlinie, um ein Rest-Ich zu retten. Wir werden Zeugen der seelischen Geburt von Borderline-Menschen.

Außer ihrer eigenen Grammatik und Gefühlsumpolung hatte Helga noch andere Schutzmechanismen im Vorfeld der bewußten Wahrnehmung ausgebildet: Bevor ihr in der Therapiesitzung etwas zu nahe ging, »sah« sie es nicht. Wenn ich sie mit etwas konfrontierte, »hörte« sie es manchmal einfach nicht. Dasselbe konnte passieren, wenn ich nachfragte. Oder sie erwiderte voll Selbstironie: »Der Mann (gemeint war ihr Vater) hat auch immer gesagt, sie (Helga) ist verstockt.«

Mir fallen dazu neuere Beobachtungen ein, daß Säuglinge ihr Köpfchen abwenden oder zuwenden, nicht nur weil Stimme und Tonfall unangenehm oder angenehm klingen, sondern weil sich schon Säuglinge von inhaltlichen Äußerungen der Eltern angewidert oder angezogen fühlen. Nun gab es für Helga noch schrecklichere Anlässe, sich total abzuschotten, statt mit vollen Sinnen darauf einzugehen. Sie mußte sich nicht nur als kleines Kind beim Onanieren von der Mutter die Finger wund schlagen lassen, sondern sie wurde auch bereits im dritten Lebensjahr von einem Onkel, in dessen Familie sie öfter »abgegeben« wurde, und vom eigenen Vater sexuell mißbraucht. In einem ungeheuer schmerzhaften Prozeß muß Helga ihren Körper unempfindsam gemacht haben. Je stärker nämlich eine Verletzung späterhin war, desto weniger spürte sie sie. Je tiefer jemand sie enttäuschte, desto mehr entschuldigte sie ihn. So beklagte sie sich auch nicht über ihren Ehemann, der sie auf der einen Seite grob vernachlässigte und gefühlsmäßig verhungern ließ und auf der anderen Seite beim Geschlechtsverkehr körperlich und durch erniedrigende Beschimpfungen quälte.

Es braucht – so weit überhaupt möglich – lange Zeit, bis solche tiefen Wunden heilen. Im vierten Therapiejahr hatte Helga folgenden Traum, von dem für sie eine befreiende Wirkung ausging: »Das Telefon klingelt, ich verheddere mich mit der endlosen Schnur. Sie reicht von meinem Ohr zum Ohr des Vaters und des Onkels. Ich hab sie beide weggeschickt, den Onkel nicht beachtet und zum Vater gesagt: ›Fahr vorsichtig!‹, voller Mitgefühl. Ich hab mich im Klo eingeschlossen, das sich zu einem schönen Zimmer mit Fenstern zum Leben verwandelt hat.« Helga war sehr berührt von den starken Gefühlen im Traum, auch das war neu. Ich war berührt von ihrem souveränen, tief verzeihenden Abschied von Menschen, die sie mißbraucht hatten. Noch vier Wochen zuvor hatte mir Helga entgegengeschleudert: »Ich hab kein Vertrauen zu Ihnen, weil Sie ein Mann sind. Ich hab Sie noch nicht zu Ende geprüft, wie ich Sie schützen kann vor meinem Tritt in Ihren Unterleib!« Nach dieser Traumerzählung sagte sie strahlend: »Sie haben Ihren Beruf verfehlt. Ich habe mir heut das Leben gegeben, und Sie sind der Geburtshelfer.« Erst in diesem Augenblick wurde uns beiden bewußt, daß Helga den Traum gerade neun Monate nach ihrem Geburtstag geträumt hatte.

Das Kind wächst innerlich im ganzen ersten Lebensjahr entsprechend seinen Austauschmöglichkeiten mit der Mutter. Für Helga dürfte es sehr schwierig gewesen sein, ihren Körper, ihre Gefühle in der vorfindlichen Welt auszuleben, ihre Welt zu beherrschen und genügend vorherzusehen. Solche Erwartungen scheitern oder erfüllen sich auf der zwischenmenschlichen Ebene. Das kleine Kind, das sich schon krabbelnd von der Mutter entfernen kann, ist besonders in neuen Situationen auf eindeutige Signale der Mutter angewiesen, daß es weitergehen, weitermachen kann, sonst versiegt seine Lust und Kraft, etwas auszuprobieren. Wenn Eltern wegen eigener Angst oder Verstimmung nur wenige von ihnen weglenkende Aktivitäten ihrer Kinder begrüßen können, bleibt der kindliche Erfahrungsspielraum so eng, daß die Umwelt zur unklaren oder sinnentleerten Bedrohung werden kann. Es fehlt dann – gegebenenfalls lebenslang – jener gemeinsame Übergangsraum, in dem schon das kleine Kind in der Gegenwart eines anderen gut allein und doch selbst aktiv sein kann. Auch übermäßiger Ansporn, oft aus elterlichem Ehrgeiz oder wegen zu hoher Erwartungen, kann das kleine Kind in eine nicht zu ihm passende Übererregtheit stoßen, bis sich nur rastloses Tätigsein und etwas Leisten lebendig anfühlt, Entspannung dagegen bedrohlich leer oder fremd.

Zu Erwartungen, die einen jungen Menschen buchstäblich aus den Angeln heben können, fällt mir folgende Geschichte ein: Ein Mann erinnert sich, daß sein Vater jungen Pflänzchen Bindfäden an die Stengel heftete, die er dann unter leichtem Federzug oberhalb der Pflanzen anband. Sein Vater war außer sich, wenn nach Regen oder Wind seine Pflanzen mit ihren Wurzeln in der Luft baumelten. »Das gleiche hat er mit mir gemacht!«, sagt der Mann und blickt dabei unsicher in Richtung Boden, wie weit der weg ist. Dann fährt er betroffen fort: »Immer noch habe ich Angst, mich irgendwo ruhig niederzulassen und auszubreiten, weil mir genügend tiefe Wurzeln im Leben fehlen.«

»Eine Mimose ist Beton gegen mich«

Helga, inzwischen 43, hält Rückblick. 8 Jahre sind nach Beendigung der Therapie, die etwas über 5 Jahre gedauert hatte, vergangen. Sie ist geschieden, hat einen tragfähigen Bekanntenkreis, fühlt sich an ihrer Arbeitsstelle relativ wohl und hat Lust und Pläne, sich weiter zu verändern.

Sie lehnt sich entspannt in den Sessel zurück und beginnt frei von der Leber weg zu sprechen, schaut mich dabei unverwandt an: »Ich bin nicht mehr Patientin. Heute bin ich erstmals gleich mit Gefühlen hereingekommen, früher hatte ich die erst Tage später. Um offen zu sein: Ich glaube nicht, daß Sie damals erkannt haben, wer ich wirklich bin. Das wollte ich auch nicht. Ich habe mich ausgezeichnet geschützt, und Sie haben mir von außen optimal geholfen. Erst jetzt kann ich erkennen und sagen, wieviel schrecklicher alles war, als ich selber wußte. Mein Wissen mußte mit dem Überleben Schritt halten.

Wenn z. B. die Mutter abends zum Vater über mich sagte: ›Sie gibt Widerworte!‹, war das für meinen Vater das Signal, mich zu schlagen. Mein Vater mußte meine Mutter bei Laune halten. Ab meinem vierten Lebensjahr schlug sie mich nicht mehr. Aber sie hat meinen Vater damit gekauft, daß sie ihn mich schlagen ließ. Mit 16 hat er mir zum Geburtstag geschenkt, mich nicht mehr zu hauen. Später habe ich auch meinen Mann gekauft. Mit mir zu schlafen, war nur Technik, kein Gefühl. Es war Prostitution, mein Leben ist Prostitution gewesen. Ich war der Staubsaugervertreter, der von Tür zu Tür geht und alles aufnimmt. Da mußte ich darmkrank werden. Von meiner Colitis habe ich Ihnen so lange nichts erzählt, bis ich nicht mehr nur als Hülle gekommen bin. Erst hab ich mein Ich ganz winzig zusammengekrümmt und in meinem kranken Darm versteckt, ständig in Panik vor einem Tritt von Ihnen in meinen Unterleib. Aber geglaubt und gesagt hab ich, daß ich Sie treten wollte. Sie brauchten nur aus dem Fenster zu schauen, an etwas anderes zu denken, eine Frage von mir nicht zu beantworten, und schon fühlte ich mich verraten und verkauft.

Eine Mimose ist Beton gegen mich. War ich immer so oder bin ich so geworden? Ich bin die, die meine Eltern aus mir machen wollten! Mich selbst, wie ich war, haben sie abgewiesen. Ich muß meinen Eltern meine große Animosität zugute halten. Ich wollte keine Nähe. Wenn man nie nah bei der Mutter war, kann man sich auch nicht von ihr entfernen. Ich kenne das nicht, gestreichelt und getröstet zu werden, sondern nur kritisiert, verpetzt, gehauen oder ignoriert. Der Abstand war immer gleich starr.

Die ersten 13 Jahre waren die Hölle für mich. Ich muß einen Schutzengel gehabt haben, um da lebend rauszukommen. Ich baute eine dicke Glasmauer um mich, durch die ich nichts durchließ, aber alles vorhersah. So übersensibel mußte ich mich vor jeder Regung schützen, daß ich in meinen Vorahnungen oft kurz vor dem Wahnsinn stand.

Als ich Masern hatte, wusch mich mein Vater. Ich mußte also krank werden, um angefaßt zu werden – und fand es ekelhaft! Ich verkroch mich in mich selber und spürte nur Wasser, nicht mehr seine Hände, nicht mehr mich. Er genoß es für sich, an mir zu hantieren. Kein Wunder, meine Mutter wies ihn ab, das verband sie und mich sogar. Schlimmer als geschlagen werden ist, benutzt zu werden. Schlimmer als benutzt werden ist, nicht zu existieren. Äußerlich wurde ich meine Mutter, innerlich dieses kleine Wesen in meinem Darm. Ich wollte keine Fotos oder Spiegel sehen, weil ich dann ja existierte, unwiderleglich, unwiederbringlich.

Nun zu Ihnen: Wenn Sie sagten ›Sie können Ihre Eltern nicht so nehmen, wie sie sind‹, war das so ein Tritt in meinen Körper, und wir mußten vier Wochen warten, bis wir weitermachen konnten. Jede solche Abweisung trieb mich zur Flucht, oder ich begrub mich wie ein verletzter Hund in Ihrem Zimmer. Es war wie im Märchen von BLAUBART: Das Zimmer, wo meine Knochen versteckt waren, durfte ich nicht betreten. Das wär tödlich gewesen. Worte können Gefühle ausdrücken oder sie unterdrücken. Das Gefühl, extrem abgelehnt zu werden, ist mehr als einsam sein, da gibt's kein Wort dafür. Ich war in mir selbst gefangen, konnte nicht rauskommen, sonst wär das kleine verletzliche Wesen draufgegangen.

Zu meiner Gratwanderung gehörten irre Kombinationen: Wenn ich in die Tiefe ging, mußte ich Sie wegtun, ignorieren. Ich mußte die Realität ignorieren, um rauszubringen, was die Realität ist. Deshalb hab ich aus dem Fenster gesehen, hinüber zu den anderen Fenstern, die wie furchtbar kalte, stahlblaue Augen meiner Eltern blickten, aber weit genug weg. Auch die kahlen Bäume dazwischen waren die Eltern. Aber wenn Sie aus dem Fenster geschaut haben, sind Sie weggegangen von mir. Das war doch mein Privileg, Ihnen hab ich es übelgenommen. Ich habe das immer gekoppelt: Mich schützen und etwas von mir zeigen, sonst hätte ich Krebs bekommen. Aber ich wollte raus aus dem fremden Wesen, das ich war. Ich hatte keine Wahl. Ich mußte meine engen Grenzen verlassen. Ich wußte, daß Sie mir helfen, und verkaufte mich an Sie. Ich hatte Angst, Sie zu verlieren, und gleichzeitig Angst vor Ihren Emotionen. Ich hab's zugelassen. Das ist mehr, als es zu schaffen. Ich hab mich getraut, ich zu sein. Mein Therapieweg war aufwühlen, ausgraben, sichtbar machen, mich gesund machen.«

Helga hält inne, schaut aus dem Fenster und lacht.
Wir schweigen verbunden.
Ich bedanke mich bei ihr.

»Du bedrängst einen, weil du Geborgenheit suchst!«

Vor einigen Jahren suchte mich ein Mann, Ende 40, auf, den ich Heinrich nenne. Er wollte sich über seinen damals 18jährigen Sohn aussprechen, der gerade von zu Hause ausgezogen war. Dem Sohn sowieso, aber auch dem Vater hatte es zunächst ganz fern gelegen, eine Therapie zu machen. Heinrich fragte sich besorgt, ob sein Sohn nicht einen seelischen Knacks haben könnte, obwohl der junge Mann im Gegensatz zu früher anscheinend gut zurechtkam. In der Tat ließ manches an der Schilderung des Vaters mich bei seinem Sohn an einen Borderline-Menschen denken. Als dem Vater nach und nach die Generationen übergreifenden Verwicklungen immer bedrängender und unerträglicher in ihren Folgen bewußt wurden, entschloß er sich doch zu einer Gruppentherapie für sich selbst. Auf diese Weise habe ich einiges über beide erfahren, obwohl ich den Sohn nie persönlich kennengelernt habe. Ausgangspunkt ihrer gemeinsamen Leidensgeschichte war, daß die Ehefrau die beiden verließ, als der Junge ein Jahr alt war. Daß der alleinerziehende Vater daraufhin dem Jungen viel Zeit und Kraft widmete, kam bei diesem selten eindeutig gut an. Natürlich vermißte auch der Junge seine Mutter, ohne sich jedoch so sehr verlassen zu fühlen wie Heinrich, sein Vater.

Da es mit neuen Partnerinnen des Vaters absolut nicht klappte, fühlte sich der Vater in seinen oft lang andauernden Phasen des Alleinseins einsam. Der Vater erinnerte sich, daß der Junge beim häufigen Vorlesen und gemeinsamen Spielen oft nicht richtig präsent war. Zwar wollte der Vater möglichst viel mit dem Sohn zusammen sein und beschäftigte sich, wie er dachte, intensiv mit ihm. Aber eine herzliche Beziehung entwickelte sich nicht. Der spätere Schlüssel zum Verstehen war ein Gefühl der Bedrängnis. Als würde sich in der Vorstellung des Jungen der Vater immer mehr ausbreiten: im Kinderzimmer, auf dem Spielplatz, den sie gemeinsam aufsuchten, auf dem Berg, den sie bestiegen. Aber auch *in* dem Jungen konnte sich der Vater richtiggehend einnisten. Obwohl der Vater sich laufend erkundigte, ob etwas seinem Jungen auch gefiel, schien unter dem Strich immer die Frage zu stehen, wie gut es dem in Wirklichkeit einsamen Vater dabei ging. Unbemerkt von beiden dienten Gedanken und Gefühle des Jungen immer mehr dazu, dem Vater das Leben erträglich und abwechslungsreich zu machen. Insgeheim mußte sich über die Jahre in dem Jungen ein enormer Haß aufgestaut haben, den er keinesfalls äußern konnte. Scheinbar unerklärlich wurde der Junge von Jahr zu Jahr scheuer, passiver und lustloser. Auch wenn er allein war, konnte er sich an nichts richtig erfreuen oder auf etwas neugierig konzentrieren. Dies veranlaßte den beunruhigten Vater, sich um so mehr auf den Sohn zu stürzen, ihn anzuregen und zu beschäftigen. Dabei riß der Vater den Jungen immer tiefer in seine wechselnden Stimmungen mit hinein, und lebte ganz nebenbei seinen Fortsetzungsroman mit dem Titel: »Wie mich eine Frau nach der andern verläßt«. Daß der inzwischen zwölfjährige Sohn Mädchen ängstlich aus dem Wege ging, ist mehr als verständlich.

Anders als vom Vater erwartet, fand der Sohn Freunde. Aus eigenem Antrieb ging der Junge in einen Tischtennisverein. Dort lebten, fern vom Vater, sein Ehrgeiz und sein Temperament auf. Er erzählte davon zu Hause: Wenn er einen Ball verfehlte, zerdrückte er ihn mit der Hand. Er zerbrach mehr als einen Schläger auf dem Boden. Einmal stieß er so heftig mit dem Fuß gegen die Wand, daß er beim ersten Punktespiel, bei dem er eingesetzt werden sollte, nicht mitwirken konnte. In der Schule wurde er, abgesehen vom Sport, immer schwächer und stiller und mußte das Gymnasium verlassen – zum Leidwesen seines Vaters, der so gehofft hatte, daß, wenn schon nicht er, dann wenigstens sein Sohn Abitur machen sollte. Der begann dann mit 14 oder 15 eine Grafikerlehre, die er bald wieder abbrach, und jobbte in einem Fitness-Center. Es gefiel ihm gut, körperlich ausgelastet zu sein und sich mit jeweils einzelnen Menschen zu beschäftigen, die wiederum seine Geduld und Anleitung schätzten.

Auf einer Reise nach Kanada, die ihm der Vater zum 18. Geburtstag geschenkt hatte – zu der er aber auch sich selber einlud – kam es erstmals im Leben der beiden zu einem fürchterlichen Streit. Der Vater hatte immer wieder bemeckert, daß der Junge die Gelegenheit, Land und Leute zu erkunden, so wenig nutzte, und statt dessen »untätig« stundenlang an einem See oder unter einem Baum säße. Dem Vater war damals nicht klar, daß ihm das genaue Gegenbild zu seiner eigenen Rastlosigkeit enorme Angst einjagte. Der Sohn bekam einen Wutanfall und drohte so ernsthaft mit vorzeitigem Rückflug, daß dem Vater Hören und Sehen verging. Er ließ den Jungen zähneknirschend in Ruhe. Weil es aber für Heinrich keine wirkliche Ruhe geben durfte, versuchte er – wenn auch erfolglos –, eine Kanadierin kennenzulernen, und war abgelenkt. Wieder nach Hause zurückgekehrt, zog der Sohn sofort beim Vater aus und in ein kleines Appartement ein, wo er ganz für sich war – und aufblühte. Er hatte sich soviel zusammengespart, daß er einige Jahre später gemeinsam mit neu gewonnenen Freunden selber ein Fitness-Center betreiben konnte. Mit Freundinnen tat er sich schwer. Kaum eine, mit der er es länger als ein paar Monate aushielt; meistens machte *er* Schluß. »Sie gehen mir auf den Wecker mit ihren Dauerbeziehungswünschen, diese Weiber«, war seine Redensart, und Wut hatte wieder einmal seine Enttäuschung verschluckt.

Darüber unterhielt sich der junge Mann auch einmal mit seinem Vater in einem Café. Der hörte ungewohnt aufmerksam zu und begann erst von sich zu sprechen, als sein Sohn ihn fragte. Heinrich, der inzwischen jetzt 51jährige, beruflich erfolgreiche Holztechniker, aber von den Frauen enttäuschte Mann erzählte, daß er seit drei Jahren eine Gruppentherapie mitmache. »Ich bin noch ziemlich durcheinander von der letzten Sitzung. Da haben sie mir den Kopf gewaschen!« erzählte der Vater süßsauer. »Aber wer denn?« fragte der Junge. »Na, die Frauen der Gruppe eben. Ich würde mich zwar mit ihnen beschäftigen. Es so gut mit ihnen meinen, ha, ha, aber mich dadurch ununterbrochen in den Mittelpunkt spielen. Ich machte einen so bedürftigen Eindruck...« Der Sohn schien einen Moment wegzutreten. Sein Gesichtsausdruck erinnerte den Vater an die Zeit, als sie gemeinsam spielten oder er noch vorlas. In dem jungen Mann lief jetzt eine Filmrückblende seines Lebens ab, viel zu rasche Szenenwechsel, um Einzelheiten erfassen zu können. Seiner Phantasie drängte sich ein absurdes Foto auf, wie *er* den Vater auf seinem Schoß hielt, beruhigte und von etwas Schlimmem ablenkte, erzählte er später dem Vater. Würde er jetzt gleich aufspringen, den Vater anschreien, erwürgen oder zerschmettern? Nein, einmal tief Luft holend faßte der Sohn sich erstaunlich rasch. Doch etwas verwirrt fragte Heinrich: »Geht's dir nicht gut?« »Es geht schon wieder«, sprudelte es aus dem Jungen hervor. »Mein Leben ist gerade Revue passiert, während du das von den Frauen in der Gruppe über dich erzählt hast. Ich sag dir, du bedrängst einen, weil du Geborgenheit suchst!« Jetzt holte der Vater tief Luft und schwieg lange. Dann schaute Heinrich seinen Sohn dankbar an »...und du hast mir das gegeben.« »Was denn?« fragte der. »Mit dir zusammen fühlte ich mich geborgen«, erwiderte der Vater. Äußerlich zerfiel dann das Gespräch, aber innerlich hatte sich ihr beider Unbewußtes tief berührt. Nachhaltig. Es lag auch etwas von Entschuldigung und Verzeihung in der Luft, das schwer genug wog, so daß es nicht ausgesprochen werden mußte. Es schien fast so, als wären sich Vater und Sohn zum erstenmal im Leben wahrhaftig und mit geöffneten Herzen begegnet. Der Junge seinerseits spitzte die Ohren, als ihm bei nächster Gelegenheit ein befreundetes Mädchen sagte: »Ich weiß nicht, wie ich bei dir dran bin, auf der einen Seite gehst du viel zu liebevoll auf meine Macken ein, aber auf der anderen Seite hältst du mich meterweit von dir weg. Nicht nur wenn wir zusammen schlafen, sondern immer, wenn es um deine Gefühle geht.« Ja, das hatte er ein Leben lang gut gelernt, seine eigenen Bedürfnisse den Wünschen des Vaters unterzuordnen und zu opfern. Nein, nicht für immer. Mit dieser Frau zusammen konnte er zum erstenmal im Leben seine wahren Gefühle entdecken und benennen. Es machte Angst, etwa so, wie ohne gewohnte Schienen und Krücken laufen zu lernen. Manchmal wurde es der Freundin auch einfach zu mühsam mit ihm. Einmal brüllte sie ihn an: »Ich bin nicht deine Mutter!« Er schrie zurück: »Ich kenne meine Mutter nicht, ich war ein Jahr alt, als sie uns verließ.« Insgesamt hatte es den Anschein, daß dieser junge Borderline-Mensch im Leben alles aufholen konnte, was er so dringend benötigte: Liebe, Vertrauen und Bindung.

Der eine Generation ältere Vater tat sich da erheblich schwerer. Ich als sein Therapeut meinte zwar, dies Gespräch im Café hätte ihm ein Jahr Therapie erspart. Aber die nächsten Schritte Heinrichs waren anstrengend und ängstigend. Er mußte hinabsteigen in die Tiefen der Erinnerungen an das Verlassensein von seiner eigenen Mutter. Nie hatte er Probleme in dieser Richtung vermutet. Freilich, sie hatten sich nie viel zu sagen gehabt, und als sie starb, war es auch in Ordnung. Aber jetzt dämmerte ihm, was er in all den Frauen seines Lebens immer gesucht hatte: eine zugewandte, lebendige, zärtliche, ihm Geborgenheit spendende Mutter. Wenn die Gruppe schwieg, er aus den Gesichtern der Menschen um ihn herum nichts Bestätigendes ablesen oder irgendeinen Anhaltspunkt finden konnte, daß sie ihn noch mochten, wurde ihm angst und bang. Am schlimmsten traf es ihn, wenn in seiner Phantasie die ganze Gruppe zu einer einzigen Person verschmolz, die ihn schlankweg übersah, und er nichts für sich selbst zu tun wußte.

Diese Vater-Sohn-Geschichte hat unter vielen aufwühlenden Momenten noch einen sehr bemerkenswerten Aspekt. Die Therapie des Vaters hat eigentlich in der Phase begonnen, als er in seiner Bedürftigkeit und Hilflosigkeit einen Ersatz oder sogar eine bessere Mutter und Partnerin suchte und fand, und zwar durch seinen Sohn. Bei dieser »Therapie« hat auch der kleine Junge, der ja vor allem mit seiner eigenen Verlassenheit fertigwerden mußte, trotz allem für sich selbst gesorgt. Offenbar zielstrebig und völlig unbewußt konnte er sein eigenes seelisches Überleben sichern und damit selber die Voraussetzung schaffen, als Jugendlicher und junger Erwachsener nachzureifen. Auch das Auffinden dafür günstiger beruflicher Freiräume und stimmiger intimer Beziehungen gehört dazu. Trotz der Bedürftigkeit des Vaters muß es in der Vater-Sohn-Beziehung für den Sohn stärkende Elemente gegeben haben. Ich stelle mir den Jungen als Blume vor, deren Kelch zwar lange verschlossen blieb, der aber auch ohne erklärte Therapie erblühen konnte – ein Beispiel für die vielen, vielen Selbstheilungen. Dies war hier um so eher möglich, als die Mutter, die den Sohn verließ, mit ihrem Fehlen offenbar weniger geschadet hat als die eigene Mutter Heinrichs, die dablieb, aber doch nicht so präsent war, wie es nötig gewesen wäre für ihn. Der Sohn scheint unausgeglichener, aber tragfähiger zu sein als der Vater. Eine ursprünglich starke Vitalität, hier des Jungen, und das, was an positivem Austausch zwischen Vater und Sohn floß, hat trotz schlimmer früher Lebensereignisse letztendlich eine günstige seelische Entwicklung ermöglicht.

Was bin ich?

In den voranstehenden Texten sind mir mehrfach Bilder aus der Natur, von wurzelsuchenden Pflanzen und selbst erblühenden Blumen, aufgestiegen. Für mich sind es mehr als Bildworte und Vergleiche. Geht es doch um Kräfte, die uns mit der gesamten, unüberschaubar langen Vorgeschichte des Menschen einerseits verbinden, andererseits mit allem, was gegenwärtig um uns herum existiert. Borderline-Menschen haben mich auf diese innere Vorstellung gebracht, gleichzeitig alles zu sein und gleichzeitig nur ein Bruchstück meiner selbst.

Wie kommt wer zu sich selbst?

Seinen Rhythmus beim Gehen finden
Auf sich kreuzenden Bahnen
Beim Flanieren, beim Marschieren
Als Deutsche, Touristen, Ausländer, Angestellte
Paare, Männer, Paare, Frauen, Kinder
Familien eingehängt lachend, Familien sich lauthals anbrüllend
Mädchen verschämt, Burschen verdruckst
Durch Kindergeplapper, Vätergedöns und Müttergehaue
Mit Blumen, Eis und Asterix
Wie Tauben, die von Futter- zu Futterplätzen ziehen
Wie Hunde, die einen Knochen vergraben
Wie Katzen, die einen Vogel jagen

Mutter Gesellschaft, gibst du uns auch genug Futter, he?
Gibt sie es freundlich und geduldig?
Verwöhnt sie gar?
Hallo, Vater Staat, sorgst du für unsere Orientierung?
Trägt und hält er alle?
Unterdrückt er oder läßt er fallen?

Sein Grundtempo beim Atmen finden
Es geht

Es geht sich wie von selber
Geborgensein und Absturzgefahr
Es treibt gemächlich dahin – Fallen sind überall
Wie schön unterwegs zu sein
Wie schrecklich, es gibt kein Ziel

Ein Taumel glücklicher Erinnerungen ergreift die einen und erhebt sie
Ein Strudel unglücklicher Erinnerungen reißt die andern mit und stößt sie hinunter
Wann bin ich die andern – wann die einen?
Zu sich selbst kommen
Ankommen

8. Kapitel
THERAPIE

Gefahren und Möglichkeiten

Vorbemerkung

Im Mittelpunkt der vorangehenden Kapitel begegnen uns Borderline-Menschen mit ihren unterschiedlichen Lebensgeschichten und einem doch allen gemeinsamen Leidensdruck. Mögliche Therapieansätze und -verläufe sind bereits zur Sprache gekommen.

Im folgenden möchte ich aus meiner Arbeit mit Borderline-Menschen nun zusammenfassend drei mir praktisch vertraute Methoden, ohne Anspruch auf Vollständigkeit, vorstellen:

Autogenes Training – eine weit verbreitete Entspannungsmethode

Psychodrama – eine neue Therapiemethode mit szenischer Darstellungsform

Psychoanalytische Therapie – eine klassische Behandlungsmethode, die erst in jüngster Zeit für Borderline-Menschen weiterentwickelt wurde.

»Ganz schwer und angenehm warm«
Autogenes Training

So lauten die Grundformeln im Autogenen Training und drücken damit grundlegende Wünsche jedes Menschen aus. So selbstverständlich sich das liest, so wohltuend kann es sein, sich die Worte bild- und sinnenhaft, möglichst bei geschlossenen Augen im Liegen vorzustellen: »Meine Arme, meine Beine, ich – ganz schwer und angenehm warm.« Seit ein Berliner Arzt, I.H. SCHULTZ, in den Zwanziger Jahren sechs Übungen zusammenstellte, hat sich das Verfahren so bewährt, daß es in keinem wesentlichen Punkt verändert wurde. Es wirkt so einfach, weil wir damit an den Urzustand anknüpfen, mit dem wir als Säuglinge unmittelbar nach der Geburt unser Leben buchstäblich selbst in die Hand genommen haben. Ich verstehe Autogenes Training erst in zweiter Linie als Methode zur Entspannung. Zuvor geht es darum, wie jeder seine Eigenspannung wahrnimmt. Trägt sie mich, was ist überschüssig? Unser Dasein beginnt liegend, und die Vergewisserung, daß wir da sind, wächst mit der Erfahrung, ganz schwer und angenehm warm da zu sein. Hinzu kommt von Anfang an unser Eigenrhythmus im Spiel der Empfindungen, getragen durch den Atemfluß. Was ursprünglich vorhanden, aber vielleicht zu wenig entfaltet oder sogar verschüttet war, können wir uns durch Autogenes Training wieder zugänglich machen und weiterentwickeln.

»Mein Körper ist ganz schwer – also bin ich da, spüre Grenzen und sogar ein Gefühl von Leichtigkeit. Mir ist angenehm warm – also bin ich bei mir und fühle mich wohl. Es atmet mich – ich habe einen lebendigen Rhythmus und pulsiere.«

Leben vollzieht sich im Zusammenspiel von Sein und Bewußtsein. Ich kann mich berühren und dadurch bewegen lassen, innerlich und äußerlich. Stetig und fließend sucht etwas in uns Halt und Leben. Sich das klarzumachen und gezielt zu üben, kann ein Gefühl von Lebendigkeit vermitteln, gerade wenn die Beziehung zum Körper und zu einem selbst schwer gestört ist.

Für viele Borderline-Menschen wirken sich ihre Ängste auch körperlich unerträglich aus. Jemand kann Verlassensein als innere Auflösung, Kraftlosigkeit oder leibhaftiges Zerrissensein erleben. Schwankungen in der Einstellung zu sich selbst können sich dramatisch im Verlust von Eigenwärme äußern, soweit, daß ein Mensch sein Gefühl für heiß und kalt einbüßt. Angst hat ja mit Enge zu tun. Noch bedrohlicher als die Enge in Hals und Brust ist das Gefühl, kein pulsierendes Leben mehr zu spüren, von keinem inneren Rhythmus mehr getragen, ohne lebensspendenden Odem, bis zum Erlöschen jeglichen Lebensgefühls zu sein. Schließlich kann jemand von Angst besetzt, getrieben oder gar fremdbestimmt sein, eben nicht mehr Herr/Frau im Hause des eigenen Körpers.

Nicht wenige Borderline-Menschen wollen nie eine weiterführende Psychotherapie machen, können sich aber elementare Selbsthilfe durch ihre Art, Autogenes Training zu lernen, verschaffen. Für Menschen mit Ängsten, vereinnahmt oder isoliert zu werden, ist diese Methode besonders geeignet, weil sie verständlich und überschaubar ist. Zeitlich ist das Autogene Training in der Regel auf acht Einzel- oder Gruppensitzungen begrenzt. Darüber hinaus wird zu täglichen Übungen von 10–15 Minuten angeleitet. Der sehr strukturierte Rahmen ist eine enorme Erleichterung für Menschen mit Nähe- und Distanzproblemen. Die einen Teilnehmer am Autogenen Training lernen sich dank veränderter Beziehung zu sich selbst besser zu entspannen. Körperliche Nervosität und Unausgeglichenheit nehmen ab. Ich führe das auf ein Stück Selbstannahme zurück. Andere Teilnehmer am Autogenen Training erfahren sich mehr an ihren körperlichen Bedürfnissen orientiert und fühlen sich in der jeweiligen Situation sicherer. Ihr Selbstgefühl wird gestärkt. Sie können unter Umständen sagen: »Es wird weder schwer noch warm, aber ich fühle mich locker und entspannt.« Das habe ich sogar bei 60- bis 80jährigen so positiv erlebt.

Eine weitere Beobachtung von Borderline-Menschen selbst im Autogenen Training ist, daß sie ihre sozialen Fähigkeiten ausprobieren können. Sie können herausfinden, wie weit sie auf andere in der Gruppe eingehen wollen, wie sie ankommen, wie sie in einem geschützten Rahmen Kontakt aufbauen und beenden können. Wenn sich ihr Körpergefühl verbessert, fällt es Borderline-Menschen allmählich leichter, widerstreitende, vorher unvereinbare körperliche, aber auch seelische Vorgänge ruhig zu betrachten, einzuordnen und eventuell zu verändern. Auf dieser Grundlage kann die Bereitschaft wachsen, sich direkter Auseinandersetzung mit sich selbst und dem Umfeld zu stellen. Dann wird vertiefte therapeutische Arbeit möglich, wie zum Beispiel im Psychodrama oder in der psychoanalytischen Therapie. Um dazu innere und äußere Hemmschwellen zu überwinden, kann das Autogene Training – wenn nötig – stufenweise Übergänge für weitere Therapieschritte schaffen.

»Ja!«

In tiefer Entspannung können traumähnliche Bilder auftauchen und intensiv vorgestellt werden. Die folgenden Bilder und Empfindungen entstammen der Nachschrift aus einer sogenannten Autogenen Training-Oberstufen-Sitzung des 60jährigen *Franz*. Mir fiel dazu der Anfang des Gedichtes »An den Mond« von GOETHE ein:

»Füllest wieder Busch und Tal
Still mit Nebelglanz,
Lösest endlich auch einmal
Meine Seele ganz!«

Nun die Phantasie im Wortlaut:

Wo bin ich?
Ich bin in ein großes schwarzes Loch gefallen.
Das Schwarze klebt an mir, da ist nichts wegzumachen.
Sehenden Auges gehe ich unter.
Da kommt kein Schrei von meinen Lippen.
Wer hätte mich auch hören sollen?
Es gibt niemand außer mir und unendlicher Schwärze.
Die Zunge hängt aus meinem Mund, die Augen sind verdreht, atemlose Stille.
Da atmet's in mir, also bin ich da.
Ich *spüre* schwarz um mich her, also gibt es mich.
Ich atme tief, es strömt in mir.
Schwer geht mein Atem.
Ich bin ganz schwer, das einzig Schwere in einer völlig gewichtslosen Umgebung.
Mehr kann ich aus dem schwarzen Loch nicht herausholen.
Mir ist warm, angenehm warm.
Meine Wärme ist meine Mutter.
Meine Schwere, das ist mein Vater.
Sie sind beide nicht da, aber Schwere und Wärme sind bei mir.
Ihr seid da, ganz für mich und durch euch bin ich da.
Danke. Das Loch weicht zurück. Es wird heller.
Licht! Meine Augen sind geblendet von strahlender Helligkeit.
Ich nehme meine ausgetrocknete Zunge zurück in meinen Mund, da wird sie wieder feucht und beweglich.
Ein Wort, nur ein Wort, *ein* Wort: »Ja, ja!, Jaahhh!«
Meine Stimme ist volltönend.
Langsam geht mein Atem ruhiger.
Mir ist zum Lachen, ich schütte mich *ein* vor Lachen.
Ich bin ganz Lachen, ich bin Fülle, ganz!

Erkennen heißt, von außen und von innen sehen

Psychodrama

Psychodrama entstand in der Umbruchs- und Neuorientierungsphase von Gesellschaft, Kultur und auch Medizin nach dem Ersten Weltkrieg. Mit den Worten seines Begründers J.L. MORENO (1889–1974), einem Wiener Arzt und Künstler, kann Psychodrama »die Wahrheit der Seele durch Handeln ergründen«. Psychodrama hat sich im Laufe der letzten Jahrzehnte sowohl zu einem tiefenpsychologischen als auch sozial-psychologischen Verfahren in Einzel- und Gruppenarbeit entwickelt. Der Mensch wird als aktiv Handelnder innerhalb seines Umfelds, von Natur und Kosmos gesehen.

Hier geht es um Therapieaspekte von Psychodrama und Dramatherapie. Wie für jede Psychotherapie ist zunächst der äußere Rahmen wichtig. Dazu gehören auch alle Vereinbarungen und Absprachen zwischen Patienten und Therapeut oder Therapeutin. Über die Entwicklungschancen durch die Therapie entscheidet die Qualität der Beziehung zwischen Patient und Therapeut. Besonders wenn ein Mensch sich schlecht abgrenzen, weder geben noch nehmen, nur verzerrt wahrnehmen und die Wirkung seines eigenen Verhaltens nicht vorhersehen kann, verdient die Gestaltung dieser Beziehung höchste Aufmerksamkeit. Mit ihren Vereinbarungen betreten Patient und Therapeut gemeinsam einen Übergangsraum, in dem eine Vertrauensbasis schon durch den äußeren Rahmen gefördert werden kann. Günstige äußere Bedingung für die Therapie ist, abgeschirmt sein gegenüber Störungen von außen in einem genügend großen Raum mit ausreichend Licht und Luft. Hilfreich ist ein klarer zeitlicher Rahmen mit regelmäßigen Sitzungen, die pünktlich beginnen und enden. Es geht also um Grenzen von Zeit und Raum, an denen gerade Borderline-Menschen um so mehr rütteln, wenn die notwendigen Grenzen mit den Therapeuten nicht klar vereinbart und eingehalten werden. Sofern es sich um eine Gruppentherapie handelt, kommen dieselben Teilnehmer über einen längeren vereinbarten Zeitraum. Auf der Beziehungsebene sind Offenheit von seiten der Patienten und Diskretion der Therapeuten weitere wichtige Bedingungen, damit sich Vertrauen entwickeln kann.

Psychodrama ist vorwiegend ein Gruppenverfahren, das an Spielsituationen des Kindes anknüpft. So wie uns ein Theaterstück oder Film ergreift, weil die Schauspieler indirekt auch an unsere eigenen Gedanken, Gefühle und Phantasien anknüpfen, so geschieht es auch im Psychodrama: Aus dem reichen, aber oft unbewußten und unaussprechlichen Innenleben eines Gruppenteilnehmers kann durch das Ausspielen von Rollen und Szenen etwas im Gruppenraum sichtbar und greifbar werden. Durch das lebendig Gestaltwerdenlassen ist zum einen ein besserer Kontakt zu sich selber und zu anderen Menschen möglich, und zum anderen kann das äußere Erleben, auch durch Unterstützung der Gruppe, wieder nach innen genommen werden. So erweitert sich der Ich-Horizont der einzelnen Gruppenmitglieder.

Wie aus Beispielen vorangegangener Kapitel ersichtlich, verwende ich auch szenische Mittel, um Ängste und Wünsche, Phantasien und Konflikte zu erkunden. Da läßt sich in Rückblenden bisher belastendes Geschehen realistisch nachspielen und verstehen. Anstehende Konflikte kann jemand in Zukunftsproben vorklären. Durch die Rollenübernahmen in Märchenspielen (vgl. Hans, S. 134) oder Stegreifspielen, z. B. mit dem Thema »Expedition in ein unbekanntes Land«, kann sich jemand gleichzeitig erleben und beobachten, wie es ihm körperlich geht, wie er sich fühlt und wie er sich ausdrückt. So kann jemand spielerisch neue Seiten von sich entdecken, in diesem Rahmen erproben und oftmals sein Verhaltensspektrum erweitern. Psychodrama ist eine mögliche Alternative, die speziellen Nöte von Borderline-Menschen auf diesem Wege besser zu verstehen und manchmal auch zu verändern.

Drei wesentliche Psychodrama-Elemente sind:

– *Doppeln:* Der Patient wird aufgefordert, im Monolog auszusprechen, was in ihm vorgeht. Dabei unterstützt ihn der Therapeut oder ein Gruppenmitglied, indem sie sich zu ihm bzw. hinter ihn setzen und in der Ichform aussprechen, was in dem Betroffenen vorgehen könnte, bis er sich dagegen abgrenzt oder es selber formulieren kann.

– *Spiegeln:* Der Patient schaut sich eine von ihm selbst aufgebaute Szene von außen an. Dabei kann ein anderes Gruppenmitglied seine

Haltung nachahmen und seine Handlungen wiederholen, so daß der Betroffene zu sich selbst Stellung nehmen kann. Erinnern wir uns auch an die Geschichte von HARUN AL RASHID, der in einen Spiegel schaute und erschrak (in Kap. 7, Das Fremde in uns selbst, S. 158).

– *Rollentausch:* Der Patient sieht sich mit den Augen einer anderen Person. Das kann z. B. ein Kollege sein, der gar nicht wirklich da ist. Aber in der Phantasie nimmt der Betroffene dessen Platz ein und reagiert, wie dieser reagieren könnte.

Kommt ein Paar in Therapie und streitet, so können beide ihre Plätze tauschen und in der Rolle ihres Gegenübers nachempfinden, nachsprechen und handeln, wie sie es zuvor jeder vom anderen gesehen und gehört haben oder sich wünschen.

1. Das Doppeln

Wenn ein Gruppenteilnehmer z. B. zu verwirrt oder niedergeschlagen ist, um ein Wort oder nur Bruchstücke herauszubringen, dann versucht sich der Therapeut oder ein erfahrenes Gruppenmitglied einzufühlen und mit möglichst einfachen Worten auszudrücken, was in dem Betroffenen gerade vorgehen könnte. Durch die äußere Unterstützung kann er wieder Vertrauen zu eigenen Gefühlsäußerungen bekommen und auch wagen, diese auszusprechen. Der Doppelnde wendet sich mitfühlend zu und hält respektvoll inne, so daß der Betroffene selbst in sich hineinhorchen kann.

Hier ein Beispiel:

Die Männer und Frauen einer Psychodramagruppe unterhalten sich gerade angeregt und einander zugewandt. Nur *Jutta*, eine 25-jährige Gruppenteilnehmerin, wird immer stiller und wirkt bedrückt. Ihr Gesichtsausdruck wird jetzt starr. Auf Ansprache reagiert sie nicht. Nun setzt sich meine Co-Therapeutin hinter sie und versucht aus der gleichen Körperhaltung ein Gefühl zu doppeln:

Therapeutin: »Ich bringe kein Wort heraus.«

Das kann Jutta aufnehmen: »Ich kann mich nicht bewegen«

Pause. »Ich bin hinter hohen Mauern gefangen«

Th.: »Ich möchte …«

Jutta: »… drinbleiben, niemand vor den Kopf stoßen«

Th.: »In meinem Gefängnis werde ich auch nicht verletzt«

Jutta: »Aber hier drin in mir ist es schrecklich – (schreit jetzt) – ich will heraus!« (zieht sich gleichzeitig in sich zurück)

Th.: »Vielleicht gibt es eine Öffnung?«

Jutta (streckt vorsichtig eine Hand aus): »Wo bin ich?«

Jetzt setzt sich die Therapeutin neben Jutta und spricht direkt zu ihr: »Wir sind in der Psychodramagruppe.«

Jutta kann jetzt den Blick der Therapeutin voll aufnehmen und schaut sich vorsichtig nach den anderen um. Jede/r hier reagiert auf seine Weise und auf dem Hintergrund seiner eigenen Geschichte. Gleichzeitig strahlt die Gruppe im ganzen etwas von der Vielfalt der inneren Regungen Juttas aus: Manche schauen ängstlich, andere blicken teilnahmsvoll, wieder andere starren wie abwesend zu Boden. So widersprüchlich sieht es auch in Jutta aus! Doch sie berichtet jetzt noch von einem anderen Erleben, das sie verstummen ließ:

»Euch ging es gut. Da fühlte ich mich übersehen, überflüssig, wie weggeflossen. Ich kenne das von meiner Mutter, wenn es mir gut ging, sackte sie oft hilflos in sich zusammen, so daß ich Angst bekam. Vorhin war *ich* meine Mutter, und ihr wart ich – aber sie (zur Therapeutin gewandt erklärte sie der Gruppe) hat mich zu mir selbst zurückgebracht.«

Die Therapeutin hatte also mit ihrem Doppeln in diesem Moment eine wichtige Ich-Funktion für Jutta übernommen. Natürlich war es ein längerer Prozeß, bis Jutta in Streßsituationen zwischen sich und ihrer Mutter, die sie als Bild in sich trug, unterscheiden konnte. Ganz wesentlich trug dazu die Gruppe im ganzen bei, die mit ihrem vielfältigen Gefühlsspektrum mehr Wesensäußerungen von Jutta auszudrücken vermochte, als es ein einzelner Therapeut könnte, schon gar nicht das in dieser Gleichzeitigkeit widerspiegeln.

2. Das Spiegeln

Jemand hat eine Geste gemacht, einen Satz in einem bestimmten Tonfall gesprochen, scheinbar unnachahmlich geschaut. Wenn er/sie einverstanden ist, kann ein anderes Gruppenmitglied versuchen, es zu wiederholen. Die Wirkung ist oft erstaunlich und kann erschreckend oder befreiend sein, wütend machen oder erleichtern. Jemand kann sich auch ein Bild von sich selber machen und es sich

von außen betrachten. So eine Spiegelszene wollen wir jetzt nacherleben:
Cornelius, 35, ist mit seiner gleichaltrigen Ehefrau seit einiger Zeit in einer Psychodrama-Paartherapie. Die beiden haben heute über ihr eigenes, höchst unterschiedliches Körperbild geredet. Nun versucht jede/r zunächst für sich sein Bild von sich mit im Therapieraum vorhandenen Gegenständen aufzubauen. Sobald Cornelius Körperteile von sich z. B. mit einem Ball oder Holzscheit zusammenfügt, verwirft er sie buchstäblich wieder. Es tut weh, ihm zuzuschauen, wie hart er mit »sich« umgeht. Schließlich entscheidet er sich unwirsch für einen zerschlissenen Korb als Rumpf, an den er als Kopf einen Metallring befestigt. Dann liegen noch scheinbar zufällig je zwei Ketten und Gliederpuppen herum, die er »wegwerfend« als Arme und Beine bezeichnet. Zunächst betrachten wir gemeinsam seine Selbstschöpfung von einer Ecke des Raumes aus. Zu meinem Erstaunen »erkennt« er sich sofort wieder: »Den Kerl hält nur noch sein Kopf zusammen!« – »Ja, so geht's mir mit dir, Cornelius«, stimmt ihm seine Frau seufzend zu. Um ihm seinen eigenen Aufbau nochmals zu spiegeln, bitte ich jetzt seine Frau, seine Darstellungsweise zu wiederholen. Es fällt ihr schwer, seine abrupten Bewegungen und ärgerlichen Zwischenbemerkungen nachzuahmen. Cornelius betrachtet sich in diesem Spiegel in Ruhe, mit der unmittelbaren Folge, daß er in der Wiederholung sein Körperbild freundlicher und in sich zusammenhängender darstellen kann. Seine Partnerin profitiert davon, indem sie durch den ihr so schwerfallenden Rollentausch mit ihrem Mann an Verständnis für ihn gewinnt. Als sie ihm jetzt sagt: »Ich habe dich schon häufig als Torso erlebt...«, nahm er sie in seine Arme, so beziehungsvoll und bewußt, als wären sie ihm eben erst gewachsen. Dann fährt er plötzlich traumverloren fort: »Als Kind habe ich immer meine Stofftiere zerlegt, – das war ich wohl selbst. Aber niemand hat mir gezeigt, wie ich sie wieder zusammensetze...« Cornelius blickt nochmals das jetzt von ihm umgestaltete Körperbild an. Er scheint sich plötzlich zu mögen.

Aber es gab noch viele Einbrüche, bis sein Bild von sich rund und zugleich offen für die Beziehung wurde. So machte es ihm lange Zeit Angst, sich gefühlsmäßig und gedanklich in seine Frau zu versetzen, er konnte es aber im Psychodrama durch Rollentausch immer wieder ausprobieren.

3. Der Rollentausch

Bei einem streitenden oder kontaktlosen Ehepaar kann es die Beziehung spontan beleben und ein gegenseitiges Verständnis fördern, wenn in bestimmten Situationen einfach die Plätze getauscht und das wiederholt wird, was der andere jeweils gerade dargeboten hat. So können beide herausspüren, was in ihnen selbst und dem anderen innerlich vorgeht. Im Rollentausch hört und sieht sich eine/r mit des anderen Ohren und Augen. Das Verständnis für einen selber und für sein Gegenüber wächst. Manche/r findet im Rollentausch heraus, daß er bisher im Gegenüber etwas abgelehnt hat, was er an sich selber ablehnt, was aber im Gegenüber leichter zu bekämpfen ist.

In der besonderen, aber häufigen Form von Selbstablehnung traf das für *Elisabeth* zu, die sich mit 40 Jahren u. a. wegen gräßlicher Alpträume in Behandlung begab. Die alleinstehende Frau träumte seit längerem wiederholt folgenden Traum:

»Ich liege in meinem Bett und bin eingeschlafen. Plötzlich wache ich im Traum von Geräuschen der Schlafzimmertür auf, sie öffnet sich wie von Geisterhand, und herein tritt eine schwarz gekleidete ältere Frau mit bleichem Gesicht, die mir gänzlich unbekannt ist. Sie kommt wortlos auf mein Bett zu, streckt die Arme aus, als wollte sie mich erwürgen. Ich bin wie gelähmt, manchmal kann ich schreien. Im gleichen Moment wache ich schweißgebadet auf.«

In der Psychodrama-Einzelsitzung versuchen wir es heute mit einem Rollentausch. Zunächst deutet Elisabeth mit Requisiten im Therapieraum an, was für die Traumszene nötig ist. Da ist eine Matratze für ihr Bett, eine spanische Wand an der Stelle der Tür und für die Fremde hängt sie ein schwarzes Tuch über eine senkrecht gestellte Bank, was wirklich bedrohlich aussieht. Elisabeth verdunkelt den Raum etwas und legt sich auf die Matratze. Voll konzentriert und mutig fragt sie die Gestalt: »Was willst du? Was habe ich dir getan? Laß mich in Ruhe!« Nun folgt der Rollentausch. Elisabeth hängt sich selber das schwarze Tuch über die Schultern und spricht jetzt als diese alte Frau zu sich: »Ich bin gar nicht älter, ich bin so alt wie du, und ich will, daß es dir schlecht geht wie mir, daß dir die

Luft ausgeht, bis du einsam und verlassen stirbst wie ich!« Wieder zurückgekehrt in ihre eigene Rolle, aber aufrecht im Bett sitzend, schreit Elisabeth die Gestalt bzw. das Gestell an: »Ich kenne Dich! (Sie nennt einen Schwesternnamen aus ihrer Internatszeit.) Du hast mir schon immer die Luft genommen und mir meinen ersten Freund verboten – und ich habe Dir geglaubt, daß ich ein schlechter Mensch bin, weil ich diesen Jungen liebe... Hinaus mit Dir!« Elisabeth zögert, blickt entsetzt zu mir, der ich am Rand der Szene stehe. Ich ermuntere sie mit einer Geste, weiterzumachen. Sie springt vom Bett auf und bugsiert die Bank mit dem schwarzen Tuch hinter die spanische Wand, also die Tür, und holt erst einmal tief Luft. Sie beginnt die Vorhänge und das Fenster im Therapieraum zu öffnen, um real Licht und Luft hereinzulassen. Aber ich wende ein: »Sie könnte wiederkommen.« Elisabeth schaut mich ratlos an: »Was soll ich tun?« Ich biete ihr an: »Fragen Sie das noch einmal die andere Frau!« Erneut im Rollentausch gibt sich Elisabeth eine verblüffende Antwort: »Beerdige mich, lege mich ins Grab!« Elisabeth bestattet jetzt die Frau in einer entfernten Ecke des Therapieraums und verabschiedet sich sogar liebevoll von ihr. Dann lösen wir die Szene auf und setzen uns zum Nachgespräch gegenüber.

Soviel ich weiß, ist dieser Alptraum nicht wiedergekommen. Elisabeth wurde durch die Szene gewahr, was sie bisher abgehalten hatte, aus ihrem Alleinsein herauszutreten. Es folgte intensive therapeutische Arbeit an dem Wesensteil Elisabeths, der sie mit Verachtung strafte und keiner Liebesbeziehung für würdig fand. Als sie diesen Anteil abzulegen, gleichsam zu beerdigen versuchte, war Elisabeth so hin- und hergerissen, ihn nicht hergeben zu wollen oder selber ganz mitzusterben, daß ich ihr nochmals einen Rollentausch mit jener längst beerdigt geglaubten Internatsschwester vorschlug. Überraschenderweise erkannte Elisabeth in jener Frau beim zweiten Mal ihre Mutter wieder, die sie mit 12 Jahren in eben dieses Internat weggegeben hatte – um sie vor dem Stiefvater zu beschützen, der Elisabeth sexuell nachstellte. Auf einmal schließt sich der Kreis von widersprüchlichen Reaktionen auf: Ihre Liebessehnsucht kann sich erfüllen, aber gleichzeitig in Ausbeutung enden. Sich aus Selbstschutz von Männern fernzuhalten, kann den Preis der Vereinsamung haben.

Die Rolle des Psychodramatherapeuten besteht darin, Elisabeth in der szenischen Darstellung Unterstützung und Halt zu geben, aber auch mit unangenehmen Regungen zu konfrontieren. Das Therapieziel ist, daß Elisabeth selbst frei und sicher mit ihren Gefühlen umgehen kann.

Gerade Borderline-Menschen brauchen gewöhnlich viel Zeit und Gelegenheit, positive und negative Empfindungen und Gedanken in sich selber gleichzeitig auszuhalten. Wir sind schon öfter ihrer Tendenz begegnet, sich und andere entweder kraß zu entwerten oder zu überhöhen. Was fehlt, sind die Zwischentöne und das Sowohl-als-auch.

Borderline-Menschen haben ein Frühwarnsystem entwickelt, in wen sie sich, aus Angst sich auszuliefern, auf keinen Fall hineinversetzen wollen. Schon eingangs (SCHLAGLICHTER) war von der mangelnden Fähigkeit zur Abgrenzung von einer anderen, meist bedrohlich erlebten Person die Rede. Wie sehr ein Borderline-Mensch auch versucht, diese andere Person zu kontrollieren, er hat doch gefühlsmäßig Angst oder erlebt es, daß Aggression und Wut zurückkommen und ihn verstärkt treffen. Solche Verwicklungen im Rollentausch von außen anzuschauen, kann sehr hilfreich sein, kann aber auch zu bedrohlich werden. Verweigern Borderline-Menschen instinktiv den Rollentausch, ist das zu respektieren. Es besteht dann die Chance, die dahinter liegende Angst mit dem Betreffenden im Gespräch zum Thema zu machen. Das Ziel bleibt dasselbe: Abgrenzung, Ganzwerdung und Beziehungsfähigkeit zu fördern. Bevor ein Mensch seufzen oder darüber nachdenken kann, »zwei Seelen wohnen, ach, in meiner Brust!«, muß er sich gewahr sein, daß es *seine* Brust ist und daß es sich um eine einzige Brust handelt, in der zwei oder mehr widerstreitende Seelen hausen. Psychodrama- oder Dramatherapiesitzungen sind Phantasiereisen und sind gerade für Borderline-Menschen umsichtig vorzubereiten. ANNA CHESNER weist auf das Geerdet- und in sich Gegründet-Sein hin, bevor zum Flug gestartet und größere Höhe erreicht werden kann. Frühzeitig ist die Reisegeschwindigkeit wieder zu reduzieren, sorgsam zur Landung anzusetzen und nach dem Aussteigen alles Gepäck auszugeben. So können sich gemeinsam eine Menge neuer Erfahrungen entfalten.

Sich sein Unbewußtes vertraut machen
Psychoanalytische Therapie

Als S. FREUD und andere sich zu Beginn des Jahrhunderts systematisch mit dem Phänomen des Unbewußten und mit Traumprozessen beschäftigten, gingen sie mit dem Anspruch, objektiv und neutral zu forschen, nach damals gültigen naturwissenschaftlichen Denkmustern vor. Gegen Widerstände zum Teil aus den eigenen Reihen hat sich das Menschenbild auch der Psychoanalyse in den letzten Jahrzehnten weiterentwickelt. Der Mensch wird nicht zum Objekt der Analyse gemacht, sondern als soziales Beziehungswesen ernstgenommen. Die Überwindung der Subjekt-Objekt-Spaltung fußt vor allem auf Erkenntnissen der modernen Physik und Sozialwissenschaften.

Was ich für den äußeren Rahmen von Psychodrama genannt habe, gilt nun auch hier. Ich kann nur Grundzüge nennen. Vieles trifft auf die psychoanalytische Behandlung aller Störungen der Psyche zu. Doch gehe ich vor allem auf Borderline-spezifische Gesichtspunkte ein. Gerade der feste Rahmen einer analytischen Therapiebeziehung bietet den Patienten viel Halt. In dieser Therapiemethode werden Vergangenheit und Gegenwart eines Menschen in besonderer Weise verknüpft. Die aufmerksame Präsenz des Therapeuten, der Therapeutin, löst im Patienten Gefühle, Gedanken, Erinnerungen, Phantasien und Vorstellungen aus, die mit nahen Personen der früheren und frühesten Lebensgeschichte ebenso wie mit jetzigen Beziehungspartnern und mit dem Therapeuten zu tun haben. Ein korrespondierender Prozeß spielt sich auch im Therapeuten gegenüber dem Patienten ab. Die Ausbildung zum Psychoanalytiker zielt darauf ab, daß er sich so gut kennenlernt, daß er zwischen Nachwirkungen seiner eigenen Geschichte und der Geschichte seiner Patienten unterscheiden und sich ohne eigene Bedürfnisbefriedigung ihnen öffnen, mitleiden und sich mitfreuen kann. Wir begreifen diese Beziehung heute nicht als Einbahnstraße, sondern als Regelkreis zwischen Patient und Therapeut. Übertragungen von früheren Personen auf gegenwärtige finden auch im Alltag statt, werden dort aber meist nicht zum Thema oder sind gar nicht bewußt. In der Therapiesituation kann z. B. eine neurotische, aber ichstabile Person auf den Therapeuten Wünsche und Ängste, verführt zu werden, in folgender Weise übertragen:

Patient: »Wenn ich so daliege und Sie hinter mir sitzen, könnten Sie mich ja verführen und mit mir schlafen wollen.«

Der Therapeut würde dann genau nachfragen und klären, woran diese Person diesen Einfall festmacht und welche Wurzeln er haben könnte. Von einem nicht-ichstabilen Borderline-Menschen sind ganz andere Einfälle zu erwarten:

Patient: »Wenn ich so daliege und Sie hinter mir sitzen, kann ich nicht mehr trennen zwischen uns, wo ich aufhöre und wo Sie anfangen«. (Oder:) »Wer ich bin, und wer Sie sind«. (Oder:) »Sie nehmen mir die Luft, zerstückeln mich, löschen mich aus«. (Oder:) »Sie *sind* meine Mutter, mein Vater!« (Oder:) »Sie wollen mich ficken, streiten Sie es doch nicht ab!«

Die Therapieerfahrung lehrt, daß solche Panikreaktionen bei ichinstabilen Patienten durch zwei Umstände hervorgerufen oder verschlimmert werden: wenn der Patient liegt, aber der Therapeut sitzt, und wenn der Patient den Therapeuten nicht sehen kann, aber umgekehrt er ihn oder sie schon. Das Liegen kommt einer konzentrierten Innenschau des Patienten zugute, vermindert aber zeitweilig seine Kontrolle der Situation. Warum ist das so gefährlich für ihn? Weil der Borderline-Mensch – das ist sein Kernproblem – sich mitunter weder selbst noch sein Gegenüber als vielgestaltigen, aber ungeteilten *ganzen* Menschen erlebt. Im Extremfall kann eine Borderline-Persönlichkeit sich als gleichzeitig vorhanden und doch nicht vorhanden, als Torso, der nur funktioniert, aber nicht lebendig ist (Vgl. Cornelius, S. 185) oder als jederzeit zerteilbar oder auslöschbar fühlen, wie in obigem Beispiel. Ebenso kann er Aussagen oder Schweigen des Therapeuten so erklären, daß der Therapeut ein Monster, sein Vater oder eine Maschine *ist*!

Vor allem zu Beginn der Behandlung ist das Deuten des gegenwärtigen Verhaltens des Patienten aus seiner Biographie nicht sinnvoll oder steigert sogar seine Verwirrung. Fruchtbar wirken sich dagegen vertragsartige Vereinbarungen über alle Einzelheiten der Zusammenarbeit in der Therapie aus, ebenso ein genaues Klären der sich mit Borderline-Menschen fast zwangsläufig ergebenden Mißverständnisse und Mißdeutungen.

Merkwürdigerweise kommt oftmals erst durch Mißverständnisse oder sogar Überreaktionen des Therapeuten, die auch mit seiner Geschichte zu tun haben, ein Therapiefortschritt in Gang! Entscheidend ist dabei, herauszufinden, was passiert hier und jetzt zwischen dem Therapeuten und dem Patienten? In einer tragfähigen therapeutischen Beziehung können auch oder gerade Fehler oder Versäumnisse des Therapeuten neue Türen öffnen und Brücken bauen, wenn der Therapeut sich dessen bewußt ist.

Patienten sind nicht nur toleranter als wir Therapeuten denken, sondern sogar erleichtert, uns vom überlegenen Podest der Irrtums- und Fehlerlosigkeit herunterholen zu können. Verärgerung auf meine Eingeständnisse hin habe ich selten gespürt, sehr wohl aber berechtigtes Mißtrauen oder sogar Stillstand in der Therapie, wenn ich mich nicht stellte oder schlicht erklärte und entschuldigte. Allerdings habe ich auch erlebt, daß gerade Borderline-Menschen meine Eingeständnisse Angst machten, wenn sie in einer Phase waren, wo sie sich verzweifelt an ein nur weißes, ideales Bild von mir klammerten oder gar nicht anders konnten, als sich selbst alle Schuld zuzuweisen. Die Bedürftigkeit, im therapeutischen Gegenüber einen niemals schwankenden Boden zu haben, muß aber früher oder später in Frage gestellt werden. Bei extremer Abhängigkeit von Angehörigen, Therapeuten oder irgendwelchen Weltanschauungen scheint es mir besonders wichtig zu sein, Realitätsbezug und Wunschvorstellungen des Betreffenden gemeinsam sorgfältig anzuschauen.

Gerade in der Therapie mit Borderline-Menschen gilt es, erfinderisch den oft äußerst schmalen Spielraum in der Beziehung zu nutzen. Lassen wir uns auf solche Menschen ein, setzen wir uns gleichsam mit ihnen auf eine Schaukel und spüren ihre Angst, abzustürzen oder stillzustehen. Aber da ist auch Sehnsucht nach Balance und lebendigem Schwung zu finden.

Was sind nun praktische Konsequenzen für die psychoanalytische Therapie daraus? Zum einen ist es vorzuziehen, daß der Patient dem Therapeuten in angemessenem Abstand gegenüber sitzt, ihn ansehen oder wegschauen kann, statt zu liegen (vgl. Helga, S. 160). Zum anderen muß der Therapeut darauf achten, wann der Patient für sein inneres Überleben mehr Nähe und Wärme im Sinne therapeutischer Stütze braucht, und wann eine eingehende Klärung der realen Umstände und die Deutung der akzentuierten Wahrnehmung des Patienten angesagt ist. Seine Wahrnehmung ist nicht einfach falsch, sondern in der aktuellen Situation verzerrt. Der Patient sieht sein Gegenüber unter Umständen nur halb – wie eine grell beleuchtete Gesichtshälfte, während die andere im Dunkel verschwindet und gar nicht mehr mitgedacht wird. Es wäre, als ob wir nur die von der Sonne angestrahlte Seite des Halbmondes für existent halten, die andere Seite aber leugnen.

In vorangegangenen Kapiteln haben wir uns mit den Ursachen dieser Spaltung anhand vieler Beispiele beschäftigt. Sie ist ein Schutz, wenn die Zusammenschau von guten und schlechten Seiten eines Menschen unerträglich ist, und daher der andere im Extremfall vergöttert oder verteufelt wird – manchmal im fliegenden Wechsel!

Jede Therapie hat das Ziel, daß der Patient mehr Fülle, mehr Widersprüche erleben und aushalten kann. Es ist besonders gut möglich, solche Aufspaltungen deutend aufzulösen, wenn der Patient – für ihn überschaubar – gegenteilige Seiten in ein und derselben Situation zeigt. Zum Beispiel kann sich ein Borderline-Mensch kurz nacheinander vom Therapeuten »dankbar« abhängig und »vernichtend« bedroht fühlen. Meist bedarf es viel Geduld, die Verwirrung des Patienten zu erspüren und zu ertragen, bevor sie benannt und erklärt werden, und sich der Patient zur Bereicherung seiner Lebenssicht innerlich neu organisieren kann. In der Frühphase einer Therapie mit Borderline-Menschen gilt es immer wieder darauf einzugehen, daß sie diese Spaltung zu ihrem Schutz brauchen, und zwar auch, um sich vor Seiten des Therapeuten zu schützen oder um andere Seiten von ihm zu nützen. Durch die feine Unterscheidung im gemeinsamen Prozeß, zu dem beide beitragen, wird es mit der Zeit immer verständlicher, was der Patient an eigenen Widersprüchen, Aggressionen und Sehnsüchten auf den Therapeuten überträgt, ohne ihn oder sich selber als Person in ihrer Ganzheit wahrzunehmen. Englische Forscher entwickelten die Modellvorstellung vom »Containing« des Therapeuten: Übergangsweise stellt er sich gleichsam als Gefäß zur Verfügung, in dem all die Gefühle, Gedanken, Ängste und Hoffnungen des Patienten aufbewahrt werden, die diesem im Moment (noch) nicht verständlich oder gar lebbar sind. Auf der einen Seite wird also in der psychoanalytischen Therapie von Borderline-Menschen von Anfang an auf Spaltungsvorgänge, kontrollierende Tendenzen und übertriebene Zuschreibungen aller Art hingewiesen. Gleichzeitig werden diese Dinge nicht wegtherapiert, sondern in dem Gefäß, das der Therapeut ist, gesammelt und darin verwandelt, manches entgiftet, manches genährt. Wut hat hier ebenso Platz wie Zuneigung.

Das Ende der Therapie kann der Borderline-Mensch daran erkennen, daß er Verschiedenartiges, auch Ungereimtes, an sich und anderen Menschen wahrnehmen kann. Was vorher nicht bewußt und einfach unerträglich war, kann jetzt als zu ihm oder zu anderen an Gegensätzen zugehörig angenommen werden. Es kann ein langer, schmerzhafter Prozeß sein, in Freundschaft mit seinen Schattenseiten zu leben. Wenn sich Haß und Liebe in ein und demselben Menschen umarmen können, ist er seelisch gesund geworden. Der Tanz auf dem Rasiermesser ist ausgestanden.

Aber gerade nach einer geraumen Therapiezeit, wenn Borderline-Menschen innerlich aufatmen und im Alltag selbstbewußter geworden sind, fallen sie eventuell, und zwar entgegen ihren eigenen Absichten, in ihr altes Gefängnis oder in erneute Selbstentwertung zurück. Dies geschieht aus zwei Gründen:

1. Aus Angst, gemäß dem alten Kindheitsmuster verlassen zu werden: »Wer garantiert mir, daß ich wirklich schon genug aufgetankt habe und für die Welt ausreichend selbständig bin?«

2. Aus Neid auf Menschen, die – wie Therapeuten – etwas geben, was in diesem Fall ja ihnen als Patienten zugute kommt. Es kann bei Borderline-Menschen zur »Selbstsabotage« kommen, wenn sie sich tragischerweise den Erfolg selber nehmen, weil sie ihn dem Therapeuten mißgönnen!

Wie aus vielen Beispielen zu ersehen ist, muß der Therapeut wohlwollend bleiben und sich vor aggressiven Reaktionen auf den Patienten hüten, darf sich aber auch nicht selbstquälerisch dessen Angriffen unterwerfen und seine eigene Glaubwürdigkeit dadurch abwerten; denn sie ist der größte und sicherste Halt für den Patienten, der um seine Identität ringt. Der Therapeut muß vielmehr greifbar und angreifbar bleiben und Grenzen setzen, wo immer es nötig ist (vgl. Gerold, S. 66). Er sollte frühzeitig verzerrte Wahrnehmungen des Patienten ansprechen, um dessen Realitätsbezug zu verbessern, und ihm gleichzeitig Mut machen, daß dieser sinnerfüllte Beziehungen eingehen und sich selbst besser akzeptieren kann.

Eine psychoanalytische Einzeltherapie mit einem Borderline-Menschen kann Jahre dauern, aber manchmal finden die Sitzungen nur einmal pro Woche statt. Manche Patienten sind durch häufigere Sitzungen deutlich überfordert. Für andere Borderline-Menschen kann aber auch eine Therapie mit 3 Wochenstunden nötig sein, um ausreichenden Halt zu finden. Dagegen dauern Behandlungen von neurotischen Konflikten ichstabiler Patienten zwar oft kürzer an Jahren, doch sind häufiger 2–3 Sitzungen pro Woche sinnvoll bzw. notwendig. Therapie von Borderline-Menschen hat mit Wachstum und Nachreifung zu tun, die nicht in zehn oder dreißig Stunden zu bewerkstelligen sind. Langzeittherapie liegt jedoch quer zu gesellschaftlichen Tendenzen, Reparaturen – auch der Seele – müßten in kürzester Zeit zu erledigen sein.

Soll eine Therapie zufriedenstellend abgeschlossen werden, muß dies gemeinsam gut vorbereitet werden. Wenn sich der Patient nach Beendigung der Therapie wieder meldet, sollte dem nicht der Geschmack von Enttäuschung oder Niederlage anhaften. Gerade der Abschied kann nochmals ein Härtetest für die Beziehung von Therapeut und Patient sein: Dem Patienten kann die Neigung des Therapeuten, nicht loszulassen oder zu hohe Ansprüche an das Ergebnis zu stellen, durchaus gefährlich werden. Eine gegenteilige Haltung des Therapeuten kann in einer frühen Phase der Therapie zum Problem werden, wenn er nämlich den Patienten fallenläßt, statt sich mit ihm auseinanderzusetzen und z. B. zu klären, warum er sich nicht an bestimmte Vereinbarungen hielt. Jede Trennung vom Therapeuten ist für den Patienten auch ein mehr oder weniger Sinn gebendes Modell für andere notwendige, geglückte oder mutwillig vom Zaun gebrochene Trennungen im Leben; sie ermöglicht in gelungenen Fällen das Gefühl, selbständig zu handeln, zu leben und zu lieben. Borderline-Menschen entwickeln die Fähigkeit, Sprengstücke aus ihrem innerseelischen Chaos in Verständnisbrükken zu sich selbst und zu ihrer Umgebung einzubauen.

Bin ich pervers?

Otto war ein 35jähriger Dreher, schlank, schwarzhaarig, dunkler Teint. Er sah einfach gut aus. Ältere, aber auch jüngere Frauen flogen auf ihn. Aber er zog buchstäblich vor jeder Annäherung seinen Schwanz ein und nahm reißaus. Wohin der pakistanische Vater noch vor Ottos Geburt sich abgesetzt hatte, wußte die Mutter nicht oder verheimlichte es. Eine Quelle unstillbarer Vatersehnsucht ist die Folge solcher Ungewißheit für die Betroffenen. Otto idealisierte seinen Vater nicht, sondern er haßte ihn, und er haßte mich!

Nachdem ich seine ersten Härtetests überstanden und bestanden hatte, kam er mit einem Vertrauensvorschuß schnell zur Sache: Am liebsten würde er sich an kleinen Kindern vergehen, an Mädchen und Jungen zwischen vier und sechs Jahren. Zu ihnen und in »all ihre Löcher« würde sein viel zu kleiner Penis passen. Daß ihm ein Urologe normale Größe und Funktion seines Geschlechtsorgans bestätigt hatte, war für Otto unmaßgeblich. Außerdem verspürte er den Wunsch und panische Angst zugleich, von dicken, auf ihn wütenden Frauen zwischen 40 und 50 auf dem Rücken liegend vergewaltigt zu werden. Diese verschiedenen Vorstellungen malte er sich beim Onanieren aus, seiner einzigen Möglichkeit, zum Höhepunkt zu kommen. Noch schlimmere Angst machte ihm, er könnte von Schwulen vergewaltigt werden, wie es ihm zwischen 14 und 16 zwei- oder dreimal passiert sei. Otto hatte noch nie im Leben mit einer Frau geschlafen.

Otto erzählte stockend, machte minutenlange Pausen und fixierte mich dabei. Wenn ich nachfragte oder ihn zu lange anblickte, konnte er vorhersehbar in Wut geraten. Nach einem halben Jahr bekamen die Sitzungen für uns einen überschaubaren und thematisierbaren Verlauf. Zu Beginn war Otto meist verlegen und wollte eine nicht zu tiefschürfende oder nicht zu banale Frage von mir hören. Eigentlich führte alles binnen kurzem zu einer Erwiderung wie »Sie verstehen mich ja doch nicht!«. Dann konnte er weitermachen, wenn ich zugab, daß es schwierig für mich sei. Bei seiner bruchstückhaften Schilderung geriet er jeweils zunehmend in Wut auf Gott und die Welt, z. B.: »Alle wollen mich fertigmachen; aus mir wird nie etwas Gescheites. Sie warten ja auch nur darauf, daß Sie mich in die Klapsmühle stecken können. Holen Sie doch die Polizei!« schrie er mich herausfordernd an.

Es waren nicht allein seine Sätze und die Lautstärke seiner hohen klirrenden Stimme, sondern eine bestimmte Atmosphäre, bei der mir mulmig wurde, und die ich lange nicht ansprechen konnte: Ich fühlte mich wie in einem Steinbruch, wo gesprengt wird. Das Signal, sich fernzuhalten, war längst ertönt, aber ich war mit dem Sprengmeister zusammen geblieben, und uns flogen die Stücke um die Ohren. Otto zeigte sich über meine Phantasie nicht erstaunt, sondern er war erleichtert, daß ich sie *auch* hatte.

Bevor wir über den Ablauf der Stunden und seine Wirkung auf ihn und mich sprachen, gipfelten die Sitzungen häufig in massiven Selbstmorddrohungen, sich sofort nach der Sitzung etwas anzutun. Ich arbeitete damals noch im 2. Stock eines 15stöckigen Hochhauses... Manchmal war ich zwischen meinem psychiatrischen Sachverstand, ihn vorbeugend in die Klinik einzuweisen, und meinem psychotherapeutischen Gespür, ihn wie das verzweifelt aufstampfende zweijährige Kind mütterlich auszuhalten, hin- und hergerissen. Meine Zerrissenheit und Unzerstörbarkeit zu spüren, tat ihm beides gut.

Aber dann kam eine Phase, in der er mich nach den Sitzungen anrief und mich als Voyeur, Schwulen und Bullen ohne Uniform beschimpfte, um manchmal nach einer weiteren Selbstmorddrohung aufzulegen. Ich erinnere mich noch, wie ich nach einem Gespräch mit meinem Supervisor sagen konnte, als Otto wieder anrief: »Ich therapiere nicht am Telefon, können wir das bitte in der Freitagsstunde aufgreifen.« Als hätte er nur darauf gewartet, daß ich ihm eine Grenze setze, hörten nicht nur diese Anrufe auf, sondern am besagten Freitag sagte er: »Wenn Sie meinen Telefonterror länger mitgemacht hätten, hätte ich mich wirklich umgebracht.«

Im zweiten Therapiejahr klangen seine Selbstanklagen, ein »Perversling« zu sein, samt den überwältigenden Bildern ab. Hatte er doch glaubhaft nie einem Kind etwas zuleide getan oder in irgendeiner Weise mit der Polizei zu tun gehabt. Wenn ich herausfinden wollte, ob er selbst als Kind auf irgendeine abscheuliche Weise mißbraucht worden war, stießen wir auf Beton. Ich habe es nie erfahren. Darüberhinaus, daß seine überforderte, alleinerziehende Mutter ihn ablehnte und buchstäblich »nach Strich und Faden verhauen« hatte, könnte Otto ja gespürt haben, wie sich die Mutter möglicherweise an ihn als Ersatzpartner geklammert und ihn benutzt hatte, auch körperlich. Ich weiß es nicht.

Eine neue Krise in der mehrjährigen Einzeltherapie war vorhersehbar, aber trotz vieler vorbeugender Gespräche nicht zu vermeiden. Otto lernte eine 7 Jahre ältere, dicke Frau kennen, die ihn nicht wütend vergewaltigte, sondern ihm ganz behutsam ihre Liebe zu verstehen gab. Seine Angstskala reichte von: »Ich glaube ihr nicht, soll sie doch endlich ihr wahres Gesicht zeigen, das Scheusal!« bis »Sie gönnen mir ja doch keine richtige Partnerbeziehung in Ihrer perversen Phantasie, Sie Neidhammel!« Er hatte nie erlebt, daß sich jemand für ihn freut, ohne etwas von ihm zu wollen. Oder sollte er früher als ich gemerkt haben, daß mit einer geglückten intimen Beziehung seinerseits unsere Therapiezeit zu Ende gehen würde? Hatte ich überbehütend den Zeitpunkt seiner Verselbständigung hinausgezögert?

Was in einer solchen Therapie abläuft, grenzt mit manchen Borderline-Menschen an eine Höllenfahrt und übertrifft jede Art von Vorwissen. Um die Orientierung nicht zu verlieren, bedarf es einer fortlaufenden inneren Kontrolle des Therapeuten über den Grad seiner Verwicklung oder Abseitsstellung in dem gemeinsamen Prozeß. Jeder der beiden profitiert von der zeitweiligen Ratlosigkeit des anderen und gerade nicht vom Besserwissen. Wenn sie miteinander auch oft nur ein Teilziel des langen Marsches durch Dick und Dünn erreicht haben, kann der Borderline-Mensch wortwörtlich ein Stück selbständiger weitergehen, sein verschütteter Ich-Kern lebt auf, seine Beziehungen können sich erstmals besser entfalten. Als Therapeut habe ich mir vielleicht die Haare gerauft und bin am Ende doch dankbar für das Dazulernen in der Begegnung. So ging es mir jedenfalls mit Otto, der unglaublich pfiffige und liebenswerte Seiten entwickelte.

Nach einem eher ruhigen weiteren halben Jahr der insgesamt dreijährigen Therapie verabschiedeten wir uns. Otto hatte erstmals Geschlechtsverkehr mit dieser Frau – und mußte nicht reißaus nehmen, auch nicht vor ihrer Zärtlichkeit. Ich glaubte noch, ihn warnen zu müssen, nicht gleich mit seiner Freundin zusammenzuziehen...

Unersetzlicher Verlust

Anna kam nach vierwöchiger stationärer Behandlung in einer psychiatrischen Klinik zu mir in Einzeltherapie. Sie war etwa 40 Jahre alt, bleich, wirkte wie ein Strich, was von ihr über ein Jahr lang mit stets schwarzer Kleidung betont wurde. Wie sehr sie litt, zeigte sie um so unerbittlicher, als ihre Umgebung hoffte, Anna würde endlich darüber hinwegkommen: Ihre 16jährige Tochter war auf einer Ferienfahrt ohne die Mutter bei einem Schiffsunfall ums Leben gekommen, auf offener See ertrunken, aber niemals gefunden worden. Das war nun ein halbes Jahr her. Ihr Mann war bereits gestorben, als die Kinder noch klein waren. Jetzt war sie nicht fähig, sich um ihren zwölfjährigen Sohn zu kümmern. Er mußte sich von Stund an, seit sie die Todesnachricht erfuhr, selber versorgen.

Ihr erster Satz war: »Sie können mir meine Tochter auch nicht zurückgeben!« Später wurde daraus die Wendung: »Sie können mir mein Leben nicht wiedergeben; denn ich bin tot, aufgelöst wie meine Tochter.« Anna war so ausschließlich mit ihrer Tochter beschäftigt, als wäre sie noch am Leben. Sie hielt ihr Kinderzimmer peinlich sauber, nichts durfte verändert werden. Anna wurde wütend, wenn ich sie auf andere Möglichkeiten in ihrem Leben ansprach.

Sie war eifersüchtig auf alles, was sich regte und lebte. Ihre Kolleginnen, »die sich aufgeilten mit Bettgeschichten«, haßte sie – und verzehrte sich in manchen Momenten selber nach der Nähe eines Mannes. Da gab es z. B. Egon, einen fünf Jahre älteren, ungebundenen Mann, der sich sehr um sie bemühte. Aber Anna hielt alles für falsches Mitleid und stieß hervor: »Wenn sein Hund so lange geflennt hätte wie ich, hätte er ihn auch umarmt. Ich kann nicht glauben, daß Egon mich meint.« Als ich sie sich vorstellen ließ, ihr Bekannter könnte sie auf ihr Lächeln hin umarmen, fand sie dies eine unverschämte, geschmacklose Unterstellung, daß sie in ihrer Trauer, ein Jahr nach dem Tod ihrer Tochter, lächeln könnte. Sie wollte wie jene indischen Witwen auf dem Scheiterhaufen verbrannt werden, wenn sie nur daran glauben könnte, hinterher mit ihrer Tochter vereint zu sein. Aber auch diese Wunschvorstellung habe Marie, ihre Tochter, mit in das unauslotbare Meeresgrab genommen.

Während Anna die Meerestiere anklagte, den schönen Körper ihrer Tochter zerfressen zu haben, war es mir, als schliche sich ein ärgerlicher Ton gegenüber Marie in Annas Worte ein. »Ja«, sinnierte Anna, »erst hat sie sich wortlos von mir für immer verabschiedet und jetzt tut sie nichts dagegen, daß sich mein Bild von ihr langsam zersetzt.« Als hätte Anna geahnt, daß ich sie, statt auf ihre Not einzugehen, mit der sich langsam verändernden Einstellung gegenüber ihrer Tochter konfrontieren wollte, schleuderte mir Anna entgegen: »Sie sind schlimmer als Haie sein können, sie nehmen mir noch die Erinnerung an Marie, gaukeln mir irgendwelche Gründe zum Weiterleben ohne sie vor. Aber das kann nicht sein: In meiner Wohnung denke ich, jeden Moment kommt sie herein. Wenn ich im Auto zu Ihnen fahre, sitzt Marie auf dem Rücksitz.« Schluchzend holt Anna tief Luft, ihr Blick irrt durch den Raum, als suchte sie hier ihre Tochter, um dann überraschend fortzufahren: »Ich habe nur einmal wirklich gelebt, als ich mit 16 – und genauso alt ist Marie geworden – unsterblich in einen Mann verliebt war, alle meine Ängste und Zweifel fahren ließ und mit ihm schlief. Danach ließ er mich fallen wie eine heiße Kartoffel. Meinen Mann habe ich später nur geheiratet, um von zuhause wegzukommen, mit Liebe hatte das nichts zu tun. Und der« – wütend erhob sie Kopf und Stimme – »der war schwach und kränklich wie mein Vater, Schlappschwänze! Wenn ich mit meinem Mann schlief, stellte ich mir immer meinen ersten Freund vor, sein Bild brachte mich zum Orgasmus mit meinem Mann. So, jetzt wissen Sie es, ich kann ohne Bilder nicht leben und lasse mir auch von Ihnen das Bild meiner Tochter nicht zerstören. Da kann ich mich ja gleich aufhängen!« Annas Stimme hatte ungeahnte Tiefe und Lautstärke angenommen. Sie brüllte sich in ihre Vorstellung, nur durch andere zu leben, förmlich hinein. Nach dieser Stunde fing sie langsam an, ein Gefühl für ihren eigenen Körper zu bekommen. Sie pflegte ihren Teint, ging zum Friseur, nahm etwas zu. Es kam die Zeit, in der sie statt Schwarz in Schwarz erstmals einen roten Rock oder eine gelbe Bluse trug, kräftige, anfangs sogar knallige Farben.

Alles war so widersprüchlich für mich. Zu Beginn unserer Sitzungen, nun schon im zweiten Therapiejahr, blickte sie mich oft durchbohrend an, um nach minutenlangem Schweigen zu äußern: »Eigentlich wollte ich heute gar nicht kommen. Eines Tages sind Bert (ihr Sohn) und ich nicht mehr da.« Dann beschrieb sie, wie die Mauern um sie herum niedriger würden, und wie sie in ihrer eigenen Haut friere oder wie von Meersalz brenne. Ihr Sohn sei manchmal bereit, sie eine Stunde lang im Arm zu halten oder im Bett zu wärmen. »Einfach geborgen sein, wie ich es als Kind nie erlebt habe.« Krasser Stimmungswechsel! Meinen gewiß fragenden Blick fing sie augenblicklich verurteilend und strafend auf: »Nicht was Sie da denken, ich wollte einen Dreizehnjährigen verführen. Sie haben ja keine Ahnung, was ich wirklich fühle und brauche!« Ich sagte sinngemäß: »Sie mögen Ihren Sohn und spüren, daß nicht Marie da ist, sondern ganz greifbar er.« Anna: »Ja, daß ein Mensch mich nimmt, wie ich bin. Marie war mein Motor, Bert ist meine Karosserie. Ein eigenes Leben kannte ich nie. Ich war immer nur ein Teil meiner Kinder – und ich wäre auch ein Teil dieses Mannes geblieben, wenn der mich behalten hätte. Wenn ich wieder auf die Welt komme, möchte ich meine eigene Mutter sein. Meine Mutter hatte nie ein gutes Wort für mich wie meine Kinder für mich.« Daß sie selber so herrschsüchtig und kühl geworden sei wie ihre Mutter, warf Anna sich dann vor, und daß sie lange dasselbe Bild von mir hatte: kalt und beherrschend. Kein Wunder, daß sie sich vor meinem vermeintlichen Zugriff wie auch dem aller Männer schützen mußte.

Ich erinnere mich noch, es waren inzwischen mehr als zwei Therapiejahre und fast drei Jahre nach Maries Ertrinken vergangen, als Anna in einem aparten dunkelgrünen Kleid zur Stunde kam und zu mir sagte: »Heute bieten Sie gar keine Angriffsfläche!« Wir lachten beide, und sie fuhr fort: »Vielleicht find ich mal jemand, mit dem ich mich versteh. Bert gelingt so was ja auch schon.« Ich war erstaunt; denn vor kurzem hatte Anna noch eifersüchtig auf eine kleine, liebe Freundin ihres Sohnes reagiert und sie einmal rausgeworfen, als die beiden Vierzehnjährigen nur schmusten.

Aber ein Vierteljahr später, nach einer ferienbedingten Therapiepause, war Anna mir böse, wie zuvor lange nicht mehr. Es wäre doch eine verdammte Pflicht für Ärzte, dazusein. Sie wollte heute gar nicht kommen, mir nicht die Zeit stehlen. Der eigentliche Punkt war aber, daß sie in der Zwischenzeit einen sie sehr ansprechenden Mann kennengelernt hatte und der festen Meinung war, ich würde das schlecht von ihr finden. In ihrer Phantasie war Anna noch weiter gegangen: Ich hätte schon vorher von ihrem Freund gewußt, ihr daher wochenlang keine Termine gegeben, in Wirklichkeit gar nicht Urlaub machen und nun die Therapie von mir aus beenden wollen. Ich war wie vor den Kopf geschlagen, als sie noch von Strafe redete und daß mir nicht das Geringste an ihr läge. Das war mehr als die verständliche Enttäuschung nach einem Urlaub des Therapeuten! Wie es mir häufig mit Borderline-Menschen erging, war ich kurzzeitig so durcheinander und auf mich selbst zurückgeworfen, daß ich außer der Tatsache, daß ich durcheinander war, nichts sagen konnte. Anna erleichterte das, und sie fügte selbst die Deutung hinzu: »Kommt kein Liebesentzug von Ihnen? Meine Mutter strafte mich durch Mißachtung, wenn ich mich mit einer Freundin besonders gut verstand, und ich war immer willig, mich mit der gerade besten Freundin zu verkrachen, und meine Mutter war wieder die Nummer 1 und redete mit mir. Aber von Ihnen lasse ich mir meine Freundschaft nicht kaputtmachen, damit es Ihnen gut geht...!« Sollte das Therapieergebnis sein, daß ich mit meiner Person beinahe unersetzlich geworden und einer Partner-Beziehung Annas durch Abhängigkeit von der Therapie im Wege stand? Es gelang nur in mehreren, mühsam erklommenen Etappen, ihr Lebensthema Abhängigkeit und Verlust aufzuarbeiten. Als Pubertierende hatte Anna den Verlust ihres Jugendfreundes zu verkraften, was ihr nur durch Fortschreibung seiner Präsenz in der unbefriedigenden Ehe mit einem ganz anderen Mann gelang. Dann hängte sich Annas Phantasie mehr und mehr an ihre inzwischen pubertierende Tochter. Ein Jahr nach deren plötzlichem Tod begann Anna diesen Verlust dadurch zu überbrücken, daß sie mich in ihr unvollständiges Ich einbaute. Nun drohte der aufkeimenden Partnerbeziehung durch ihre Abhängigkeitswünsche ein frühes »Aus«.

Ähnlich wie ein zweijähriges Kind, das sich schon auf Personen außerhalb der Familie einlassen kann, wenn es genügend Sicherheit bei einem Elternteil behält, rang Anna gleichzeitig um Unterstützung und Ablösung von mir und selbständige Kontaktaufnahme zu ihrem neuen Freund. Es war ein lange gefährdeter Drahtseilakt, der gelang, weil keiner der Beteiligten etwas überstürzte. Es war noch ein hartes Stück Arbeit, bis sie mit diesem Mann in lustvoller Nähe und doch als eigenständige Person leben konnte. Mit wachsendem Abstand von mir schenkte sie jetzt meiner Mitfreude Vertrauen. Im neuen Lebensglück kamen Sätze von Anna, die sie früher in ihrem bloßen Überlebenskampf als selber fast Ertrunkene nie brachte: »Ich brauch eine wahnsinnige Portion Liebe. Ich bin doch langweilig. Daß ich auch jemand sein soll, jemand bin, ist immer noch seltsam, klingt unglaublich für mich.« Am meisten beeindruckte mich, wie aufgelockert und humorvoll sie wurde.

Dann schockierte sie mich noch einmal – wiederum weniger mit dem, was sie sagte, als wie sie es vorbrachte: »Sie haben mich doch mal gefragt, warum ich mich noch nicht umgebracht habe. In meinem Leben gab es wiederholt Menschen, die ich abgöttisch liebte. Jedesmal enttäuschte der Mensch mein Vertrauen. Ich habe alle Menschen, die mich enttäuschten, gebündelt und auf Rache gesonnen. Dafür mußte einer herhalten – und das sind Sie! Sie haben meine Wut abgekriegt!« Nach einer kurzen Pause, in der ich noch den von Anna hammerschlagartig vorgetragenen Sätzen nachspürte, ergänzte sie lebhaft, aber jetzt strahlend: »Ich dachte, ich kann nicht mehr genießen, aber ich bin lebenshungrig. Wenn ich ein abenteuerliches Mädchen wäre, würde ich einfach wegfahren und sehen, wo ich lande. Ich male jetzt. Ich habe neue Bilder zuhause aufgehängt. Ich fühle mich von meinem Freund verstanden und brauche Sie nicht mehr. Früher hatte *ich* immer zu verstehen.«

Vereinbarungsgemäß kam sie noch dreimal. Sie wollte den Abschied nicht »auswalzen«, wie sie es nannte, vor allem die Initiative behalten, also »Adieu« sagen und nicht verlassen werden. Vier Jahre später habe ich noch einmal von ihr selbst gehört, daß es ihr »zufrieden« gehe, auch wenn die Partnerschaft ein Auf und Ab sei. »Bert, mein Sohn, macht es besser als wir alle.«

Inzwischen sind schon viele Jahre vergangen. Aber beim Niederschreiben kommt mir erstmals die Vorstellung, wenn dieser Borderline-Mensch wie an einer Nabelschnur an positiven Bildern ihres ersten Freundes mit 16 Jahren und ihrer einzigen Tochter bis zu ihrem 40. Lebensjahr hing, dann baute das bei ihr womöglich auf positive, nur bildhaft gespeicherte Erinnerungsinseln aus vorsprachlicher Babyzeit auf. Zu ihrem seelischen Überleben kann Anna in ihrer Frühzeit gleichsam transportable Brücken gebildet haben, die sie jeweils am Ort der jüngsten Katastrophe wieder aufbaut, um weiterzuleben. Anders hätte sie von der Therapie gar nicht profitieren können. Unglaublich? Wir wissen einfach noch zuwenig über solche Zusammenhänge, die für die junge Generation von Leserinnen und Lesern vielleicht einmal zum Grundwissen gehören werden.

Therapeuten-Ärger als Verständigungsbrücke

Wiederholt habe ich mit Borderline-Menschen dramatische Beziehungsklärungen, in die ich verwickelt war, erlebt. Hier möchte ich über eine Dreiecksproblematik zwischen einem Gruppenteilnehmer, seiner Partnerin und mir berichten. Meine Verwicklung scheint mir gleichzeitig die Lösung der Konfliktsituation ermöglicht zu haben.

Manfred war asthmakrank, Alkoholiker und als Bibliothekar seit längerem arbeitslos, als er mich im Alter von 33 Jahren zur Therapie aufsuchte. Selbst kindlich schüchtern und verträumt versorgte er offenbar hingebungsvoll ganztägig zwei noch nicht schulpflichtige Kinder, während seine Frau zur Arbeit ging. Mal fühlte er sich mehr von ihr, mal aus sich heraus unter Druck, »etwas« an seinem Leben ändern zu sollen. Um sich selbst zu verstehen und beziehungsfähiger zu werden, ließ er sich in eine psychoanalytische Therapiegruppe aufnehmen. Mit ihm zu arbeiten war jedoch sehr unersprießlich. Er kam oft zu spät oder versäumte ganze Sitzungen. Gründe nannte er vielfältige: Versorgung der Kinder, nicht eingehaltene Ablösung durch die Ehefrau, Hilfeersuchen einer Nachbarin, ein Asthmaanfall, ein Alkoholrückfall... Oft schien es, daß er froh war, wenn die Gruppe ihr Thema gefunden hatte und er sich zurückziehen konnte. Die Teilnehmer machten ihm Vorwürfe wegen seiner Abwesenheit. Auch in der Gruppe würde er so wenig von sich mitteilen und niemandem hier Rückmeldung geben. Manfred gab der Gruppe Recht, seine Frau mache ihm auch ähnliche Vorwürfe, und wegen Unpünktlichkeit habe er Arbeitsstellen verloren. Er könne nicht sagen, daß er die Gruppe brauche, aber er fühle sich nicht unwohl. Solche vagen Äußerungen brachten einige in der Gruppe regelrecht in Wut. Aber dabei blieb Manfred ruhig.

Als er einmal ausführlich von seiner Mutter erzählte, erhellte sich für alle schlagartig die Bedeutung dessen, was sich zwischen Manfred und der Gruppe über ein halbes Jahr abgespielt hatte: Seine Mutter schilderte er als in der Beziehung zu ihm höchst unklar. Er wußte nie, wie nah oder wie weit weg sie wirklich war. Plötzlich konnte sie ihn heranziehen oder von sich weisen. Er kannte sie nur kränklich und launisch, mit ihm überfordert. Die Gruppe und ich glaubten ihn verstanden zu haben: Als unbewußten Test hatte er der Gruppe gegenüber die Rolle seiner unzuverlässigen und eher spärlich interessierten Mutter übernommen, mit der ebenso unbewußten Hoffnung, zu sehen, wie die Gruppe als Spiegel seiner selbst mit ihm zu Rande käme. Fortan gingen die Frauen und Männer in der Gruppe verständnisvoll, sogar liebevoll mit ihm um und ersparten ihm Vorwürfe. Ergebnis: Er fehlte noch mehr und brachte sich noch weniger ein! Zu viele Angebote von Nähe machten ihm Angst, da müsse er reißaus nehmen, sagte er in einer Einzelstunde. Die Ehefrau drohte mittlerweile, sich scheiden zu lassen, wenn er sich nicht ändere. Manfred saß in der Falle zwischen seinen Ängsten vor Nähe und vor Verlassenwerden.

Seine Tatenlosigkeit und meine Ratlosigkeit wuchsen parallel an. In dieser Situation schlug er ein Ehepaargespräch mit mir vor, weil auch seine Frau unter der Situation leide, bzw. weil er ihrem Druck immer schwerer standhielt. Schon in den ersten Minuten des Dreiergesprächs kam es zwischen ihr und mir zu einem Wortwechsel, weil sie sich durch mein Bestehen auf einem Krankenschein in eine Krankenrolle gedrängt sah. Sie stand auf und drohte wegzugehen. Ein Blick auf den völlig cool bleibenden Manfred brachte mich dann auf die Frage, die ich auch laut stellte: »Was ist hier passiert, daß Ihre Frau und ich so ärgerlich werden, uns streiten, während Sie so völlig ruhig bleiben?« Lächelnd unterbrach mich Manfred: »Mit meiner Frau können Sie nicht streiten, die müssen Sie lassen.« Jetzt schrie die Ehefrau ihn laut an: »Deshalb ändert sich ja auch nichts bei uns, weil man mit *dir* nicht streiten kann!« Mitleidsuchend und vorwurfsvoll zugleich blickte Manfred zu mir auf. Die Rollen, die er uns zuteilte, wurden klar: Eine schützende und eine angreifende Seite seiner Mutter traten hervor. Manfred hatte sie unbewußt selbst auf Ehefrau und mich verteilt und das im raschen Wechsel. Wenn ich Manfred konfrontierte, stellte sich die Ehefrau schützend zwischen uns. Wenn die Ehefrau Manfred angriff, fühlte ich mich gedrängt, ihn in Schutz zu nehmen. In dieser Situation mit dem Paar gelang es, das Wechselspiel erstmals zu verstehen. Ja, Manfred brachte das sogar auf den Punkt: »Ich will nicht länger Spielball in solchen Wechselbädern sein, wie ich sie von kindauf mit meiner Mutter erlebt habe!« Aber diese Erkenntnis ließ sich nur schwer verankern, in klare Stellungnahmen und konsequentes Handeln von Manfred umsetzen, solange ihm das nötige Selbstvertrauen fehlte.

Aus dieser und ähnlichen Episoden habe ich gelernt, wie Borderline-Menschen ihre eigene Wut, Verärgerung und Enttäuschung auf Mitmenschen übertragen und selber relativ ruhig bleiben. Wie schon in der Gruppensituation war bei Manfred ständig spürbar, wie er sich zu entlasten versuchte und manchmal auch sehen wollte, wie sich andere aus einer Falle befreien würden, was ihm bisher nie wirklich gelungen war.

Zweierlei Hilflosigkeit

In der Psychotherapie von Borderline-Menschen kommt es fast zwangsläufig und doch oft unkalkulierbar zu typischen Hindernissen. Ich meine nicht normale Durststrecken, Mißverständnisse und notwendige Frustrationen, sondern unmittelbar drohende Behandlungsabbrüche.

Wenn das Leben an sich in Frage gestellt wird – durch Selbstmordanspielungen oder gar Versuche, sich umzubringen – geht es elementar darum, daß Patient und Therapeut innerlich und äußerlich in Kontakt bleiben (vergl. auch Herrmanns Geschichte, die mit Selbstmord endete, S. 71). Der Therapeut mag sich als guter Schwimmer fühlen, der einen Ertrinkenden retten möchte. Dieser mag mit allen Vieren strampeln, um Luft zu bekommen und sich gleichzeitig doch nicht retten lassen, aber auch nicht untergehen wollen! Der Therapeut mag dann die einem erfahrenen Rettungsschwimmer vertrauten Griffe anwenden, den Ertrinkenden an Land ziehen. Aber in der Be-Handlung von Borderline-Menschen kann Lebensrettung unglaublich erschwert sein: Ausdrucksweise und Tonfall der Mitteilung »Ich bringe mich um, ich sehe keine Alternative, mein Tod wird allen die Augen öffnen...« können auch einen erfahrenen Therapeuten momentan lähmen, ratlos und handlungsunfähig machen. Gerade wenn er die Situation sicher im Griff zu haben glaubt, kann er von einer Sekunde auf die andere völlig hilflos werden, das heißt nicht nur so erscheinen, sondern sich auch so fühlen.

Dadurch kann der Patient, die Patientin, die sich als chronisch machtlos empfinden, plötzlich ein ungeahntes Machtgefühl entwikkeln und ihrerseits die Situation kontrollieren. Worin besteht nun das fürs Überleben nötige Kontaktminimum zwischen Therapeut und Patient? Der Draht hat zwei Enden:

Erstens: Wird der Therapeut begreifen und ausdrücken können, daß das Bedürfnis nach Kontrolle über Leben und Tod der eigentliche Strohhalm des Patienten ist?

Zweitens: Wird der Borderline-Mensch hinter der offensichtlichen und keineswegs gespielten Hilflosigkeit seines Therapeuten seine bejahende Haltung klarer erkennen und einen Vertrauensvorschuß, Leben ist doch möglich, spüren?

Es gibt also therapeutisch fruchtbare Hilflosigkeit, die beim Patienten einerseits ein positives Selbstwertgefühl hervorruft und andererseits eine Dankbarkeit erwirkt, daß der Therapeut nicht nur hilflos, sondern unzerstörbar und tragfähig ist. In vielen Fällen kann dieser Vorgang aktuelle Selbstmordtendenzen abbremsen.

Natürlich kann ein Borderline-Mensch bei Therapeuten auch eine *un*fruchtbare Hilflosigkeit wittern: Wenn der Therapeut nämlich Angst bekommt, seine Macht zu verlieren, wenn seine feindselige Seite hervortritt, sein eigenes Bedürfnis nach Anerkennung enttäuscht wird – dann kreist der Therapeut um sich selbst, statt den Patienten mit dessen selbstzerstörerischem Verhalten zu konfrontieren. Solche Hilflosigkeitssituationen der zweiten Art führen nicht selten zum Abbruch einer Behandlung – weniger zu weiterer

Selbstschädigung des Borderline-Menschen. Patient und Therapeut greifen jeder für sich zur Notbremse: Der Patient zieht sich wieder in sein Schneckenhaus von Mißtrauen und Enttäuschung zurück. Auch sein Therapeut zieht sich zurück, weil er sich überfordert fühlt oder gekränkt ist, hat aber vielleicht für den nächsten Borderline-Menschen dazugelernt.

Was ich bis hierher von der Patient-Therapeut-Beziehung geschrieben habe, gilt auch entsprechend im Kontakt mit Therapie- und Ausbildungsgruppen. Bei der Arbeit mit unterschiedlichsten Gruppen erlebe ich an Knotenpunkten etwas, was ich meine »produktive Hilflosigkeit« nenne. Sie kann geradezu das Ende der Anfangsphase markieren. Die Gruppe hat zu einer ersten Orientierung und Begegnung gefunden. Wie geht es jetzt weiter? Weder Teilnehmer noch Gruppenleiter ergreifen die Initiative. Vielleicht gibt es bei der Gruppe Widerstand. Solche Verhaltenheit kann zu kippligen Situationen führen und scheint der Gruppe im ganzen viel Macht und Einflußmöglichkeit zu geben. Nun können die Teilnehmer herausfinden, was jetzt und hier in der Gruppe nötig ist. Entscheidend scheint mir deshalb nicht, wie aktiv oder passiv die Gruppenleiter sind, sondern ob sie zu gut (!) sind, also immer davon ausgehen, schon zu wissen, was jetzt kommen muß und was das Beste für die Gruppe ist. So ein nur scheinbar ideales Gruppenleiterverhalten blockiert eigenständige Überlegungen und Schritte, die dann nicht aus der Gruppe selbst kommen. Gruppenleiter, die aus Angst zum »Überflieger« werden, bewirken also, daß die Eigenkräfte von Teilnehmern brach liegen und vielleicht eher verkümmern.

Dies erinnert an Unter- und Überforderung in allen erdenklichen Schwellensituationen im Leben, schon vom Kleinkind- und Jugendalter an. Es gibt im Leben Herausforderungen, bei denen Rat- und Hilflosigkeit in bestimmtem Maße nicht nur die ehrlichste, sondern sogar die anspornendste Reaktion von Eltern, Lehrern und Therapeuten sein kann! Provozierend müssen wir einmal andersherum fragen: Sind Eltern, Lehrer und Therapeuten in manchen Situationen schwach und angreifbar genug, damit Kinder, Jugendliche und Patienten aus sich selbst heraus lernen und eigene Wachstumskräfte entfalten können?

Vorbeugen ist die natürlichste Therapie

Der Streit, ob Vererbung oder Umwelt den Menschen mehr beeinflussen, führt in ein Dilemma. Der Einfluß von Vererbung durchwirkt unser ganzes Leben. Scheinbar widersprüchlich machen wir die Erfahrung, daß die Prägung durch Vererbung im Verhalten sogar laufend zunimmt, wenn man die Entwicklung vom Säuglingsalter über Kindheit und Jugend weiterverfolgt. Dies ist für den Borderline-Menschen eine Riesenchance und Gefahr zugleich. Auf der einen Seite gibt es Beweise für Erblichkeit sogar in Gefühlsbereichen wie Angst, Wut, Geduld, Schüchternheit sowie für den Bereich Aktivität/Passivität. Auf der anderen Seite stehen Beweise, daß Kinder derselben Familie vollkommen verschiedene Gefühls- und Verhaltensmuster »erben« und entsprechend unvorhersehbar seelisch gesund bleiben oder krank werden. Das Aufregende ist, daß nicht bestimmte Verhaltensweisen, sondern Beziehungsmuster eines Kindes und ihm nahestehender Menschen auf Dauer festgelegt werden.

Wir müssen annehmen, daß auch Borderline-Menschen bestimmte Beziehungserlebnisse verinnerlicht haben, die sich wie ein Puzzle ausnehmen, in dem wichtige Teile fehlen und nicht zugehörige Teile das Bild stören. So ist auch aus neueren Mehr-Generationen-Studien zu verstehen, daß eine Beziehungsunsicherheit und Ängstlichkeit über mehrere Eltern-Kind-Generationen weitergegeben wird. Dieser Mehr-Generationen-Druck auf einen einzelnen, der seine Großeltern oder Urgroßeltern vielleicht gar nicht mehr gekannt hat, bezieht seine Wirkkraft aus einem familiären Unbewußten, das es außer dem ganz persönlichen Unbewußten auch gibt. Konsequenzenreich für den Borderline-Menschen ist, wenn sich seine ihm unbekannten frühen Beziehungserfahrungen in Liebes- und Arbeitsbeziehungen des Jugend- und Erwachsenenalters wiederholen. Auch in Gefühlen, z. B. einsam und verlassen zu sein, oder unterdrückt und benutzt zu werden, bilden sich Erfahrungen aus Kindheit und Familie ab.

Wie kann sich die Wechselseitigkeit der Beziehungserfahrung am besten entfalten?

1. Noch einmal zur *Sprache*: Eltern können alles, was sie im Zu-

sammensein schon mit dem Kleinstkind tun, oder was geschieht, in Worte fassen. Das Kind antwortet durch Mimik. Seine Gesten verraten, ob und wie es versteht. Ein Satz der französischen Kindertherapeutin Françoise DOLTO*, geht mir besonders nach: »Säuglinge sind die ersten Psychotherapeuten ihrer Eltern, sie trinken die Angst der (anwesenden) Mutter...« und – so möchte ich das Zitat fortsetzen – essen die Schuldgefühle des abwesenden Vaters. Groß ist nicht nur das Bedürfnis, sondern auch das Angebot des Kindes an Kommunikation. Dieselbe Therapeutin berichtet von einem Säugling, der seine Mutter den ganzen Tag beschäftigt, indem er die Milch, die er aufnimmt, sofort wieder ausspuckt. Dennoch verkümmert er zum Erstaunen der Eltern und Ärzte nicht. DOLTO nimmt an, daß so ein Säugling seine depressive Mutter nicht nur beschäftigt, sondern geradezu therapiert!

Tiefgreifender Orientierungslosigkeit und Ängstlichkeit scheint vorzubeugen, wenn ein Kind auf jeder Altersstufe erfährt, was seine Eltern wirklich fühlen. Das kann in bestimmten Fällen die Schmerzgrenze des Kindes überschreiten, aber im Grundsatz gilt: Nur wenn innere Gefühle, Gesten und Worte der Eltern übereinstimmen, lernt ein Kind ganzheitlich zu erleben. Ist dies nicht oder viel zu wenig der Fall, müssen – z. B. in einer Therapie – rückwirkend die Bruchstellen aufgefunden werden, an denen eine Elternperson etwas anderes ausdrückte, als sie fühlte. Nur dann wird Wahrnehmung für einen Menschen verläßlich.

2. Eltern können durchaus einem kleinen Kind ihre Zweifel und inneren Schwankungen glaubhaft vermitteln, statt unehrlich nur die negative oder positive Seite ihres Fühlens und Denkens, – und die andere Seite verbergen oder gar vor sich selbst verleugnen. Das Kind spürt instinktiv, ob etwas stimmt oder nicht stimmt, aber es ist besonders in den ersten Lebensjahren auf Überprüfung seiner Eindrücke angewiesen. Andernfalls kann es lebenslang, vor allem in gefühlsmäßig dichten Beziehungen, selbst unerträglich schwanken und zu verunsichern sein. Vertrauen braucht festen Boden.

Mit Borderline-Menschen befinden wir uns nicht nur auf dem

* »Fallstudien zur Kinderanalyse«, 1989

schwankenden Boden eines Schiffes, sondern der Boden gibt in sich nach, unvorhersehbar wie schnell, wie tief. Wir können dies ansatzweise damit vergleichen, wenn wir nach einer längeren Schiffahrt zurück an Land kommen und von unserem Körper weiterhin gezwungen werden, uns auf schwankenden Boden einzustellen. Unser Körper will uns schützen, daß wir nicht straucheln. Den Borderline-Menschen bewahrt seine Angst davor, in einer wackligen Beziehung »danebenzutreten«.

3. Eltern können ihr Kind etwas Neues ausprobieren lassen, ohne aus ihm einen Kolumbus oder eine Johanna von Orleans machen zu wollen. Dies ist vergleichbar mit dem Fliegen auf einer Schaukel oder beim Hochgeworfenwerden vom Papa, wo viele Kinder ihre Begeisterung jauchzend ausdrücken. Was aber passiert, wenn jemand durch eine entsprechende Vorgeschichte Angst hat, nicht zurückzukommen oder fürchtet, abgrundtief zu fallen? Ich bewundere den Mut von manchen kleinen Kindern, mehr auszuprobieren, als ihre ängstlichen Eltern ihnen zutrauen.

4. Zwei gegensätzliche Bilder für Größerwerden:

Wachstum: Das Kind als Pflanze, die von selbst nach einem natürlichen Bauplan wächst, wenn sie nur den richtigen Platz (Boden von Vertrauen), genügend Sonne (Wärme und Liebe), aber auch Schatten (Ruhe und Freiraum) bekommt. »Weiß doch der Gärtner, wenn das Bäumchen grünt, daß Blüt' und Frucht die künft'gen Jahre zieren« (GOETHE).

Therapie und Selbstheilung von Borderline-Menschen haben mit Wachsen und Reifen zu tun, Tempo und Zeitraum sind individuell höchst verschieden. Erfahrungswerte sprechen zunehmend für längerfristige Begleitung in mehreren Phasen.

Hausbau: Das Kind als Haus ist in der Vorstellung des Architekten (der Eltern) bei der Geburt schon fertig. Die Unterkellerung ist perfekt (das elterliche Erbe), das Fundament fest gegründet (unverrückbare Werte und Normen der Eltern) oder auch höchst schwankend. Jetzt müssen nur noch ein paar Stockwerke draufgesetzt werden auf das schwierig zu handhabende Kleinkindalter, nämlich Kindergarten, Schule und Berufslaufbahn, Ehe – dann steht das Haus wie seine Erbauer. Ein Psalmendichter dazu: »Wo Gott nicht das Haus baut, bauen umsonst, die daran bauen.«

Hier möchte ich »Gott« verstehen als Instanz für Liebe und Respekt gegenüber dem Wachstum und Gedeihen eines jeden Menschen, nach seiner Art und auf seine Weise. Das ist die natürlichste Therapie.

9. Kapitel

AUF DEM WEG ZUR BORDERLINE-GESELLSCHAFT?

Überleben und Lieben

Naivität ist verboten

In vielerlei Hinsicht erlebe ich Borderline-Menschen als Spiegel unserer Zeit und als unbestechliche Richter unserer Gesellschaft. Es wäre z. B. unehrlich, uns vorzugaukeln, in unserer schwierigen Zeit wären die Menschen vor allem mit Selbstreflexion und Sinnfindung beschäftigt. Das Gegenteil dürfte eher zutreffen: Meinungsvielfalt steht für Unverbindlichkeit. Alles offen zu lassen, ist oft Ausdruck für Orientierungslosigkeit. Mit der scheinbaren Suche nach Selbstverwirklichung kann die Tatsache verschleiert werden, gar kein eigenes Ich zu kennen. Was also kann dann verwirklicht werden? Ehrlicherweise doch nur – und diese Antwort stammt von einem Borderline-Menschen – »das Eingeständnis, nicht zu wissen, wer ich bin«.

Bruchstückhafte Identität, dieses vielleicht typischste Borderline-Merkmal, hat der Filmregisseur Ph. GRÖNING (»Die Terroristen«) zugespitzt beschrieben: »Es geht... weniger um die Demokratie als um die Freizeit-, Medien- und Konsumgesellschaft. Darum, daß man sich heute wie in einem Katalog Identität aussuchen kann. Man kann sich ein Surfbrett kaufen und ist einen Sommer lang Surfer. Im nächsten Sommer kauft man sich halt Plastiksprengstoff und ist dann Terrorist... Die (Figuren bei FASSBINDERS ›Die dritte Generation‹) kommen aus einer Auseinandersetzung mit dem Amüsierbetrieb. Wo dort die Figuren zum Handeln kommen aus einem Leiden der Identität heraus, da haben meine nie eine Identität gehabt.«* Diese Gedanken können einen Bogen zwischen dem persönlichen Leid von Borderline-Menschen und Borderline-Zügen unserer Zeit schlagen. Nicht nur bei vielen Individuen und Familien, auch in der Gesellschaft insgesamt scheint sich ein Strukturwandel von depressiven Phänomenen in den 70er Jah-

* Interview, zitiert nach Süddeutsche Zeitung v. 9. 7. 93

ren zu Borderline-Charakteristika in den 90er Jahren anzubahnen. Handeln aus einem Gefühl von Schuld? Nein, dieser Beweggrund zählt und zieht nicht mehr! Da ist ein Gefühl von Rebellion und Lähmung zugleich, also *Nicht*-Handeln. Welches Grundgefühl ergibt sich, wenn sich in jemandem zwar alles auflehnt, er aber alle denkbaren Alternativen ablehnt? Entweder wird der Mensch gefühllos oder destruktiv. Erinnern wir uns: In jedem Borderline-Menschen steckt die bohrende Frage, »Was sind wahre Gefühle und Werte, für die zu leben sich lohnt?« Diese Frage mag ein einzelner seinen Eltern oder Lehrern stellen. Früher oder später ist er damit selbst konfrontiert. Gerade Borderline-Menschen entlarven jegliche moderne Entscheidungslogik, als hätten wir stets Wahlmöglichkeiten, bräuchten nur zu etwas »Ja« oder »Nein« zu sagen. Was ist das für eine Wahl, kontern sie, wenn sie, was man auch wählt, zum Tode führt? Man hat dies die »Weder-Noch-Logik« des Borderline-*Kranken* genannt. Mir erscheint sie in diesem Fall gesund und grundehrlich. Die Generation unter Hitler redete sich in bezug auf Konzentrationslager heraus: »Wir wußten es nicht.« Heute schauen Milliarden Menschen dabei zu, was im Balkan, im Sudan und sonstwo in den 90er Jahren geschieht. Was also haben wir aus der Geschichte gelernt? Zuzuschauen! Nur durch Sich-Raushalten teilzunehmen ermöglicht Mord, Gewalt, Hunger und Diskriminierung grober und feiner Art. Sie führt bei den Betroffenen zu einer sprachlosen Ohnmacht, – von der wiederum Borderline-Menschen geprägt sind.

Borderline-Menschen sind nicht zu ohnmächtig, der Gesellschaft diesen Spiegel vorzuhalten! Was sich in der Familie einzelner abbildet, taucht in der Gesellschaft im ganzen auf. Hier einige Zitate von Borderline-Menschen:

»Ich wurde geschlagen, ohne es zu spüren, so als liefe der Fernseher.«

»Ich suchte nach Nähe und wurde in die unerreichbarste Ferne gerückt.«

»Ich stellte eine Frage, aber die Antwort machte mich verrückt.«

Die Erfahrung dieser einzelnen war Unterdrückung, Lüge, Verwirrung und Angst. Die Schlußfolgerung für ihr Leben lautete oftmals, gegen den trügerischen Schein alles zu idealisieren oder aus zertrampelter Hoffnung alles radikal zu entwerten.

Es ist wohl so, daß jedes Zeitalter seine ganz speziellen Zeitkrankheiten hat. Die letzte Jahrhundertwende wurde von Sexualneurosen beherrscht, die bevorstehende Jahrtausendwende vom Borderline-Phänomen. Ich erkenne in den individuellen Vorgängen soziale Beziehungsmuster und spreche deshalb von einer Borderline-Gesellschaft und schreibe darüber, mich einbeziehend, ohne selber Notausgänge oder gar Lösungen zu kennen. Ärzte meinten lange Zeit immer recht gut zu wissen, was zu tun sei – operativ, chemotherapeutisch, psychotherapeutisch. Heute finde ich es naiv, dies und das für sinnvoll zu halten, geschweige denn etwas zum Programm zu machen. Der Glaube an Gesagtes und Geschriebenes ist nachhaltigem Zweifel gewichen. Doch die Doppelbödigkeit allen Handelns lähmt jegliche Spontaneität. Borderline-Menschen fordern uns mit der Botschaft heraus: »Ihr habt eure Unschuld verloren. Naivität ist verboten!« Wie gewinnen wir wieder Handlungsmächtigkeit?

»Das Meer hat keine Balken«

So erklärte mir eine Jugendliche ihr bodenloses und anhaltsloses Schwimmen, nachdem sie sich aus den Fängen einer Jugendsekte wieder frei gemacht hatte. Dort hatte man ihr gesagt, wo es lang geht, was falsch und was richtig gedacht ist. Eine neue Heimat konnte sie nicht finden. Das alte Haus einer christlichen Konfession war ihr fremd geworden. Die neue, religionslose Freiheit empfand sie »un-heimlich«. Eine ehrliche geistige Heimat und gefühlsmäßig tragende Räume zu finden, erschien ihr so unmöglich, wie einen Balken im Meer zu treffen.

Wenn herkömmliche Antworten keine Gewißheit mehr geben können und das Schwimmen in allen Richtungen zur Erschöpfung geführt hat – was bleibt dann? Solche Fragen stellen Borderline-Menschen mit höchstem persönlichen Einsatz, weil ihre Grunderfahrung ist: Beim mich Fortbewegen kann ich mir selbst verlustig gehen. Eine vorläufige Antwort ist (und vielleicht gibt es gar keine endgültige mehr?): Nicht Wurzeln schlagen, sondern unterwegs bleiben mit kleinem Gepäck, das heißt möglichst viel Vergangenheit abschließen. Also auch ohne Ideologieballast? Hier wird es widersprüchlich! Unter Borderline-Menschen sind mir sowohl ideologiefreie Viel-Perspektiven-Denker als auch unerschütterlich einlinig Denkende aufgefallen. Die zweite Gruppe kennzeichnet ein verständliches Sicherheitsbedürfnis, eine dem Überleben dienlich erscheinende Erkenntnisbasis – und sei sie auch noch so schmal – nie wieder aufzugeben.

Die erste Gruppe hat wohl zum Prinzip erhoben: Wenn nichts auf der Welt absolut hält, was es verspricht, dann bleibt nur, intensiv aus dem jeweiligen Moment heraus zu glauben und zu handeln. Im zweiten Entwurf gehen Gefühl und Verstand Hand in Hand, scheinen widerspruchsfrei zu verschmelzen. Im ersten jedoch weiß die Gefühlsseite nicht, was die Verstandesseite denkt, mit der Folge, daß wechselseitig Fühlen oder Denken ausgeblendet wird. Borderline-Menschen markieren damit auch zwei extreme Lebensmöglichkeiten unserer Gesellschaft im ganzen: mit Macht durchgesetzte Normen auf der einen Seite, totale Resignation auf der anderen Seite. Als dritte Dimension kann hinzukommen, daß beide Tendenzen unversehens ineinander übergehen! Ich meine ein Schwanken zwischen Unterwerfung oder Auflehnung – und Angst vor beidem. Gar nichts als verbindlich anzuerkennen, kann zu einem gefährlichen Spiel mit einem selbst werden. Was verloren geht, ist die Erfahrung, Vertrauen zurückzubekommen, wenn man vertraut.

Ein Borderline-Forscher hat diesen Balance-Akt zwischen Haß und Liebe, zwischen Verdammnis und Errettung im archaischen Gottesbild *Jahve* wiedergefunden. Nach N. SCHWARTZ-SALANT führe die Verbindung von weiser Schöpferkraft und schrecklicher Zerstörungswut in dieser vom Alten Testament spannungsgeladen gezeigten Gott-Persönlichkeit exakt auf den Weg, den jeder, nicht nur jeder Borderline-Mensch gehen muß, um aus dem Dunkel zum Licht zu kommen. Der Autor beschreibt herausfordernd *Jahve* als Borderline-Persönlichkeit: »Er war impulsiv und unberechenbar in einer Weise, die selbstschädigend war. Seine Beziehung zu seinem Volk, Israel, war instabil und durch Idealisierung und Abwertung gekennzeichnet. Seine Wut war intensiv und oft unkontrolliert, und er konnte sich rücksichtslos verhalten bis hin zur völligen Mißachtung seines auserwählten Volkes. Er zerstörte seine eigene Schöpfung durch eine Sintflut. Seine Identität war diffus, da er auf ständige Spiegelung angewiesen war. Seine Stimmungen änderten sich oft launenhaft.«* Ich füge hinzu: So ein Gott vertraut nicht, er stellt auf die Probe und läßt fallen – so wie er von den Menschen fallengelassen wurde. Solches Verhalten gehört zum Borderline-Wesen. Aber steckt so etwas nicht in jedem Menschen?

In der Therapie mit Borderline-Menschen geht es immer wieder darum, ihnen zu helfen, ihre dunklen, erschreckenden, verwirrenden Seiten zu sehen und Verbindung mit ihrer schöpferischen, verstandesklaren Lichtseite aufnehmen und annehmen zu können. Könnte es in der Gesellschaft insgesamt nicht auch darum gehen, statt die Menschen in gut und böse, vertraut und fremd einzuteilen, in jedem einzelnen die Brücke vom Haß zur Liebe zu schlagen und sich bewußt zu machen, daß beides allein nie für sich vorkommt, noch nicht einmal bei Heiligen und Verbrechern?

In ein unerträgliches und wenn auch nur in ein unerträglich langweiliges Dasein flüchtend, richten sich immer mehr Menschen in Schein- und Phantasiewelten ein, wie die Attraktionen von Disney-Ländern und Filme wie »Jurassic Park« (STEVEN SPIELBERG) zeigen. Mit seinen inneren und äußeren Monstern (im Film sind es erst fremdartige, dann Tod und Schrecken verbreitende Retorten-»Dinos«) bricht der Mensch aus dem Phantasiegehege in den ungeschützten Raum der Wirklichkeit ein. Früher war es umgekehrt: Man flüchtete aus der Realität in einen Phantasiebezirk, z. B. das Kino, aus dem zurückzukehren zwar schwerfiel, aber stets möglich war. Hier bildet sich für mich wiederum Borderline-Erlebnisverarbeitung ab. Für Teile einer neuen Generation scheint die Trennung von Phantasie und Wirklichkeit, von Glauben und Denken künstlich, unehrlich oder unerwünscht zu sein. Das bringt eine Stimme in WIM WENDERS' Film »In weiter Ferne, so nah« auf den Punkt: »Nicht der Mensch hat sich die Erde, sondern die Erde hat sich den Menschen untertan gemacht.«

Während ich das schreibe, geht mir eine zeittypische Tagesmel-

* N. SCHWARTZ-SALANT, »Die Borderline-Persönlichkeit – Vom Leben im Zwischenreich«, 1991, S. 293

dung nach, das Bundeskabinett habe beschlossen, das Züchtigungsverbot von Kindern in das »Bürgerliche Gesetzbuch« aufzunehmen. Viele dürften sich fragen, ob dadurch Bürger abgehalten werden, ihre Kinder zu schlagen und zu treten, was zum häufigen Kindheitserleben späterer Borderline-Menschen gehört. Erschütternd realistische Schreckensbilder führt uns dagegen WOLFGANG BECKER in seinem Film »Kinderspiele« vor Augen, wo ein geschlagenes Kind den Sternen zuruft: »Hört mich niemand?« Lösungen anzubieten, käme ihm verlogen vor, sagt der Regisseur über seinen Film; er möchte den Zuschauer selbst Lösungen finden lassen. »Und wenn ich wirklich einen Balken im Meer fände«, könnte ein Borderline-Mensch erwidern, »wohin würde er mich treiben?«

Besessen

Es begann mit einem ganz normalen Krach des jungen Filmpaares Diane und Jeff. Er war fasziniert von einer meilenweiten Fahrt durch eine nach Waldbränden zur Mondlandschaft gewordenen Strecke. Sie lähmte das, und in einem Tunnel geriet sie in Panik, als das Auto ohne Benzin steckenblieb. Da ließ er sie allein zurück, um zu Fuß etwas Benzin zu holen. Eine Stunde später versöhnten sie sich auf dem Rastplatz der Tankstelle. Wenige Minuten danach gelang es einem Sadisten unbemerkt, Diane zu entführen. So beginnt das mehrfach verfilmte Drehbuch »Spurlos« von TODD GRAF.

So cool Jeff bis dahin erschienen war, so total besessen zeigt er sich im Film bei all seinen Bemühungen, Diane in den folgenden drei Jahren tot oder lebendig wiederzufinden. Distanziert und wenig liebevoll hatte er diese Frau vor ihrem Verschwinden behandelt. Gespenstisch mutet ihr alles beherrschendes Dasein nun im völlig ausgelöschten Eigenleben Jeff's an. Nacht für Nacht tippt Jeff in seinen PC ein, was ihm an Gefühlen seit Diane's Verschwinden zum Leben fehlt. Tagsüber hetzt er von Fernseh- zu Radioterminen, um seine Geschichte zu erzählen. Dank seiner ausgedehnten Plakataktion prangt drei Jahren lang in Städten und Dörfern sein letztes Foto von Diane. Seine Art, sich mit ihr zu umgeben, hüllt sein verletztes Selbst ein. Enttäuschung und Wut verzehren seine Energie für zehn

Leben. Aber als Borderline-Mensch kann sich Jeff über nichts freuen, was ihm geblieben ist. Eine neue Partnerin, die ihn mit sanfter Gewalt von seiner Besessenheit befreien möchte, kann die nötige innere haltgebende Struktur nicht liefern, die für sein Überleben und erst recht für eine Beziehung Voraussetzung wäre. Seine neue, zunehmend einfühlsame Freundin kann dieses »Ich-Loch« nicht stopfen. Auf dem Höhepunkt der Geschichte stehen sich Jeff und der Entführer gegenüber. Der läßt sich zwar erst von Jeff zusammenschlagen, kontert dann aber: »So wirst du nie erfahren, was mit Diane passiert ist...« Buchstäblich besessen von dieser Lebensidee geht Jeff auf den Deal des Entführers ein, sich »wie Diane« mit einem Schlaftrunk mit der vagen Aussicht auf die Wahrheit nach dem Erwachen betäuben zu lassen. Zu spät merkt Jeff, daß er in einer Holzkiste lebendig begraben wird. Einen erlöschenden Augenblick lang bäumt sich sein Lebenswille gegen den konkreten Tod auf, den er innerlich bereits drei Jahre lang gestorben war. Der Entführer konnte sich seines lästigen Verfolgers allein durch Jeff's selbstverlorene Besessenheit und Fremdbestimmtheit entledigen. Die Brutalität des Mörders ängstigt Jeff weit weniger als sein Identitätsverlust.

Diese Filmgeschichte fängt atmosphärisch viel von den Todesängsten und Überlebensanstrengungen der Borderline-Menschen unserer Tage ein. Wie ausweglos der Hauptdarsteller sich verrennt, überträgt sich beklemmend auf den Zuschauer: Er wird in der ersten Filmszene endlos mitzurückgelassen und am Ende in einer Holzkiste zugeschaufelt und mitbegraben.

»Die Väter haben saure Trauben gegessen, aber den Kindern sind davon die Zähne stumpf geworden«

Dieses Sprichwort aus dem Vorderen Orient – zitiert bei den Propheten Jeremia und Ezechiel – spielt auf die verheerenden Spätwirkungen an, die erst die Generation nach allen möglichen Katastrophen betreffen. Wir denken an die Kinder von Hiroshima und Tschernobyl ebenso, wie an die zweite Generation nach dem Holocaust oder nach der Kollaboration mit den Nazis oder mit Kommunisten.

Menschen, die nur durch ihre Geburt mit dem Leid oder mit dem Verbrechen der vorhergehenden Generation verknüpft sind, haben es ungeheuer schwer, als sie selbst ganz unabhängig und persönlich gesehen zu werden. Das kostbare Gefühl, ein unverwechselbares und gleichzeitig mit anderen verbundenes Wesen zu sein, kann verlorengehen. Was sagt schon die bloße Zugehörigkeit zu einer Altersgruppe, Rasse, Nation oder Familie über das innerste Wesen eines Menschen aus? Und doch werden wir daran gemessen und messen uns selbst daran. Um einem Menschen gerecht zu werden, müßten wir für jeden einzelnen eine eigene psychologische Theorie entwerfen! Wie eine Pflanze sogar eine Asphaltdecke durchbrechen kann, um ihre Individualität zu entfalten, so ist auch der Kern einer Persönlichkeit stark genug, sich selbst unter schwierigsten Bedingungen zu entwickeln.

Aus Gründen der Selbsterhaltung kann ein Kind, mehr intuitiv als bewußt, beschließen, mit seinem wahren inneren Selbst in den Untergrund zu gehen oder es sogar ganz ablegen. Jeder Mensch braucht – um mit sich in Übereinstimmung bleiben zu können – eine minimale Bestätigung: »Wie ich bin, bin ich O.K.« Andernfalls kann er nicht er selbst bleiben, sondern muß jemand anderer werden. Borderline-Menschen haben im Alter von 1 bis 3 Jahren die unglaubliche Entscheidung gefällt: »Wenn mich keiner so haben will, wie ich nun einmal bin, dann erspare ich mir dieses unerträgliche Maß an Ablehnung, Neid oder einfach Unverständnis und verleugne mein eigenes Wesen.« Eine Frage, die ich direkt oder unausgesprochen von allen Borderline-Menschen am häufigsten gehört habe, lautet: »Meinen Sie wirklich mich?« Die alles entscheidende Antwort gibt sich der oder die Betreffende natürlich selber. Setzt sich ein Gefühl von »Nein« durch, ist das zwar enttäuschend, aber im Grunde vertraut und gewohnt. Kommt aber ein Gefühl von »Ja, hier kann ich einmal ich selber sein« auf, folgt in der Regel ein Gefühl von Fremdheit gegenüber sich selbst. Stellen wir uns einen Menschen vor, der vielleicht Jahrzehnte nicht er oder sie selber zu sein wagte. Wieviel Mut und Geduld erfordert das, sich selber nicht nur zu zeigen, sondern sich selber zu leben!

Selbstverlust ist besonders schmerzlich zu beobachten bei Menschen, deren *Eltern* ihre eigene Familie verloren haben, z. B. im Krieg oder durch einen Unfall. Ich denke an Menschen, deren Eltern sich an Naziverbrechen beteiligten, wie vermutlich Lores Vater, oder an Menschen, deren Eltern das Konzentrationslager überlebten, in dem der Rest der Familie ermordet wurde. Ihr Eigenleben ist mehr oder weniger überschattet von dem Schicksal der vorhergehenden oder sogar vorvorhergehenden Generation. Ihre ganze persönliche Entwicklungslinie wird von den früheren Katastrophen verwischt oder sogar vielfach gebrochen. Vielleicht knapp dem Tode entronnen, trinken Eltern in ihrem Durst nach Leben aus der Quelle ihrer eigenen Kinder. Hier werden die Rollen von Kindern und Eltern vertauscht. Diese Kinder entwickeln kein Gefühl für die Grenzen zwischen sich und den Eltern. Im extremsten Fall erleben sie sich als Auswuchs ihrer Eltern.

YAACOV NAOR, ein befreundeter israelischer Psychotherapeut, mit dem ich mehrere Psychodramaseminare für jüdische und nichtjüdische Deutsche geleitet habe, faßte es einmal gesprächsweise mir gegenüber so zusammen: »Das Kind von Holocaust-Überlebenden ist für die Eltern eine wandelnde Gedenkkerze. Es soll all die Menschen ersetzen, die ums Leben gekommen sind. Es quält sich mit dem Gefühl, ›bin ich schuldig, weil ich lebe, und andere ermordet wurden?‹ Es erlebt in allen Beziehungen in sich die nicht endenden Konflikte seiner Eltern: Sollen wir unsere Familie, unsere Freunde verlassen, sollen wir kämpfen oder gleich in den Tod gehen?«

Jedes Abschiednehmen kann dann mit unsäglichen Schuldgefühlen und Todesahnungen verbunden sein. Als Fluchtmöglichkeit davor hatte ich Selbstentwertung bis zur Selbstverleugnung bereits erwähnt. Was wird nun aus jemandem, wenn er alle Schrecken überspringt, die vergangenen und die gegenwärtigen? Dann kann er sich wenigstens selbst bewundern und allmächtig fühlen, alles Unangenehme an Einsicht kappen und sich in der Sonderrolle abkapseln: »*Wir* sind dem Holocaust entronnen!« Eine dritte Möglichkeit ist, sich in seinem Leben selbst zu sabotieren. Wenn jemand immer und überall Angst hat, sich hervorzutun, weil er Lebensgefahr wittert, muß er sich verstecken und jeden eigenen Erfolg, mit dem er auffallen könnte, verhindern. Nicht alle Kinder von Holocaust-Überlebenden sind Borderline-Menschen, aber viele haben die typischen Nähe- und Distanzängste und extremen Gefühlsschwankungen, wie wir sie vor allem von Borderline-Menschen kennen. Wut darüber, was ihren Eltern passiert ist oder von Eltern verbrochen wurde, kann sich gegen alles mögliche im *eigenen* Leben wenden. Wenn diese Wut dann unkontrolliert losbricht, kann sich die Angst als Zwangserbe ins Unermeßliche steigern; denn die Kontrolle zu verlieren kann entweder die Phantasie bedeuten, den Tod zu erleiden oder Tod zu bringen. So sind auch Gefühle zu verstehen, unter denen viele dieser zweiten Generation von Tätern und Opfern leiden, nämlich selbst Verfolger oder Verfolgte zu sein – oder auch Opfer- und Täterrollen in ihrer inneren Welt gleichzeitig zu übernehmen.

NAOR, selbst Sohn jüdischer KZ-Überlebender, macht auf einen überraschend positiven Befund bei vielen seiner zweiten Generation aufmerksam: So schwer es war, als Kind sein eigenes Selbst zu behaupten, so wichtig wurde es und gelang es auch vielen, einen Beruf mit viel Spielraum für Individualität, Eigenverantwortung, Unabhängigkeit und Kreativität, wie Künstler, Anwalt, Therapeut, Schriftsteller zu wählen. In diesen und ähnlichen Berufen ist das Erlernen einer spannungsreichen Mischung von gefühlsmäßigem Sich-Einlassen und verstehendem Abstandnehmen Voraussetzung.

Vom Altertum bis heute beruhen die Erfolge von Hochbegabten auch auf grundlegenden psychischen Leistungen: Ein oft übermenschliches Leid aus der eigenen Vergangenheit, der Familie oder eines Volkes wird in heilende Kräfte oder künstlerische Fähigkeiten überführt. Aus dem Meer des Todes ist ein Fluß des Lebens, aus dem Schattendasein der »Gedenkkerze« ist eine lichtvolle Existenz geworden. Auch wenn sie nicht immer in beruflicher Hinsicht weitergegeben werden, so strahlen solche Menschen doch oft Liebe und echte Lebensfreude aus, wenn sie sagen: »Jetzt spüre ich, daß ich lebe; denn ich persönlich war tot! Ich hatte nur funktioniert!«

Wir rühren hier an einen tiefen Widerspruch. Unsere landläufige Sicht von Tod und Leben, Krankheit und Gesundheit wird geradezu auf den Kopf gestellt: Die in ihrer Vergangenheit Gefangene waren, klammern sich an ihr neues Leben in Gestalt ihres Kindes. Dieses wird von den Eltern entweder zum Besitz erklärt oder vor lauter

Leiderfahrung übersehen. Das Kind wird nun krank, – um selbst zu überleben! So wird das Krankheitsgeschick von Borderline-Menschen zum Überlebensmuster in Katastrophenfällen. Oder anders ausgedrückt: Die Kindheit von Borderline-Menschen war so entbehrungsreich, aussichtslos und orientierungsarm, daß nur (vorübergehende) Selbstaufgabe ein Überleben ermöglichte.

Unter den zerstörerischen Seiten unseres Zeitalters leiden gerade viele junge Menschen. Sie zeigen Wut und Verzweiflung, sie neigen zu rechts- und linksradikaler Gewalt und Selbstzerstörung, z.B. durch Drogen. Sie erleben sich gegängelt von (elterlichen) Systemen, in denen es nur um Zeit und Geld geht. Sie verabschieden sich von einer Kindheit, die keine war. Nun suchen sie nicht nur umweltbewußte und sinnerfüllte Lebens(!)-Wege, sondern auch Haß-Wege, um aus der »Borderline-Gesellschaft« herauszukommen.

Als Therapeut erlebe ich immer wieder die aufregende Umkehr meiner herkömmlichen Sicht: Unsere Gesellschaft verkündet zwar Gesundheit und Normalität als höchste Werte, aber in der Realität macht sie es dem einzelnen unerhört schwer, ohne krankhafte Anpassung oder überdurchschnittlichen Streß überhaupt einen Platz zu bekommen und zu halten. Die winzige Anzahl von Menschen, die von kleinauf extremen Belastungen und Entbehrungen ausgesetzt waren und später durch ihre Originalität begeistern, sind die Ausnahmen. Ich durfte seelisch belastete Künstler, Architekten, Ärzte und Lehrer bei ihrem inneren Werdegang begleiten. Sie ließen mich teilhaben an dem majestätischen oder anmutigen Fluß ihres Schaffens. Sie selbst, z. B. Kurt, hatten diesen Fluß oftmals voller Angst von einer Eisscholle zur nächsten springend überquert. Sie konnten ihr bewundertes Werk oft nicht genießen, weil sie zu sehr mit ihrem elementaren Überleben beschäftigt waren.

Hierzu gehört auch, was mich in der Zusammenarbeit mit Ausbildungs- und Therapiegruppen immer wieder beglückt: Einfacher strukturierte Mitglieder steuern zum vertrauensvollen und haltgebenden Rahmen bei. Komplizierte, in sich widersprüchliche, gefühlsmäßig gespaltene Mitglieder befruchten die Gruppenarbeit allein schon durch ihr herausfordernd unergründliches Dasein und profitieren natürlich ihrerseits von dem genannten Rahmen. Borderline-Menschen sind die Seismographen in der Gruppe für genaues und ungenaues Hinhören, für echtes und unechtes Gefühl. In ihrer überdifferenzierten Art erschaffen sie wie ein Bildhauer ihr Gegenüber mit erstaunlich aufmerksamer, vorher nicht erkennbarer Feinheit. Aus ihrer ursprünglichen Not, mißverstanden oder übersehen worden zu sein, können oder müssen Borderline-Menschen die Tugend machen, scharfsinnig und hellsichtig auf die Probe zu stellen. Begegnungen dieser Art sind gefühlsmäßig sehr einprägsam, manchmal sogar schmerzhaft, daß Einzelheiten auch einem sonst nur durchschnittlichen Gedächtnis zehn oder zwanzig Jahre haften bleiben. Aus gedächtnismäßig eingebranntem Stoff weht das Feuer gebrannter Kinder, die endlich ernst genommen werden wollen. Ein gemeinsames Merkmal von Borderline-Menschen erscheint mir geradezu zukunftsweisend für Überleben und Lieben: mit dem Mund zu bekennen, was das Herz sieht.

Daß Eltern saure Trauben gegessen haben, macht die Zähne der Kinder also nicht immer stumpf, sondern manchmal sehr spitz, ihren Verstand scharf, ihre Hände einfallsreich und ihr Herz grenzenlos weit.

Wenn »frau« sich in ihrem Körper fremd fühlt

Warum werden Borderline-Störungen bei Frauen häufiger als bei Männern diagnostiziert? Ein Grund könnte darin liegen, daß in unserer Gesellschaft »vorherrschend« *Männer* Diagnosen stellen, das heißt, sie stellen sie nicht nur, sondern sie entwerfen auch ihren Rahmen. In einer verstandesbestimmten Arbeitswelt und in einer sich immer verstandesmäßiger gebärdenden Beziehungswelt fällt es Männern leichter, Gefühle von Haß und Liebe einfach zu verdrängen oder eben in »vernünftiger« Dosis zu leben. Wenn die Mutter oder ihre Stellvertreterinnen den ersten Raum für uns darstellen, in dem wir fühlen und leben, dann bleiben Mädchen und Frauen lebenslang durch Übereinstimmung mit ihrem Geschlecht in diesem weiblichen Raum, worin gefühlt und gelebt wird, oder sehnen sich danach. Das andere Geschlecht verkörpern danach Jungen und Männer, die auf der Suche nach Übereinstimmung mit ihrem männlichen Geschlecht, dem des Vaters, sich lebenslang trennen und auf

Abstand halten von dem weiblichen Raum der Gefühle. Wo immer die Vorstellung von Gleichberechtigung der Frau mit dem Manne auftaucht, heißt das noch lange nicht, daß Mann und Frau gleichwertig sind. Zu leben und zu fühlen wie ein Mann bedeutet häufig, gerade nicht zu fühlen, sondern zu funktionieren. Tragen Frauen die Hauptlast der Gefühlsentwicklung und damit auch die Last von Gefühlsstau und Gefühlszwiespalt? Ist also unsere gesamtgesellschaftliche Entwicklung besonders für Frauen borderlineträchtig, weil Frauen Gefühle weniger verleugnen und ins Gegenteil verkehren?

Um aus dem Schattendasein eines Hausmütterchens und Heimchens am Herd herauszutreten, mit dem Ziel, selbst ihre Frau zu stehen, kann unter einem Anpassungsdruck nach Männermaß die Frau ihren Gefühlsreichtum einbüßen und sogar ihre weibliche Identität preisgeben. Auf diesem Hintergrund wird einleuchten, daß Frauen ihre Gefühle oftmals nicht verdrängen können, sondern sie wechselweise extrem ausleben oder isolieren müssen. Diese Gruppe weiblicher und in geringerem Umfang männlicher Borderline-Menschen scheint auszuleiden, was in unserer Gesellschaft krank ist.

Verdeutlichen wir uns das an Problemen rund ums Essen und um den Sex. In unserer auf Idealgewicht und Diät starrenden Bevölkerung sind es doch ganz überwiegend Frauen, die eine grammbewußte Form von Weiblichkeit zu »erfüllen« trachten oder durch Abmagern und Fettansetzen unterlaufen. Und wiederum sind Eßgestörte selten Männer, oder ihr Dick- oder Dünnsein wird selten erkannt, weil sie »häßlich« sein dürfen. Frauen, nicht zuletzt erfolgreiche Frauen, klagen über innere Leere und körperliches Hohlgefühl. Essen – besonders in der spezifischen Abfolge von Freßanfällen und Kotzen – wird zum Versuch, sich zu erreichen, sich zu spüren und voll da zu sein. Es liegt so nahe, diese in ihrer Heimlichkeit ganz persönliche und in ihrer zunehmenden Verbreitung kollektive Ohnmacht von Frauen als ein borderlineverdächtiges Kindheitsmuster zu verstehen: sich mit Essen vollstopfen, weil Gefühle innerhalb naher Beziehungen ausbleiben oder nicht genug füllen. Mit dem selbst herbeigeführten Erbrechen soll dann dieser Vorgang der vergeblichen Auffüllung innerlich rückgängig gemacht und ein

Schritt zu sich selber hin, weg von falschen Hoffnungen getan werden. Unstillbare Sehnsucht nach Bemutterung, wütend enttäuschtes Ausstoßen und sich wieder Befreien von etwas, was nicht füllt, sondern sich nach nichts anfühlt, – genannt Bulimie – damit halten Betroffene zugleich unserer Gesellschaft im ganzen einen Spiegel vor Augen: »Sieh Mutter Gesellschaft, das unbekömmliche Zeug, womit du mich fütterst, überfütterst, kommt aus meinem Mund zurück wie Müll, und eigentlich möchte ich es laut herausschreien und dir ins Gesicht spucken, bis du mir endlich, endlich gute Nahrung und erfülltes Leben spendest!«

Es ist ein Dialog auf zwei Ebenen: Das innere Kind trauert Versäumnissen in der Kindheit nach. Aus Hunger nach wahren Gefühlen klagt derselbe Mensch heute die Versäumnisse der Gesellschaft ein. Die Probleme sind sogar noch komplizierter. Weder ist jede Borderline-Frau eine Bulimiekranke, noch ist jede Bulimiekranke ein Borderline-Mensch. Aber nachweislich fällt beides sehr oft zusammen. Erinnern Sie sich nun, liebe Leserin, lieber Leser, an jene aus innerer Not zu »Therapeuten« (S. 209) gewordenen Säuglinge, die ihre Mütter durch raschen Wechsel von Trinken und die-Milch-gleich-wieder-Erbrechen in Atem halten und manchmal zur Verzweiflung bringen. Erstaunlicherweise nehmen diese Säuglinge nicht an Gewicht ab, sondern entwickeln sich körperlich normal. Darüberhinaus scheinen sie mit ganzer Energie ihre Mütter zu beschäftigen, um mehr Beziehung zu erleben. Dieser höchst erstaunliche Vorgang ist bei kleinen Mädchen viel häufiger als bei Jungen zu beobachten. Daß die Mutter immer wieder herbeigeholt werden muß, immer wieder ein Teil von ihr, nämlich die Milch, und sei sie aus dem Fläschchen, wegfließt, kann aber auch zum Vorbild eines endlos gestörten Beziehungsmusters werden. Dieses rein / raus wird dann zum Sinnbild innerer Unzufriedenheit der späteren Frau oder auch eines Mannes. Solche Erfahrung mit der Milch prägt nicht nur späteren Umgang mit Essen und Trinken, sondern kann lustvolle Körpergefühle generell erschweren oder gar zerstören. Schließlich kann diese frühe Erfahrung alle Beziehungen bestimmen, nicht nur die zu sich selber und alle persönlichen, auch die in der Arbeitswelt und in der Einstellung zum Beruf.

Im Leben einer seelisch gesunden Frau bleibt durchschnittlich mehr von dem ursprünglichen Band zwischen Kind und Mutter erhalten als beim Mann. Viele Frauen erleben sich von ihrem Selbstgefühl her mit anderen Menschen verbundener und an sie gebundener als Männer. Bindungsfähigkeit und Bindungsgefälle setzen auch ein Maß für erotische Anziehung zwischen Erwachsenen fest. Wenn »frau« oder »man(n)« sich in ihrem / seinem eigenen Körper fremd oder leer fühlen, versuchen sie diese Spannung oder Spannungslosigkeit eventuell durch sexuelle Erlebnisse zu lösen. Innere Leere und mangelndes Selbstgefühl können dann zu immer rascherer Inflation immer wertloserer Beziehungen führen. Was fehlt, ist eine Werft, auf der ein tragfähiges Beziehungsschiff gebaut werden kann, statt vergeblich Befriedigung oder auch nur Spannungsausgleich in jedem Tropfen des Ozeans zu suchen, wie als Säuglinge in jedem neuen Tropfen Milch. Dieses Dilemma ist nicht von der Moral her zu lösen, sondern nur durch Ich-Unterstützung jenes unverwüstlichen Restes an Selbsterhaltungstrieb und an Gefühl für sich selbst. An Essen und Sexualität können Lebensfragen festgemacht werden, weil beides die innere Beziehung zur Mutter widerspiegelt. Je unbefriedigter mich mein Essen macht, desto feindseliger werde ich meinem Körper begegnen. Je unglücklicher ich in meinen Beziehungen bin, desto haßerfüllter spüre ich, zu kurz zu kommen.

Doch diesen Haß wenden gerade eßgestörte, aber auch nicht eßgestörte Frauen gegen sich selbst. Unsere Gesellschaft brandmarkt weibliche Aggression ebensosehr als Schwäche, wie sie männliche Aggression als Durchsetzung verherrlicht. »E-man-zipation« (also wörtlich: »heraus aus der Hand, die mich gefangen hält!«) erfordert aber mehr an »Ag-gression« (wörtlich: »Herangehen«), als Frauen im öffentlichen und privaten Leben zugestanden wird. Wenn sie nun ihren Haß weder äußern, noch verdrängen oder verarbeiten können, werden sie ihn früher oder später gegen sich selber richten. Selbstmordimpulse, Selbstmordversuche und Selbstverstümmelungen kommen daher eher bei Borderline-Frauen vor, Wut- und Gewaltausbrüche eher bei Borderline-Männern. Beide Tendenzen zeugen von tiefsitzenden Ängsten vor dem Alleinsein sowie vor dem Zusammensein, geben stillen Alarm vom sich Fremdfühlen im eigenen Körper. In Silkes Geschichte (S. 140) können wir darüber mehr zur persönlichen Lebensgeschichte einer eßgestörten Frau erfahren. Doch liegen auch gegenwartsspezifische kulturelle Faktoren vor. Obwohl sich Individuelles, Familiäres und Gesellschaftliches dabei so verzahnen, liegen solche Zusammenhänge dem öffentlichen Bewußtsein noch recht fern. Nach ELFRIEDE JELINEKS Worten ist unsere gesellschaftliche Wirklichkeit immer noch von aussichtsloser Einseitigkeit geprägt: »Die Frau ist das Andere. Der Mann ist die Norm.« Aber eine Frau wie ERICA JONG sieht in der Fähigkeit zur Leidenschaft eine unverwüstliche Kraft, Verletzungen zu bestehen, die auch aus erfüllten Beziehungen niemals wegzudenken seien.

Grenzen und Brücken

Da es sich bei der Entwicklung zur Borderline-Gesellschaft um weltweite Prozesse handelt, in die wir aber aufgrund der Durchlässigkeit der äußeren wie der inneren Grenzen alltäglich verwickelt sind, wähle ich im folgenden interkulturelle Beispiele.

Eine türkische Psychotherapeutin, 50 Jahre alt, die seit vielen Jahren abwechselnd in der Türkei arbeitet und Monate in den USA lebt, leidet unter wechselstromartiger Spannung im jeweiligen Kulturkreis. Sie schreibt mir: »Die Menschen in der Türkei haben keine inneren Grenzen: Sie können nicht allein sein, sie können keine Geheimnisse haben, sie möchten immer mit anderen verschmolzen sein, gleich sein. Sie erleben sich entweder als Auswüchse von anderen oder sie erleben andere als Auswüchse von sich. Die Menschen im Westen kommen mir dagegen als abgegrenzte, oft abgekapselte Individuen vor. In ihrem Für-sich-sein-Wollen sind sie letztlich unerreichbar, es entstehen Schein- und Oberflächenkontakte. Wenn sie auf jemanden eingehen, verdrängen sie ihn gleichzeitig, schneiden ihm das Wort ab oder ziehen sich in sich zurück.

Ich erlebe mich in beiden Umgebungen ausgeschlossen: In der Türkei fühle ich mich von meinen Patientinnen und Patienten aufgesogen, ich habe immer mehr Mühe, mich von ihnen abzugrenzen. Türkische Bekannte lehnen mich wegen meines »westlichen« Individualismus ab – ich bin allein. Im Westen fühle ich mich von meinen Freunden angezogen, aber wegen meiner Andersartigkeit auf Distanz gehalten, als Fremde beschnuppert und aussortiert – ich bin wieder allein.«

Auch diese Frau fragt sich, ob dies Zeichen einer Borderline-Gesellschaft sind.

Leben etwa zunehmend Menschen unter uns, die ewig Kind bleiben und nicht erwachsen werden wollen? Gibt es nur die eine Alternative, sich entweder andauernd anderen anzugleichen, ohne Freude am Anderssein, oder sich immerzu losstrampeln zu müssen und jegliche Abhängigkeiten abzuwehren? Zu viele oder gar keine Grenzen können doch nicht die einzigen Auswege sein. Welcher Art sind die Brücken, die Abstand ermöglichen und zugleich verbinden?

Ich kenne meine Grenzen nicht

JOSIP (25), ein bosnischer Flüchtling, findet sich auch nach seiner amtlichen Anerkennung als Asylant in Deutschland nicht zurecht. Er versucht sich an Vorbildern zu orientieren. Er ist hin- und hergerissen noch während er mir schreibt:

»Meine eigenen Wurzeln sind nicht tief und sind verletzt. Der Boden zu Hause ist steinig und rissig. Es ist nicht so schwer für mich, mich auszugraben. Aber bin ich kräftig genug, ein zweites Mal Wurzeln zu schlagen? Werden sie diesmal tiefer reichen? Meinen Verwandten, lauter respektierten Dorfbewohnern, ist es auch gelungen. Sie hatten noch kein Vorbild, wie ich jetzt in ihnen! Je länger ich sie mir betrachte, desto mehr glaube ich, es zu schaffen. Ich muß es nur so machen wie sie, dann kann nichts schiefgehen. Sie haben auch mal klein angefangen. Ich spüre, wie ich ihnen nachwachse, aber ich bin weiter allein.«

»Allein bin ich nicht. Ich gehöre zu einem Stück Wiese, die abzutragen und gemeinsam zu verpflanzen ist. Ich bin ein Grashalm neben anderen, wir sehen uns alle ähnlich. Allein könnte ich nicht wachsen. Ich spüre Halt in der Masse der Halme um mich herum. Nur drei oder zehn, das wären zu wenig. Wir könnten auseinanderfallen wie eine handvoll Spielkarten. Wir werden gemeinsam begossen – allein würde ich verdörren. Die Sonne scheint auf uns alle –

allein würde sie mich versengen. Wenn jemand auf uns herumtrampelt, können wir uns alle gemeinsam wieder aufrichten – einzeln wäre ich hoffnungslos geknickt. Ich spüre, wie ich mit allen *mit*wachse, aber ich bleibe einsam.«

Soziodrama

Hier folgt ein Auszug aus dem Geschehen auf der Bühne eines Mitarbeitertreffens von Psychodramatikern und Dramatherapeuten/Arbeitsgruppe Soziodrama unter der Moderation von ULLA FANGAUF:

»Es ist Freitag, 27. November 1992, 20.25 Uhr. Ort: U-Bahnhof Anhalterbahnhof Berlin. Einige warten auf die Bahn, andere auf nichts, wieder andere provozieren andere. Auf dem einen Bahnsteig »Atze«, arbeitslos, 18jähriger Skinhead, beschimpft Ausländer, seine 16jährige Freundin geilt sich an seiner aggressiven Haltung auf. Ein Alt-Nazi voller Ressentiments auf die gegenwärtigen Verhältnisse wittert braune Morgenluft. Ein Bahnsteigreiniger undefinierbarer Herkunft und Alters versucht zu beschwichtigen und äußere Ordnung aufrecht zu halten. Seine Drohung mit der Polizei verpufft. Auf dem gegenüberliegenden Bahnsteig eine afrikanische Mutter mit 5jährigem Kind, das sie ängstlich an sich drückt. Ein Türke, der vergeblich versucht aus dem Schußfeld der Flasche zu rücken, die gerade herüberfliegt. Ein deutscher zeitungslesender Mittvierziger mit schwarzem Aktenköfferchen findet das ganze einfach lästig. Plötzlich alle auf dem zweiten Bahnsteig. Stöße, Stürze, Befriedigung bei den einen, Entsetzen bei den anderen…«

Alle sind betroffen von der

- Leichtigkeit in eine aggressive Rolle zu gehen
- Angst vor bösartigen verbalen und häßlichen Angriffen
- Geschwindigkeit scheinbar unausweichlicher Konfrontation.

Anschließend reflektieren die Teilnehmerinnen und Teilnehmer die im Spiel erlebten aggressiven, ohnmächtigen und gleichgültigen Seiten sowohl in der eigenen als auch in Mitspielerrollen. Alle sind Multiplikatoren und berichten sich von der eigenen Hemmung, aber auch Bereitschaft, solchen Themen in Patienten- und Klientengruppen Raum zu geben. Psychodrama schließt nach seinem Begründer J. L. Moreno soziale und politische Verantwortung ein und zielt nicht nur auf individuelle Gesundung und Entfaltung. Nun stellen sich Fragen, was praktische Aufhänger für Soziodramaelemente in Selbsterfahrungs- und Therapiegruppen sein können:

– Gibt es überhaupt Fremde in unseren Gruppen und wie erreichen wir sie? Oder wer übernimmt diese Rolle in der Gruppe sonst?

– Gruppenmitglieder fühlen sich durch Krankheit, Behinderung, soziale Handicaps, Homosexualität und anderes erheblich ausgegrenzt. Wie ist dieser Umstand immer wieder zum Thema zu machen?

– Wie können sich Gruppenleiter und Therapeuten selber bewußt machen, daß wir Wegbereiter entweder einer ausländerfeindlichen oder aber einer das Eigene und das Fremde integrierenden Gesellschaft sind?

WALTER SCHINDLER, einer von vielen KZ-Überlebenden, die Psychotherapeuten waren, hat als einer der ersten nach dem Zweiten Weltkrieg auf den Trend hingewiesen, daß totalitär abhängig gemachte Menschen eine Generation völlig Beziehungsloser hervorbringen können. Schindler spricht vom Border*land*-Syndrom. In diesen gesellschaftlichen Negativkreislauf versuchen u. a. Sozialpsychologen und Soziodramatiker verstehend und verändernd einzugreifen.

Jetzt ist der Bosporus ein totes Gewässer und eine Lebensader

Auf dir rosten Blechdosen dahin,
In dir schwimmen quicklebendige Fische.
Kinder, die tauchen mit Lust
Und Tierkadaver stinken.
Der Bosporus totes Gewässer und eine Lebensader.

Gestern hab ich hier meine Liebste geküßt.
Gerade kippte Fischkutter *Hakan* seinen Tagesmüll aus.
Er fiel so weich in deinen Schlund, Bosporus,
Wie die Zunge meiner Liebsten in mich.
Oh, Bosporus, totes Gewässer und eine Lebensader!

Vom Schwarzen Meer her furcht sich Frachter *Samsun* daher.
Lautlos läßt er unter sich, Öl, und qualmt dazu.
Möwen vom Marmara Meer erhaschen hier immer etwas Genießbares.
Du trägst alle. Was ist nicht mehr zu ertragen?
Mein Bosporus, totes Gewässer und eine Lebensader!

Dein Spiegel ist schmutzig, und wir erkennen uns in dir.
Tot und lebendig, wir ersticken und quellen wieder hervor.
Mit Urgewalt strömst du weiter und weiter.
Aber wo ist dein frisches Türkis, dein heller Sandsaum zwischen blühenden Wiesen?
Wann wirst du totes Gewässer eine Lebensader?

DER BORDERLINE-MENSCH ALS PROTOTYP NEUEN DENKENS UND HANDELNS

Schluß

Die Gesellschaft heute kann von Borderline-Menschen für ihr Überleben lernen. Sie sind nicht in erster Linie gestörte Menschen, sondern gewollt ungewollt störende, jedes inkonsequente, unbarmherzige Handeln angreifende Menschen. Ja, noch mehr: Ich sehe in Borderline-Menschen Schöpferinnen und Schöpfer eines glaubhaft versöhnlichen Leben- und Lebenlassen-Denkens.

In der ob ihrer Scheinmoral und falschen Fortschrittsgläubigkeit gebrandmarkten Viktorianischen Epoche hatte eine »hysterische« Frau oder ein »zwangsneurotischer« Mann zu Beginn des Jahrhunderts immer noch einen festen Platz in der Gesellschaft. Über Sexualität zu sprechen war zwar tabu, aber Naturwissenschaft, Technik und Leistungsethik gaben auch seelisch Kranken eine Daseinsberechtigung in einer noch nicht erschütterten bürgerlichen Gesellschaftsordnung. Diese selbstverständliche gemeinsame Basis für »Kranke« und »Gesunde«, für Randgruppen und normgerechten Innenkreis fehlt heute weitgehend. Ein Gefühl seelischer Heimatlosigkeit, weltanschaulicher Wurzellosigkeit und Unverbindlichkeit in lebenswichtigen Beziehungen breitet sich immer mehr aus.

Die Eiseskälte, unter der Borderline-Menschen individuell leiden, ergreift generell alle Lebensbereiche – vom Schulalltag bis in die Betriebe mit entsprechendem Klima hinein, vom Chaos junger Familien bis hin zu Politikerinnen und Politikern jeden Alters. Angst zu versagen, Angst vor Ausgrenzung, Angst vor Verlusten materieller und ideeller Art ist gesellschaftliche Realität. Was Borderline-Menschen – freilich extrem – als einzelne erleiden, ist schon seit langem und in immer unerträglicherer Form Realität in all unseren Lebensbezügen. Alles, was denkbar ist, planen oder gar machen zu wollen, beschwört Untergangsängste in wahrlich globalem Ausmaß herauf. Die Mächtigen unserer Gesellschaft können sich

Grenzüberschreitungen auf Kosten anderer ungestraft erlauben – mit teilweise lebensbedrohlichen ökologischen Konsequenzen, die uns Borderline-Menschen auf individueller Ebene vor Augen halten. Es geht nicht nur um die recht schwankende Hilfsbereitschaft angesichts von Katastrophen und Kriegen, sondern – schlimmer noch – um abnehmende Betroffenheit, ja überhaupt Wahrnehmungsfähigkeit und Einfühlungsvermögen. Nehmen wir um uns und in uns diese geistige und emotionale Versteppung wahr? In dem Maße wie äußere und innere Grenzen mißachtet werden, scheint auch das Mitgefühl abzusterben.

Nicht zuletzt in Werbespots wird »gesund« mit stabil, robust und rambohaft gleichgesetzt. Als »krank« dagegen werden sensible, zerbrechliche Menschen angesehen, die offenbar einem (noch) ungeschriebenen Gesetz zufolge in unserer Gesellschaft zur Ausrottung verurteilt sind.

Die einfache Frage »Wer bin ich denn?« kann auch bezüglich der Geschlechtsrolle nicht mehr einfach beantwortet werden. Bin ich zu kindisch, zu weibisch, zu männisch? Das Wechselspiel um Macht und Ohnmacht des Mannes und der Frau blockiert Vertrauen und Wachstum in Familie und Gesellschaft.

»Vater« Staat und »Mutter« Kirche verdienen diese Beinamen längst nicht mehr, ob sich nun der Einzelne angepaßt und ausgeliefert fühlt oder sich an ihnen aufreibt. Die Bemerkung, die Kirche lasse ihre Kerne verfaulen, während sie über Schalen streite, läßt sich mühelos auf andere ehemalige institutionelle Säulen von Erziehung, Wissenschaft und Herzensbildung ausdehnen. Auch leiblichen Vätern und Müttern scheint alles Materielle oft wichtiger zu sein als das seelische Wohl. Innerhalb einer Generation haben sich die finanziellen Möglichkeiten zum Konsum in westlichen Ländern explosionsartig ausgedehnt. Mit dem Wegfall äußerer Beschränkung hat für die meisten der Aufbau innerer Grenzen zum Verzicht nicht Schritt gehalten.

An Borderline-Menschen beeindrucken mich oftmals konkrete Zuspitzungen und entlarvende Fragestellungen. In Anlehnung daran frage ich: Sorgt für sich und die nächste Generation, wer raucht oder nicht raucht, wer Auto fährt oder nicht, wer an Beziehungen festhält oder sie offenläßt, wer sich aufarbeitet oder Arbeit verweigert? Wir merken schnell, in welch heilloses Dilemma uns diese Alternativfragen führen, und daß sie falsch gestellt sind.

Immer mehr Menschen können nicht die »Freiheit der Wahl« genießen, sondern fühlen sich von einem »Zwang zu wählen« erdrückt. Der gewünschte und erkämpfte Pluralismus bestehender Meinungen hat zu Orientierungslosigkeit geführt. Soviel Freiheit erzeugt Angst, jegliche Freiheit zu verlieren. Ich schreibe das nicht als Kulturpessimist, sondern mit an Borderline-Therapien geschärftem Realitätssinn. Als Fachmann für seelisches Leid (im einzelnen und in Gruppen) fehlt es mir an Werkzeugen, hier Realitätsorientierung und Identitätsarbeit in gesellschaftlicher Größenordnung zu leisten. Anders als noch vor 15 oder 20 Jahren meine ich, an unüberwindliche Verständigungs- und Verständnisgrenzen zwischen Opfern und Tätern zu stoßen, dies überhaupt zu thematisieren, wären mir nicht Borderline-Menschen begegnet, die mir zeigen, wie sie anderen einen Spiegel vorhalten. Sie zwingen uns wie Kinder, uns mit dem Einmaleins des Lebens auseinanderzusetzen. Als wären wir alle eben erst auf die Welt gekommen, fordern sie als elementarste Grundwerte *Liebe* und *Respekt* anstelle von Gleichgültigkeit und Rücksichtslosigkeit. Haß und Liebe, Bösartigkeit und Toleranz und andere widerstreitende Tendenzen muß jeder einzelne Mensch in sich versöhnen. Wenn Haß und Liebe sich in unserer Borderline-Gesellschaft umarmen, bricht nicht das Paradies an, aber wir haben eine reelle Überlebenschance.

Weiter mit den Grenzen unseres Wirtschaftswachstums zu spielen, bei der Gentechnologie ethische Fragen auszuklammern, treibt uns in Katastrophen voller Borderline-Ängste. Grenzen jeder Art bis zum Anschlag auszuschöpfen und zu durchbrechen, verstrickt uns in einen aussichtslosen Überlebenskampf, für den uns wiederum Borderline-Menschen ein warnendes Modell liefern: Wenn Basis und Rahmen fehlen, gehen Halt und Orientierung verloren. Es folgen Zerstörung und Zerfall. Menschen, die nie klare Grenzen erfahren haben, werden ständig neue übergriffige Situationen schaffen, bis sie unfreiwillig auf Grenzen stoßen.

Dieser äußerst schmerzhafte Prozeß ist das für jede Borderline-Therapie richtungweisende Kern-Konzept. Es läßt sich zwar nicht ohne weiteres auf die »Behandlung« gesellschaftlicher Probleme übertragen, aber aus der Krisenbewältigung einer individuellen Identitätsstörung können wir Rückschlüsse ziehen, wie in unserer Gesellschaft die in ihrer Identität zunehmend unsicheren Gruppen wieder fähig werden, Verantwortung zu spüren und zu übernehmen. Sie bekämpfen sich in sich, sie bekämpfen sich untereinander, aber vermögen von sich aus kaum zusammenzuarbeiten. Borderline-Menschen kennen diesen Kampf auf Biegen und Brechen auf ihrer inneren Bühne und reiben sich oft an sich selbst und ihrer Umgebung auf.

Was können wir für den gesamtgesellschaftlichen Prozeß daraus entlehnen? Wie soll ein Mensch Gut und Böse unterscheiden können, wenn er schon deutlich oder noch verschwommen spürt, daß die Voraussetzungen für sein Handeln nicht stimmen? Müßte es nicht eigentlich jeden Menschen verunsichern oder vielmehr zerreißen, wenn er sich auf die Wirklichkeit von Kriegen, Armut und Hunger auf der einen Seite und Wegwerf-, Recycling- und Konsumaktionismus auf der anderen Seite einläßt? Ein Wunder, daß nicht viel mehr Menschen verrückt werden, die das durchschauen! Mit ihrem Leben und Erleben schreiben Borderline-Menschen vielleicht auch Drehbücher für unser Überleben als Gesellschaft im nächsten Jahrtausend.

Wir können immer weniger damit rechnen, daß uns lebbare Strukturen von außen gegeben werden. Denn Struktur- und Normgeber von außen benutzen zunehmend subtilere und technisch perfektere Mittel von Gewalt und Unterdrückung, sowohl in der Wirtschaft und Politik der »Großen« als auch in der Durchsetzung von Minderheitsinteressen durch Terror. Stehen wir vor einer Wende, in der Zeichen von Auflösung auf eine Neuschöpfung hinweisen? Ich denke, wir können von dem Mut, den Borderline-Menschen aufbringen, um aus ihrem übermächtigen Chaos mit Hilfe von Spontaneität und Kreativität herauszukommen, alle profitieren und lernen. Ein Erwachen einzelner Menschen wirkt durch ihren Umgang mit anderen, manchmal schon durch ihre seelische Ausstrahlung auf andere, auch auf gesellschaftlicher Ebene, möglicherweise heilend. Haß und Liebe können sich in Menschen aus Respekt vor Grenzen und aus Freude am Fließen umarmen.

Dank

Für kritische Auseinandersetzung und Ermutigung beim Schreiben bedanke ich mich bei vielen ungenannten Freunden, Kolleginnen und Kollegen.

Im einzelnen danke ich den folgenden in München:

– Agnes Lehmann, Psychoanalytikerin und Psychodramatikerin, und Elke Sofie Frohn, Psychodramatikerin und Körpertherapeutin, die mich beide in langjähriger Freundschaft und Co-Therapie auch durch meine Durststrecken und Überfliegertendenzen beim Schreiben begleitet haben.

– Bernd Vigener, der mir als Nervenarzt und Psychoanalytiker vielfältige Einsichten vermittelt, und Taciye Ulusoy-Gneist, die mir mit sozialpsychologischem Wissen und multikulturellen Erfahrungen übergreifende Bezüge erschlossen hat.

– Ursula Onken und Gisela Nußbaumer, zwei Kinder- und Jugendlichen-Therapeutinnen, die mir mit ihrem generationsübergreifenden Blick neue Horizonte gezeigt haben.

– Almuth und Werner Huth, Adriane Juchheim und Regine Scherer-Renner, die mich aus ihrer Erfahrung von Forschung, Lehre und modernen psychoanalytischen Behandlungsansätzen angeregt haben.

Anna Chesner, Dramatherapeutin und Autorin in London, danke ich für ihre Spontaneität und Klarheit, Brigitte Milani, Lehrerin in Stradella/Italien für ihre Verständnisinnigkeit, und Yaacov Naor, Psychodramatiker in Jerusalem, erstaunt mich durch immer neue Ansätze, nach Orientierung zu suchen.

Ganz herzlichen Dank schulde ich zwei Menschen, beide auch Psychodramatiker und Psychodramatikerin, die sich aus Verbundenheit mit mir und dem Thema Entstehung und Vollendung des ganzen Manuskripts angelegen sein ließen:

Daniel Glass in Basel, der 1992 durch seine Radiosendung mit mir den Anstoß zu diesem Buch gab und mich mit seiner soziologischen und journalistischen Kompetenz laufend unterstützte.

Martina Rohrbach-Kayser in Berlin, die aus ihrer pädagogischen Hochschul- und supervisorischen Praxiserfahrung heraus mit lebendigem Sprachgefühl mir Seite um Seite kongenial auf den Punkt half, auszudrücken, was ich sagen will, und zu sagen, was die Betroffenen erleben.

Im Verlag begegneten mir in Renate Dörner und Ingrid Veblé-Weigel zwei Lektorinnen, die sich in allen Fragen der Stoffbewältigung und Gestaltung stets offen und sehr persönlich engagierten. Im gleichen Sinne danke ich auch dem Verleger Ernst Reinhard Piper, daß er mir Lust am Schreiben machte.

Zum Schluß danke ich meiner Sekretärin Renate Brandl, die freundlich, geduldig und unermüdlich mitdenkend immer neue Entwürfe schrieb und bis zuletzt korrigierte.

Leseliste

Als weiterführende oder vertiefende Lektüre empfehle ich folgende Bücher:

Allgemeinverständliche Literatur

Barz, Ellynor: Selbstbegegnung im Spiel – Einführung in das Psychodrama. Kreuz, Stuttgart 1991

Battegay, Raymond: Autodestruktion. Huber, Bern/Stuttgart 1988

Dolto, Françoise: Zwiesprache von Mutter und Kind. Bastei-Lübbe, Bergisch-Gladbach 1991

Huth, Werner: Ideologie, Glaube und Wahn. Das Ich zwischen Realität und Illusion. Nymphenburger, München 1988

Keupp, Heiner: Riskante Chancen. Das Subjekt zwischen Psychokultur und Selbstorganisation. Asanger, Heidelberg 1988

Kreisman, Jerold J. und Hal Straus: Ich hasse dich – verlaß' mich nicht. Die schwarz-weiße Welt der Borderline-Persönlichkeit. Kösel, München 1992

Laing, Ronald D.: Liebst du mich?. Kiepenheuer u. Witsch, Köln 1994

Müller-Hohagen, Johannes: Geschichte in uns. Psychogramme aus dem Alltag. Knesebeck, München 1994

Stern, Daniel: Tagebuch eines Babys. Was ein Kind sieht, spürt, fühlt und denkt. Piper, München 1993

Szondi, Lipot: Moses, Antwort auf Kain. Huber, Bern 1973

Tillich, Paul: Auf der Grenze. Siebenstern, München/Hamburg 1962

Welter-Enderlin, Rosmarie: Paare, Leidenschaft und lange Weile. Frauen und Männer in Zeiten des Übergangs. Piper, München/Zürich 1994

Wirtz, Ursula: Seelenmord. Inzest und Therapie. Kreuz, Zürich 1990

Fachbücher

Buer, Ferdinand: Morenos therapeutische Philosophie. Die Grundidee von Psychodrama und Soziometrie. Leske u. Budrich, Opladen 1991

Franzke, Erich: Zuviel des Guten zu wenig des Nötigen? Die Balance von Ich-Stärkung und Ich-Stützung in der Psychotherapie. Huber, Bern / Stuttgart 1991

Gooss, Birger und Gisela Kottwitz: Die Borderline-Persönlichkeit. Störungsbild und Heilungsprozesse. Institut für Kommunikationstherapie, Berlin 1994

Kernberg, Otto F.: Psychodynamische Therapie bei Borderline-Patienten. Huber, Bern / Göttingen 1993

Leutz, Grete A.: Psychodrama. Theorie und Praxis. Das klassische Psychodrama nach J. L. Moreno. Springer, Berlin / Heidelberg / New York 1986

Masterson, James F.: Die Sehnsucht nach dem wahren Selbst. Klett-Cotta, Stuttgart 1993

Minden, Gerald von: Der Bruchstückmensch. Psychoanalyse des frühgestört-neurotischen Menschen der technokratischen Gesellschaft. Reinhardt, München / Basel 1988

Rohde-Dachser, Christa: Das Borderline-Syndrom. Huber, Bern / Stuttgart / Wien 1991

Schindler, Walter: Die analytische Gruppentherapie nach dem Familienmodell. Reinhardt, München / Basel 1978

Schmeer, Gisela: Krisen auf dem Lebensweg. Psychoanalytisch-systemische Kunsttherapie. Pfeiffer, München 1994

Schwartz-Salant, Nathan: Die Borderline-Persönlichkeit. Vom Leben im Zwischenreich. Walter, Olten / Freiburg 1991

Stauss, Konrad: Neue Konzepte zum Borderline-Syndrom. Das Grönenbacher Modell. Junfermann, Paderborn 1993

Volkan, Vamik D. und Gabriele Ast: Eine Borderline-Therapie. Vandenhoeck u. Ruprecht, Göttingen 1992

Yalom, Irvin D.: Die Liebe und ihr Henker und andere Geschichten aus der Psychotherapie. Goldmann, München 1993

Psychologie bei Piper

Aggression und Anpassung
Herausgegeben von Alexander Mitscherlich. Vorwort von Margarete Mitscherlich. 284 Seiten. Serie Piper 1557

Thea Bauriedl
Das Leben riskieren
Psychoanalytische Perspektiven des politischen Widerstands. 215 Seiten. Kt.

Thea Bauriedl
Die Wiederkehr des Verdrängten
Psychoanalyse, Politik und der einzelne. 250 Seiten. Serie Piper 892

Willi Butollo
Die Angst ist eine Kraft
Über die konstruktive Bewältigung von Alltagsängsten. 201 Seiten. Serie Piper 636

Felix von Cube
Besiege deinen Nächsten wie dich selbst
Aggression im Alltag. 140 Seiten. Serie Piper 1745

Felix von Cube / Dietger Alshuth
Fordern statt verwöhnen
Die Erkenntnisse der Verhaltensbiologie in Erziehung und Führung. 303 Seiten. Serie Piper 949

Albert Görres
Kennt die Psychologie den Menschen?
Fragen zwischen Psychotherapie, Anthropologie und Christentum. 270 Seiten. Serie Piper 490

Erving Goffman
Wir alle spielen Theater
Die Selbstdarstellung im Alltag. 251 Seiten. Serie Piper 312

Lust an der Erkenntnis
Die Psychologie des 20. Jahrhunderts
Ein Lesebuch zur Psychotherapie. Herausgegeben von Franziska Stalmann. 534 Seiten. Serie Piper 1063

Eva Jaeggi
Psychologie und Alltag
141 Seiten. Serie Piper 689